ENTERING STARTUPLAND

하버드 스타트업 바이블

ENTERING STARTUPLAND

하버드 스타트업 바이블

하버드 비즈니스 스쿨 출신들은 어떻게 창업하는가

제프리 버스강 지음 | 신현승 옮김

유엑스 리뷰

재키, JJ, 그리고 조나를 위하여
그들이 선택하는 모든 세계가
그들에게 활짝 열리기를 기원하며.

차 례

들어가며:
스타트업의 세계를 향하여

내 사무실 선반 위에는 1990년 빈티지 돔 페리뇽 포도주가 한 병 있다. 한 전략 컨설팅 회사에서 내게 경영대학원을 졸업한 후 다시 자신들의 회사에 들어오라는 제안을 하면서 기념으로 보내온 것이다. 따지 않은 채로 있다. 대신 매년 학생들에게 포도주병을 보여주며, 그들에게 스타트업의 세계에 뛰어들 영감을 불어넣기 위해 내 개인적인 이야기를 들려준다.

　무슨 이야기인가?

　나는 당신과 같은 입장이었다.

　20년 전, 나도 이런 책의 독자였다.

　1991년에 대학을 졸업했다. 대학 졸업 후, 아주 어린 나이에 사업과 전략에 대해 배울 수 있는 경이로운 직장인 보스턴 컨설팅 그룹BCG에 취직했다. 몇 년 후, 내가 경영대학원에 합격했을 때, BCG는 졸업 후 회사로 다시 돌아온다면 대학원 학비를 대주겠다고 제안했다. 경영 컨설팅을 하고, 편하게 일했던 일류 회사로 복귀하며, 대학원 학비를 전액 지원받고, 저 고급 포도주까지 준다니 그야말로 수지맞는 제안이었다. 너무 쉬운 선택이 아닌가?

나는 그 제안을 거절했다.

내 생각은 약간 비합리적이면서도 또 약간은 합리적이었다. 비합리적 측면은 나는 인터넷과 스타트업에 열정적이었으며 나의 열정을 따라가야만 한다고 확신했다는 사실이다. 단지 돈을 벌고 확실한 직업과 잘 다져진 진로에 쉽게 적응하는 것으로 적당히 타협하기 위하여 의사결정을 한다면 나 자신을 용서하지 못하리란 사실도 알고 있었다. 스타트업의 세계에 참여하는 것을 생각할 때, 단지 미지의 세계로 뛰어든다는 상상만으로도 아드레날린이 솟구치는 것을 느낄 수 있었다.

합리적 측면에서는 컨설팅 제안이 훨씬 더 수익성이 좋으며, 학비 보조도 포함한다는 사실을 알고 있었음에도 이렇게 생각했다. '이봐, 아직 젊고, 걱정해야 할 자식도 주택담보 대출도 없어. 어느 정도 위험을 감수할만한 위치에 있는 거야.' 나는 대담한 계획을 세울 때, 단기적인 금전적 기회를 바탕으로 한 진로 결정은 거부해야만 한다고 생각했다.

굉장히 힘든 결정이었다. 많은 반 친구들이 "너 뭐 하는 거야? 너 미쳤어!"라며 핀잔을 주었다. 모든 펭귄이 한쪽 길로 가고 있을 때,

펭귄 한 마리만이 다른 쪽 길로 가는 파 사이드^{Far Side} 만화 같았다. 하지만 나는 다른 쪽 길로 가야만 했다.

그래서, 내 친구들이 월 스트리트와 컨설팅 회사의 힘 있고 고임금인 자리로 앞을 다투며 달려갈 때, 나는 시내를 설치고 다니며 시리즈 A 스타트업에 뛰어들었다.* 나는 제품 관리자로 입사해 연봉 6만 5천 달러를 받았다. 경영대학원에 입학하기 전에 받은 것보다 적은 액수였다.

그 스타트업의 이름은 오픈마켓^{Open Market}이다. 이 회사는 인터넷 결제를 위한 기반을 제공했다. 1990년대 중반으로 거슬러 올라가 보면, 원래는 안전한 전자상거래 플랫폼이었다. 우리 회사가 최초로 전자상거래용 쇼핑 카트를 만들었다. 웹상에서 안전한 신용카드 거래를 발명(그리고 특허 등록)했다.

사업 초기이기도 했지만, 시장이 항상 변했기 때문에, 회사는 아수라장이었다. 브라우저가 이제 막 유행하기 시작했고, 인터넷은 개발 초기 단계였다. 그것은 토지 약탈전이었다. 오픈마켓에는 직원이 30명 있었는데 아마 그중 20명은 엔지니어였을 것이다. 우리는 10가지 제품을 한꺼번에 만들고 있었다. 비행기 엔진을 만들면서 동시에 비행기를 날려 보내는 것 같았다. 혼란스럽지만 짜릿했다. 내가 배워야

....

*   시리즈 A 스타트업이란 첫 번째 자금 조달에서 상당한 금액을 모은 회사를 의미하며 일반적으로 벤처 캐피털 회사가 주도한다.

만 했던 가장 큰 일 중 하나는 엄청나게 불확실한 세계를 헤쳐 나가는 것이었다. 운 좋게도 우리는 성공적으로 나아갔다. 내가 입사한 지 불과 1년만인 1996년에 회사가 상장되었고, 마침내 시가 최고 총액이 20억 달러를 웃돌았다.

스타트업은 너무 작고 역동적이기 때문에, 개인적으로 전문적인 성장을 하기에 좋은 기회를 제공한다. 오픈마켓에서 5년간 일하는 동안 회사의 거의 모든 기능(예를 들어, 마케팅, 제품, 전문 서비스)을 운영해 볼 기회를 얻었다. 나는 스타트업의 세계에 미쳐있다가 나중에 다른 회사를 공동 설립했다. 유프로미스Upromise란 회사였다. 운 좋게도 우리는 그 회사를 성공적으로 경영하여, 훗날 수억 달러에 매도할 정도로 가치 있는 회사로 만들었다.

두 회사 모두 여러 벤처 캐피털 회사의 지원을 받았다. 그중 한 회사에 동갑내기이자 좋은 친구 관계로 발전한 두 명의 파트너가 있었다. 그들은 결국 회사를 떠나기로 했다. 15년 전, 우리는 보스턴과 뉴욕에 사무실을 보유한 초기 단계의 벤처 캐피털 회사인 플라이브릿지 캐피털 파트너스Flybridge Capital Partners를 설립했다.

나는 플라이브릿지를 통해 스타트업에 투자하는 일을 하면서, 하버드 경영대학원에서 MBA 프로그램 중 하나인 '론칭 테크놀로지 벤처스'라는 기업가 정신 과목을 가르쳤다. 교수이자 벤처 투자자로서 나는 스타트업의 세계에 푹 빠져있었다, 매일 스타트업들과 함께 생활하고, 숨 쉬며, 먹고, 잠을 잔다. 게다가 나는 이 일을 사랑한다. 아직도 흥분에 사로잡힌다. 맹세하건대, 이건 병이다. 아직도 모든 스타트업은 새로운 모험을 찾아 길을 나서는 선구자처럼 느낀다.

그래서 여러분을 데리고 내 책상 위의 돔 포도주병 앞으로 돌아온 것이다.

이 책을 쓴 이유 : 신규 진입자들을 위하여

창업자들을 위한 책은 너무나 많다. 어떻게 자금을 조달하고, 회사를 설립하며, 생활해야 하는지에 대해 조언한다. 사실 나도 그런 책을 썼다. 창업자들이 자본을 조달하고 자신의 스타트업을 키우는 것을 도와주기 위한 『벤처 캐피털 게임의 달인 되기Mastering the VC Game』란 책이다.

하지만 신규 진입자들을 위한 책은 거의 없다. 신규 진입자들은 최적의 진입 지점을 알아내 스타트업에 참여하려는 용감한 사람들이다. 2명에서 많게는 2,000명에 이르는 직원들이 창업자들과 함께 최초의 아이디어를 공유하며 실제로 회사를 일으키기 위해 고된 일을 한다.

외부에서 보면, 스타트업들이 혼란스럽고 확실하지 않아 보인다. 그들에게는 아무런 체계가 없어 혼란스럽다. 스타트업에는 체계가 없으므로, 스타트업의 세계에 접근하는 최고의 방법, 무슨 일을 해야 하는지 그리고 전문적 기회를 발굴하고 이용할 수 있는 가장 좋은 방법을 알아내는 것은 어렵다. 이와는 대조적으로 전통적 기업 세계는 수백 년에 걸친 조직의 역사와 잘 짜인 직업 경로를 갖추고 있으며 고도로 구조화되고 조직화되어 있다.

나는 사무실에서 학생들에게 스타트업 세계에 진입하는 방법을 설명하느라 얼마나 많은 시간을 보냈는지 말할 수 없다. 그리고 스타트업에 대한 관심은 단지 젊은 전문가뿐만 아니라 모든 연령대와 다양한 직업의 사람들에게 해당한다. 나는 스타트업의 세계가 펼치는 마술에 푹 빠져든 변호사, 의사, 과학자, 교수 그리고 경험이 풍부한 전문가들을 많이 만났다. 이들과 대화하는 동안 나는 똑같은 충고를 반복한다는 사실을 발견했다. 나는 그 충고를 강의 자료와 블로그 게시물에 담으려고 노력했고, 마침내 그것들을 모두 모아 한 권의 책으로 펴내기로 했다. 스타트업의 세계에 뛰어들려는 사람들이 그런 정보를 쉽게 얻을 수 없다는 것이 분명했기 때문이다.

벤처 투자자로 산 15년 동안, 나는 100개가 넘는 스타트업에 투자했다. 그 일을 하면서, 회사 설립과 회사 설립에 필요한 요소들에 대한 전체적인 관점을 발전시켰다. 투자자 겸 이사회 구성원으로서 창업자들과 긴밀하게 일하고 있다. 내가 하는 일은 그들이 회사 설립의 밑그림을 그리는 일부터 지도하는 것이다. 아이디어 단계부터 좀 더 성숙한 성장 단계까지, 마케팅, 제품 관리, 영업과 같은 부서들을 설치하는 방법에 대해 스타트업에 조언한다. 회사 내부의 모든 기능적 단계에서 성과를 추진하고, 게다가 외부에서 새로운 인재를 영입할 뿐만 아니라 그들이 자리를 잡도록 도와주며, 회사에서 생산적으로 일하도록 만드는 과정에서 마음의 상처도 받았다.

이 책에서 나의 사명은 스타트업의 세계에 접근하기 위해 사용할 수 있는 뼈대를 제공함으로써, 스타트업 참여 가능성에 매료된 독자 모두에게 도움이 되는 것이다. 이어지는 장에서 나는 스타트업 조직을 분해하여 여러분이 그것을 살펴볼 수 있도록 도와준다. 그리고 많은 외부 사람이(또는 내부 직원조차도) 이해하지 못하는 비밀로 여러분을 초대하려고 한다. 사실상 스타트업 관리와 조직의 광기에는 한 가지 방식이 있다. 그 비밀을 해체하여 여러분에게 자세하게 설명해 주려고 한다.

예를 들어, 제품 관리의 역할을 살펴보자. 그 역할을 수행함에 있어 여러분은 고객에게 초점을 맞춘다. 여러분은 이렇게 물어본다. 고객들이 필요로 하는 것은 무엇인가? 그들의 요구 사항은 무엇인가? 그 점에 대해 겁먹을 게 아무것도 없다. 여러분은 고객에게 물어보고 그들의 문제가 무엇인지 알아내려고 한다. 일단 고객 요구 사항을 파악하면, 여러분은 엔지니어링팀과 협력하여 그 문제에 대한 해결책을 디자인한다. 일단 그렇게 시작하면, 여러분은 제품 디자인, 제품 개발, 사용자 경험UX의 세계로 들어가는 것이다. 그런 뒤 여러분은 사용자 테스트와 시장 계획에 초점을 맞춘다.

하나씩 살펴보면 아무것도 겁나는 게 없다. 구성 요소로서, 이것들의 각각은 이해하기 쉽다. 이런 구성 요소들의 6개 혹은 8개 혹은 10개를 종합해 보라, 그러면 그 작업을 이해할 수 있을 것이다. 작업을 둘러싼 상자가 있다. 그리고 그 작업이 회사 내에서 다른 작업 및 기능들과 상호작용하는 방식이 있다.

여러분은 그 문제를 골똘히 생각할 수 있다. 그러다 갑자기, 거기에는 어떤 운율과 이유가 있는 것처럼 느끼게 될 것이다.

어떤 사람들은 스타트업의 안정성에 대해 걱정하거나, 스타트업에서 일하는 것과 관련한 불확실성에 대해 불편해한다. 스타트업 생활이 모든 사람에게 어울리는 것은 아니다. 난 그 사실을 이해한다. 적어도 나는 이 책이 스타트업에서 일하는 것이 어떤 것인지 밝혀주어서, 사람들이 "아, 어쩌면 버라이즌Verizon이나 IBM이나 타겟Target에서 일하는 것과 그렇게 다르지 않을지도 몰라"라고 말할 수 있기를 희망한다(다음 페이지의 "스타트업 생활이 당신 체질에 맞는가?"를 참조하라). 간단히 말해, 나는 스타트업의 세계를 누구나 더 쉽게 접근하고 이해할 수 있도록 만들고 싶다. 여러분이 대기업을 뿌리치고 그 대신 스타트업의 세계에 들어가야만 한다면, 결정에 필요한 도구와 정보를 주고 싶다. 바로 그렇게 내가 20년 전에 행동했다.

나는 일단 뛰어들면, 절대 뒤돌아보지 않았다. 그래서 나는 이 돔 포도주병을 절대 따지 않았다.

스타트업 생활이 당신의 체질에 맞는가?

여러분이 스타트업에 어울리는지 생각하는 것을 돕기 위하여, 4장에서 소개할 카테라^{Cartera}의 최고 마케팅 책임자인 에린 워렌^{Erin Warren}은 대기업에서 일할 것 같은 사람들과 비교해 스타트업에서 일 잘하는 직원들의 여러 가지 특성을 분명하게 설명하기 위하여 다음과 같은 두 개의 목록을 작성했다.

스타트업 체질
- 새로운 일을 신나게 함
- 전략적이고 실행 지향적인 능력
- 불확실성을 편안하게 생각하고, 일련의 정의되지 않은 역할과 작업을 유연하게 수행함
- 행동 편향적임
- 자신의 시간과 자원을 최적화하기 위하여 분석적임
- 자신의 경력을 사업 형태로 발전시키고 폭넓은 역할 수행에 대한 적성과 관심이 있음
- 개인 시간을 희생하더라도 의무감을 넘어 자발적으로 활발히 행동함
- 불확실한 상황에서 신속한 의사결정을 편안하게 생각함

대기업 체질

- 특수 기능 분야 혹은 하위 분야로 깊게 파고드는 것에 흥미가 있음
- 높은 감성 지능Emotional Intelligence, EQ과 뛰어난 협상 능력 (많은 사람을 상대하므로, 이 능력은 정말 도움이 된다)
- 반대에도 불구하고 자신의 전략과 아이디어를 강력하게 주장하는 능력
- 인내심 (모든 일은 천천히 진행될 수 있다)
- 특히 "내 일이 아닐" 경우, 추가로 노력하는 것을 망설임
- 책임, 통제, 그리고 의사소통에 있어 명확하고 뚜렷한 구분 선을 편안하게 생각함

스타트업 생활 들여다보기

나의 스타트업 생활에 대한 호감을 이해하려면 나의 아버지를 이해하는 것이 도움이 된다. 아버지는 홀로코스트 생존자다. 그는 2차 세계대전이 끝난 뒤 맨손으로 미국에 왔다. 그는 명석한 사람이다. 나는 항상 아버지의 머리 회전을 보고 충격을 받았다. 그는 MIT에서 석사학위, 하버드에서 박사학위를 받았다. MIT에 있는 동안, 요즈음 버스강 정리Bussgang theorem라고 알려진 수학적 정리를 개발했다(오늘날까지도 나는 제대로 설명할 수 없지만, 아마도 여러분은 위키피디아를 찾아보면 이해할 수 있을 것이다). 아버지는 대기업에서 몇 년 일한 뒤, 자

신의 사업을 시작하기로 했다.

아는 사람이라고는 아무도 없고, 강한 악센트 섞인 어투에, 모아둔 돈도 없고 안전망도 없는 이 외국 땅에서 무엇이 아버지에게 회사를 시작하라고 영감을 불어넣었을까?

이 질문을 생각하면, 나는 종종 어린아이였을 때 봤던 일이 떠오른다. 아버지는 (축제에서 기구를 타거나, 은행 창구에서 차례를 기다리느라) 줄을 서야 할 일이 생길 때마다, 참을성 있게 줄 끝에서 기다리기보다는 달리 돌아갈 방법을 찾곤 했다. 부적절하지는 않았지만, 항상 헤쳐 나갈 틈새를 찾았다. 그는 이렇게 도전했다. "더 좋은 시스템을 디자인할 수 없을까? 어떻게 하면 한계를 조금 더 밀어붙일 수 있을까?"

나는 "아빠, 아빠. 그냥 그런 거야. 우리를 난처하게 만들지 마세요"라고 말하곤 했다.

하지만 나는 안주하기보다는 한계를 뛰어넘고 항상 질문을 던진다는 개념을 내면화했다. 그 생각은 내 DNA에 깊숙이 박혀 있다. 나는 무언가 옳지 않다고 여기면, 밀어붙이고, 의문을 제기하고, 도전한다. 나는 그것이 여러분이 인생과 사업에서 일하는 방식이라고 믿는다. 여러분은 어떤 문제를 해결하고, 더 효율적으로 만들며, 반복할 수 있도록 하며, 그다음부터는 계속해서 반복하게 하려고 새로운 방법을 찾는다.

아버지는 또한 모든 직원이 회사에 대해 깊게 관심을 기울이기를 원했다. 만약 직원들이 출입문을 들어와 안내대 옆을 지나다가 양탄자 위에 스테이플러 침이 떨어져 있는 것을 본다면, 아버지는 그들 중 아무나 몸을 굽혀 그 침을 집어, 내다 버리기를 원했다. 만약 당신이 대기업에 근무한다면 스테이플러 침을 지나치면서 이렇게 생각할 것이다. "응 그건 청소부가 치울 거야." 아버지는 모든 직원이 자신이 주인인 것처럼 생각하여, 주위를 둘러보고 개선해야 할 것, 고쳐야 할 것, 더 잘해야 할 것을 찾아내기를 원했다. 직원들이 "어떻게 하면 이곳을 더 멋지게 만들까?"라고 질문하기를 바랐다.

한계를 극복하고 주인처럼 생각하는 이 두 가지 특성은 모든 스타트업 직원에게 매우 중요하다. 만약 여러분이 자신의 마음을 프로그래밍하여 이 두 가지 특성을 내면화할 수 있다면, 여러분은 어떤 스타트업에도 적합할 수 있다.

스타트업 문화의 특징은 여러분이 단순히 일만 하는 게 아니라 어떤 사명을 수행하고 있다는 사실이다. 창업팀은 사명을 추구하는 데 열정적이며, 자신들의 열정이 회사 전체에 전달되기를 바란다. 많은 스타트업들은 "가장 일하기 좋은 직장" 상賞과 직원들이 근무 환경을 사랑하는 것에 관심을 둔다. 이 말은 모두 직원들을 주인처럼 염려하고 생각하게 만드는 일에 관한 것이다.

스타트업에서 일할 때, 여러분의 노력은 분명히 기업의 전반적인 성공과 직접 연결된다. 여러분이 규범적이며 거대하고 관료적인 전화 회사인 AT&T 같은 대기업에서 일한다면, 이런 종류의 분명한 영향력을 발휘하지 못한다. 일반적으로 그렇게 가슴 깊게 새겨야 할 사명도 없다. 여러분이 매일 하는 일은 AT&T의 주가에 실제로 영향을 미치지 못한다. 그것은 그저 일일 뿐이다. 출근부에 도장을 찍는다. 아침 9시에 출근해, 오후 5시에 퇴근한다. 일하기 위해 사는 게 아니라, 살기 위해 일한다. 스타트업에서, 여러분은 감정적으로 얽혀 있다. 더 큰 모험심이 있다. 더 큰 사명감과 목적의식이 있다. 아무도 지금까지 한 번도 성취해보지 못한 일을 성취하기 위해 모든 역경에 맞서서 함께 뭉친다는 느낌이다. 게다가 여러분이 하는 일은 사실 중요하다. 매일, 여러분은 회사의 가치와 성공에 실제로 영향을 미치는 중요한 일을 하고 있다. 그것은, 어떤 사람들에게, 매우 특별한 매력을 불러일으킨다. 어쩌면 아드레날린인지도 모른다. 어쩌면 공동체의식인지도 모른다. 여러분이 실제 하는 일, 즉 매일 하는 활동들과 임무는, 대기업에서 하는 일과 겹치는 부분이 클지도 모르지만, 매우 다르게 느껴질 것이다. 여러분은 발명하고 있다. 여러분은 창조하고 있다. 어떤 규칙도 없다. 아무도 여러분에게 자세한 해설서를 가져다주지 않는다.

그것이 내가 스타트업의 세계를 좋아하는 이유다. 왜냐하면, 스타트업의 세계에서는 아무것도 "그냥 그런 게" 아니기 때문이다.

"스타트업"의 정의

그렇다면 스타트업이 정확히 무엇인가? 그 질문에는 쉬운 답이 없다.

단순히 스타트업을 규모로 설명하면, 직원이 한 명 정도로 작은 회사라고 말할 수 있지만, 직원 규모는 천 명, 아니 심지어 오천 명까지로 커질 수도 있다. 직원이 열 명이 안 되는 단계에서는, 모든 직원이 네 일 내 일 가리지 않고 모든 일을 한다. 아수라장이다. 일단 직원이 열 명을 넘어서면, 당신은 요것을 하고, 나는 이것을 하고, 다른 누군가가 저것을 한다는 것처럼 해야 할 일이 좀 더 분명해진다.

하지만 스타트업을 완전하게 정의하는 것은 이렇게 한 가지 요소로 설명하는 것보다 훨씬 더 복잡하다. 스타트업들은 새로운 경지를 개척하고 있어서 그들은 거대한 실험을 하는 것과 마찬가지다. 스타트업의 계획과 활동은 모두 새로워서 많은 것을 알아야 한다. 회사가 다음과 같이 중요한 질문에 답하려고 할 때, 가설을 하나하나씩 차례로 검증한다. 우리는 어떤 유형의 고객을 목표로 하는가? 우리는 정확하게 어떤 제품을 만드는가? 그리고 그것을 실현하려면 우리 자신을 어떻게 조직하는 것이 가장 효율적인가?

일반적으로 나는 스타트업의 다양한 단계를 다음의 도로 건설 비유의 맥락으로 설명하는 것을 좋아한다(표 1-1 참조).

표 1-1

스타트업 단계별 프로필

	정글	비포장도로	고속도로
특성	제품과 시장 적합성 이전	제품과 시장 적합성 이후, 판매와 마케팅 규모 확대 이전	판매와 마케팅 규모 확대 이후
구호	"구축하라!"	"판매하라!"	"확대하라!"
직원 수 (명)	1~50	50~250	250~5,000
참여자 프로필	위험 감수자, 탐험가	기계와 시스템 구축자	최적화 추구자 개선 추구자

정글 단계에서는 길이 어디 있는지 전혀 모른다. 여러분 주위는 얽히고설켜 엉망진창이다. 여러분은 마체테(정글에서 벌목용으로 사용하는 커다란 칼)를 거머쥐고 나무와 풀을 베어내며 길을 만든다. 그것은 스타트업이 아주 초기 단계에 있을 때 일어나는 일이다. 많은 사람이 이런 스타트업의 초기 단계의 특징을 설명하기 위해 제품과 시장 적합성 이전이라는 용어를 사용한다. 이는 제품이 아직 고객들에게 받아들여지지 않고 있으며, 특정 시장의 요구 사항에 적합하게 만드는 방법을 찾아내기 위해 해야 할 일이 더 많다는 것을 의미한다.

비포장도로 단계에서 길은 더 뚫려 있다. 울퉁불퉁하고 구불구불하지만, 길은 존재하며, 목표는 가능한 한 빨리 길을 따라 내려가는 것이다. 비포장도로 단계에서, 회사는 일반적으로 제품과 시장 적합성 이후 상태이며, 여러분은 반복 가능한 비즈니스 모델을 찾고 초기 단계의 생산 규모 확대를 다루기 시작한다.

고속도로 단계에서, 모든 것이 순탄하다. 4차선 도로다. 그리고 여러분은 시속 110km에서 130km로 질주해 내려간다. "모든 시스템이 제대로 작동한다." 출발 신호도 없고 정지 신호도 없으며, 길이 꼬불꼬불하지도 돌아가지도 않는다. 그냥 곧게 뻗은 길이다. 이 기간은 비즈니스 모델에 대한 파악 단계를 넘어 모든 운용의 측면을 점진적으로 개선하는 데 초점을 맞추는 시기이다. 여러분은 그저 실행한다. 더 크게 확장하고, 더 많이 만들고, 기계로 반복한다.

페이스북이 아직도 스타트업인가? 나는 그렇게 생각하지 않는다. 페이스북은 몇 년 전 상장했다. 이제는 대기업이다. 세계에서 가장 가치 있는 회사 중 하나이다. 페이스북은 스타트업의 고속도로 단계를 벗어나 본격적인 대기업 단계에 들어섰다. 비즈니스 모델은 완전히 파악되었고 반복할 수 있다. 구글 역시 이제는 스타트업이 아니다. 하지만 페이스북과 구글, 두 회사 모두 스타트업 시절에 탄생한 조직 문화를 갖고 있으며 그 문화의 요소들을 유지하려고 열심히 노력한다. 반면에, 에어비앤비는 (어쨌든 이 책을 쓸 당시에) 아마 내부는 여전히 미숙하고 엉망이라고 느낄 것이다. 직원들은 아직도 비즈니스 모델을 이해하는 중이다. 내가 들은 바로는, 비록 고속도로 단계의 스타트업이지만, 에어비앤비는 여전히 스타트업처럼 생각한다.

인정하건대, 경계는 모호하지만, 대부분 회사가 10년 혹은 15년 동안 성장하고 성숙한 후에는 스타트업 같이 느끼지 않는다.

자금 조달방법은 종종 스타트업을 정의하는 또 다른 기준이다. 벤처 캐피털의 지원을 받거나 엔젤 투자(창업하는 벤처기업에 자금을 대고 그 대가로 주식을 받는 투자형태)를 받으면 스타트업이다. 여러분이 빨래방을 차린다면 벤처 캐피털의 지원을 받지 못할 것이다. 그러면 여러분은 신생기업일지는 몰라도 이 책에서 설명한 의미의 스타트업은 아니다.

여러분은 또한 자력 경영 사업일 수 있는데, 이는 회사 설립자금을 창업자의 자기 자금으로 마련하거나, 처음부터 사업에서 창출한 고객 수익으로 충당하는 사업을 의미한다. 내가 설명한 다른 요소들, 즉 매우 야심 차고 역동적이며 빠르게 성장하는 요소를 갖추고 있다면, 여러분은 자력 경영 스타트업이 될 수 있다. 하지만 만약 여러분이 자력 경영 사업을 시작하고 단지 연간 5%로 성장한다면, 그것은 빠르게 성장하는 스타트업이 아니다.

스타트업을 규모, 햇수, 자금 조달방법으로 구분하는 것에 더하여, 스타트업은 통상 첨단 기술을 갖추고 역동적이며, 빠르게 성장하고, 야망이 있다. 야망이 차이점이다. 야망이 비결이다.

역할 및 직함

특정한 역할과 직함은 스타트업의 세계에서 골치 아픈 주제가 될 수 있다. 이런 사실을 미리 알고 있으면 구직 과정에서 직면하게 될 혼란을 어느 정도 줄일 수 있다.

우선, 이제 막 시작한 회사에서 (즉, 정글에서) 누구나 다른 사람의 일일지라도 모두 편한 마음으로 처리할 필요가 있다. 기능적인 경계와 정의는 끊임없이 변화한다. 결과적으로. 초기 단계 회사들은 당분간 직함을 포기할 수 있다. 사실, 나는 이 방법을 추천한다. 그 이유를 설명하기 위해, 내가 이 주제에 대해 블로그에 올린 "왜 여러분은 스타트업에서 직함을 없애야만 하는가?"라는 게시물을 인용한다.

스타트업은 매우 유동적이기 때문에 직원들의 역할이 바뀌고, 책임은 진화하며, 보고 구조도 계속 변한다. 직함이란 다름 아닌 마찰을 의미한다. 게다가 스타트업에서 여러분이 반드시 줄여야 할 한 가지가 있다면, 그것이 바로 마찰이다. 직함을 사용하지 않음으로써, 초창기 직원들이 자신들의 역할과 누구에게 보고하고 책임 범위가 무엇인지에 대해 집착하는 현상을 피할 수 있다. 그런 것들은 모두 회사 설립 후 한두 해 안에 급격히 변한다.

예를 들어, 내가 회사에서 처음 만난 상사 중 한 명은 훗날 나의 동료가 되었으며, 그 후에는 오히려 내게 보고하는 부하 직원의 위치로 바뀌었다. 단 한 명도 없던 직원 수는 2년 만에 200명으로 늘었다. 무일푼이었던 회사 수입은 3년 만에 6천만 달러로 증가했다. 회사는 설립 후 불과 2년 만에 상장했다. 직함과 엄격한 계층구조가 우리를 느리게 하기에는 우리가 너무 빨리 움직였다.

재임 기간 5년 동안, 나는 매우 역동적인 환경 속에서 제품 관리,

마케팅, 비즈니스 개발, 전문 서비스 등 다양한 부서를 운영했다. 회사를 상장할 무렵 우리는 더욱 안정된 조직구조를 갖추기 시작할 정도로 성숙했다. 그렇다. 우리가 공식 직함을 갖게 된 것이다. 그러나 회사를 만들어 가는 처음 몇 년 동안은 직함을 사용하지 않는 것이 조직을 더 민첩하게 만든다.

다시 말해, 여러분이 초창기 스타트업에 접근한다면 느슨하게 정의된 역할과 약간의 역동성과 유연성을 예상하라. 직함과 기능적 부서는 다음 대화처럼 조직을 경직되게 만들 수 있다. 아니, 아니, 아니야. 난 그 일을 하지 않아. 나는 마케팅 부서에서 일해. 영업 담당 이사니까 그건 내가 다룰 일이 아니지. 기업이 성장함에 따라, 이러한 구분은 훨씬 더 많은 문제를 일으킬 수 있다. 나는 내가 엔지니어링 부문의 부사장이라고 생각했는데, 하지만 이제 회사가 성장하는 바람에 나는 엔지니어링 부문의 단지 3분의 1만 관리한다.

그러나 직원 수가 20명이나 30명으로 늘어나거나 처음 1년이나 2년이 지나면, 회사는 아마 직함이 필요할 것이다. 스타트업 안에 어떤 직함이 존재하느냐가 스타트업이 발전 단계 중 어디에 있는지 아는 단서가 될 수 있다. 심지어 그럴 때도 스타트업의 직함은 종종 대기업의 직함과 연관되기보다는 개인이나 회사와 관련된 것이다. 만약 당신의 관련 분야 경력이 10년이라고 한다면, 내가 당신을 회사에 영입하려면 공격적으로 행동해야만 한다. 회사에 합류시키려면 부사장 직함을 줘야 할지도 모른다. 만약 학교를 갓 졸업했다면, 부사장 자리를 줄 필요는 없다. 이사 또는 단순히 제품 관리자라고 부를 수 있다. 직함을 결정하는 방식은 역할 기반이라기보다는 개인 기반인 경향이 더 많다. 어떤 회사의 제품 부사장은 다른 회사의 제품 이사, 제품 관리자 또는 심지어 선임 제품 관리자가 하는 업무와 정확히 같은 일을 할 수도 있다. 하지만, 어떤 사람은 다른 사람보다 경험이 더 많을지도 모르기 때문에, 스타트업에 참여하면 더 큰 직함을 얻을 수 있다. 직함은 어느 시점에 직업이 어떤 내용인지를 보여주기보다는 종종 회사가 성장할 때 개인에게 무엇을 기대하는지를 알려주는 신호탄이다. 달리 표현하면, 직원이 정글, 비포장도로, 고속도로의 모든 단계를 전부 거치는 동안 임원진 역할을 할 것으로 기대한다면, 부사장으로 임명할 수 있다. 만약 회사의 규모가 커짐에 따라 그 직원 위로 더 선임 임원을 고용할 것으로 예상한다면, 직원을 이사로 임명할 수도 있다.

조직도

조직도를 탐색하여 자신에게 적합한 자리로 이동하기 위해서는 일반적인 스타트업이 어떻게 조직되어 있는지를 아는 것이 도움이 된다.

스타트업 조직도에는 몇 가지 유형이 있다. 첫째, 각 주요 기능이 최고 경영자^{CEO}에게 직접 보고하는 기능별 조직도가 있다. 그런 주요 기능에는 전형적으로 엔지니어링, 제품, 비즈니스 개발, 마케팅, 성장, 영업 및 재무가 있으며, 각 기능에는 다양한 하부부서가 있다. 이 책에서, 나는 때로는 CEO에게 직접 보고하기도 하고 때로는 제품, 마케팅 또는 엔지니어링의 하부부서이기도 한 성장 기능을 포함하여 스타트업의 주요 기능을 하나하나씩 설명할 것이다. 나는 엔지니어링 기능은 다루지 않는다. 엔지니어링 기능과 스타트업에서 제품을 개발하는 방법에 대해서는 다른 여러 책에서 매우 전문적으로 다루었기 때문이다.

그림 1-1은 가장 간단한 기능별 조직도를 보여준다.

그림 1-1
전형적인 스타트업 조직도

				최고 경영자							
엔지니어링		제품		비즈니스 개발	마케팅		성장		영업		재무

스타트업 조직도는 몇 가지로 변형될 수 있다. 소규모 기업에서는 모든 기능에 직원을 채울 수 없으며(예를 들어, 제품이 완전히 개발되고 판매 준비가 된 후인 비포장도로 단계에서, 일반적으로 영업과 재무 부서가 채워진다) 이들 각 기능에는 다양한 하위 부서가 있다.

직원들이 각 기능에 어떻게 배치되는지도 시간이 흐르면서 달라진다. 초기 정글 시기에 조직의 초점은 첫 제품을 만드는 데 있으므로 초창기 직원들은 대부분 제품 부서에 배치될 것이다. 다른 경우에, 특히 일단 회사가 제품과 시장 적합성을 충족하고 비포장도로 국면에서는(제품이 완전히 개발되어 판매 준비가 된 후) 조직의 초점이 영업 및 마케팅 부서에 더 많은 직원을 배치하는 쪽으로 옮겨가는 경향이 있다. 그러면 회사는 수익 확장을 시작할 수 있다. 영업과 재무 부서는 일반적으로 비포장도로 단계에서 채워진다.

　나는 나의 포트폴리오 회사(벤처 캐피털 회사가 투자한 회사들) 중 두 개 회사의 조직도를 가져와, 여러분에게 스타트업이 성장 단계마다 직원들을 어떻게 기능별로 나누어 배치할 수 있는지에 대해 감을 잡게 해주려고 한다. 첫 번째 조직도(그림 1-2)는 설립된 지 겨우 몇 년밖에 되지 않고 첫 번째 제품의 첫 번째 생산물을 막 출하하려고 하는 직원 12명인 회사이다. 따라서 회사의 자원이 엔지니어링과 제품 부서에 크게 집중되어 있다. 두 번째 조직도(그림 1-3)는 설립 후 6년이 지나고 빠르게 확장 중인 직원 80명인 회사이다. 따라서 영업과 마케팅에 중점을 두고 있다.

그림 1-2
직원 12명인 스타트업 : 엔지니어링과 제품에 비중을 둠

			최고 경영자				
엔지니어 링 (9)	제품 (1)	비즈니스 개발 (1)	마케팅 (0)	성장 (0)	영업 (1)	재무 (0)	

그림 1-3
직원 80명인 스타트업 : 영업과 마케팅에 비중을 둠

			최고 경영자			
엔지니어 링 (27)	제품 (4)	비즈니스 개발 (2)	마케팅 (5)	성장 (2)	영업 (37)	재무 (3)

성장하는 스타트업에서는 창업자가 누구인지 그리고 그들이 어떤 역할을 하는지를 아는 것이 중요하다. 그들의 직함은 스타트업이나 대기업 세계에서 일반적으로 사용하는 유형과 일치하지 않을 수 있다. 창업자의 역할을 잘못 이해하면 회사 내부에서 정치적 실수를 범할 수 있다. 예를 들어, 아무도 창업자나 공동 창업자에게 보고하지 않지만, 제품 전략을 결정함에 있어 그들의 영향력이 매우 클 수 있다. 그보다도, 직함이란 회사마다 크게 다를 수 있다는 사실만 기억하라.

역할 및 직함은 규모의 영향을 받는다

고려해야 할 또 다른 중요 요소는 직함이 종종 기업의 규모와 성장 단계에 비례한다는 사실이다. 인력 및 예산 측면에서 보자면, 대기업의 지역 영업 이사가 스타트업의 영업 부사장보다 더 큰 자리일 수 있다. 그러나 끊임없이 의사결정을 하고 혁신과 회사 전략과 실행에 직접 이바지할 수 있는 스타트업에서, 여러분은 훨씬 더 중요한 의사 결정 경험을 신속히 축적한다. 스타트업의 부사장은, 함께 일하는 직원 수가 같을지라도 대기업 관리자보다 훨씬 더 많은 의사결정 통제와 훨씬 더 복잡한 업무를 수행한다. 여러분은 20명의 부하 직원을 둔 IBM 관리자와 3명의 부하 직원을 둔 스타트업 부사장을 보겠지만, CEO에게 수시로 보고하고 회사의 경영진으로 근무하는 스타트업의 부사장은 낮이나 밤이나 더 고차원적인 의사결정을 하고 전략적으로 더 큰 부담을 안게 될 것이다. 급성장하는 스타트업에서 이런 책임들은 가속될 뿐이다.

나 자신의 경우를 예로 소개한다. 경영대학원을 졸업한 직후, 나는 스타트업인 오픈마켓에 합류했다. 당시 직원은 고작 30명이었다. 나는 첫 제품 관리자 두 명 중 한 명이었다. 1년 후, 직원이 150명으로 늘었고, 제품 관리 이사가 되었다. 그다음 해, 직원은 300명으로 늘었고, 제품 관리와 기술 마케팅 이사가 되었다. 정신없이 바쁘게 다시 한 해를 보내자, 직원 400명에, 전문 서비스 부사장이 되었다. 그다음 해, 직원은 500명 이상이 되었으며, 나는 제품 관리와 제품 마케팅 그리고 비즈니스 개발을 총괄하는 마케팅 및 비즈니스 개발 부사장이 되었다. 그때, 겨우 29살이었다!

여러분이 보다시피, 회사 직원 수가 애초 30명에서 500명 이상으로 팽창하였기 때문에 내 책임이 매우 빠르게 커졌다. 만약 여러분이 일을 잘한다면, 스타트업에서 역할과 책임을 키워가며 성장할 수 있다. 만약 규모가 크고 저성장하는 회사였다면, 나는 결코 그런 기회를 얻지 못했을 것이다. 스타트업에서 여러분의 직함은 여러 번 바뀔 수 있다. 단지 조직도는 변화가 당연하다는 속성 때문이 아니라, 팀이 점점 더 커지기 때문이다. 그 과정에서 부하 직원 수는 점점 더 늘어나며 회사 내 지분도 더 커진다. 머지않아, 여러분은 엄청 빈번하게 믿어지지 않을 정도로 중요한 의사결정을 하게 될 것이다.

스타트업에서 엄청나게 빠른 의사결정과 그런 결정들의 영향 덕분에, 여러분은 다른 경우보다 훨씬 더 빨리 기술을 익힐 수 있다. 나는 정확히 "시작 시간startup time"을 지켰다고 농담하곤 했다. 매일 너무 극적으로 도전을 받았기 때문에 마치 "도그 이어dog years"달력으로(인터넷 분야의 비즈니스나 기술이 놀라운 속도로 급변하고 있는 것을 나타내는 표현. 도그 이어 1년은 52일 정도임) 일하는 것 같았다. 일 년 경험이 기존 기업의 7년과 맞먹는 수준이었다. 내 책임의 범위는 점점 더 커졌다. 나는 언제나 물에 빠져 있었지만 익사하지 않으려고 안간힘을 썼다. 그러는 동안, 수위는 오르고, 또 오르고, 또 올라갔다. 나는 결코 정체한 것처럼 느껴본 적이 없다.

만약 여러분이 그런 광경이 두렵지 않고 활기차고 멋지다고 생각한다면, 스타트업의 세계가 여러분을 위한 장소일지도 모른다. 사실, 그곳이 여러분을 위한 유일한 장소일 수도 있다.

이 책의 구성 방법

스타트업에서 실제 해야 할 일은 어떻게 조직을 구성해야 하는가와 같이 기본적인 문제이기 때문에, 이 책의 구조는 그런 조직을 반영한다. 2장부터 7장까지는 엔지니어링을 제외한 스타트업의 주요 기능을 각각 소개한다. 이런 기능에는 제품 관리(2장), 비즈니스 개발(3장), 마케팅(4장), 성장(5장), 영업(6장) 그리고 재무(7장)가 있다. 여러분은 전체 그림을 이해하기 위해 순서대로 읽거나 자신에게 가장 적절하고 흥미로운 기능으로 건너뛰어 읽을 수도 있다. 제8장에서는 스타트업 탐색 과정을 둘러보고 몇 가지 조언을 제시한 후, 전체 내용을 요약 정리한다.

이 책이 내가 스타트업의 세계로 여행을 떠나기 전에 읽고 싶었던 바로 그 책이다. 자, 이제 스타트업의 세계를 마음껏 누비며 여행을 즐겨라!

Startup 2

제품 관리자

경영대학원을 졸업한 후 첫 직업이 제품 관리자였다. 내가 그 일에 적합한 경력을 가졌는지, 사실 그 일에 적합한 경력이 무엇인지 알기나 했는지조차도 확신할 수 없었다. 그 일에 깊숙이 뛰어들어 그것이 무엇인지를 알아내려고 애썼다. 처음 참가한 어느 제품 회의에서 엔지니어링 부사장은 내게 사전처럼 두꺼운 버그 보고서bug report, 오류 보고서-옮긴이 한 무더기를 건네주던 일이 기억난다.

"이것으로 무얼 하라고요?" 나는 물었다.

"제품을 출하하기 전에 어떤 버그를 고치고 싶은지, 어떤 버그를 제품에 남겨 두고 싶은지를 알려 주기만 하면 됩니다"라며 부사장은 태평스럽게 대답했다.

"아니 왜 버그를 제품에 남겨 두나요?"나는 못마땅해 물어보았다.

"그렇지 않으면, 출하 전에 힘든 날들을 보내야 하기 때문이죠"라며 그는 쓸쓸한 미소를 지었다.

그것이 제품 관리 기능이 나를 맞이하며 건넨 환영 인사였다.

모든 기술 회사는 제품에 의해 살고 죽으며, 제품 관리자는 제품을 구체화하고 생산하는 회사의 능력에 큰 영향을 미친다. 그 일은 까다롭고 복잡한 역할이다. 유능한 제품 관리자란 기업가, 전략가, 기술 선지자, 통합 기능팀 리더, 프로젝트 관리자, 고객 옹호자 등 모든 역할이 합쳐져서 하나가 된 사람이다. 스타트업에서 제품 관리자 역할을 담당하는 내 수업의 학생 수십 명 덕분에 나는 제품 관리 기능에 대한 지식이 향상되었다. 이 장에서 제품 관리자의 기능에 대해 내가 개인적으로 경험하고 관찰한 내용을 요약하려고 한다.

제품 관리자로서 여러분은 제품과 고객에 매여 있다. 여러분은 매일 고객의 요구를 충족하는 방법과 심지어 고객들조차도 직접 자세하게 설명하지 못하는 방식으로 제품을 더 좋게 만드는 방법을 생각한다. 회사가 신제품을 만들 때, 제품 관리자는 고객에게 주의를 더 많이 기울여야 한다. 회사가 기존 제품의 점진적 개선을 추진한다면, 제품 관리자는 제품을 더 좋게, 더 쉽게, 더 빠르게, 그리고 더 탄탄하게 만드는데 더욱 초점을 맞춘다. 여러분은 이렇게 스스로 물어볼 수 있다. 경쟁과 엔지니어링의 한정된 자원, 그리고 영업 조직이 내게 안겨준 요구 사항의 맥락에서 나의 고객의 문제를 가장 잘 해결하기 위해 제품을 어떤 모습으로 만들까?

인튜이트Intuit의 유명한 "집으로 따라오세요"라는 프로그램을 생각해 보라. 초창기에, 회사는 실제로 엔지니어들을 매장으로 보냈다. 그곳에서 그들은 진열대에서 인튜이트 소프트웨어를 구매하는 고객을 기다렸다가 계산 창구에서 이렇게 요청했다. "제가 집으로 따라가도 괜찮겠습니까? 저는 인튜이트의 엔지니어입니다. 제가 바로 그 소프트웨어를 만들었습니다. 그래서 저는 당신이 집 환경에서 사용하는 모습을 정말 보고 싶어요."

그리고 나서 엔지니어들은 자신들의 차를 타고, 고객을 따라, 고객이 집으로 가는 길로 차를 몰며, 집에 도착해 안으로 들어가서, 고객이 포장을 풀고 소프트웨어를 끄집어내 CD-ROM을 컴퓨터 드라이브에 넣은 후, 프로그램을 작동하는 장면을 지켜보았다. 엔지니어들은 "저는 여러분의 실제 집 환경에서 여러분을 보고 싶었습니다. 저는 당신 처지에서 생각하고 싶었거든요"라고 말했다.

오늘날 소프트웨어가 상점 선반에서 팔리지 않기 때문에 과거 인튜이트 프로그램은 수정되었지만 계속 유지되고 있다. 회사는 매년 고객과 함께 "집으로 따라오세요"일만 시간 프로그램을 실천한다! 인튜이트의 한 임원은 비록 이 접근법이 "비굴하게 들릴지는 몰라도…… 그런 고객 관찰 과정은 우리가 고객에게 더욱 깊게 몰입할 수 있게 해주고, 고객들이 진정으로 좋아하고 인정하는 것에 집중하고, 우리가 할 수는 있었지만 아무도 신경 쓰지 않았던 방식으로 고객들에게 부담을 주지 않도록 도와준다"라는 사실을 깨달았다.

이것이 제품 관리자가 하는 일이다. 제품 관리자들은 고객의 처지에서 행동한다는 것이 무엇을 의미하는지를 이해하려고 진정으로 노력한다. 고객들의 문제가 무엇인가, 그들의 환경은 어떠한가, 그들은 무엇을 읽는가, 그들은 누구에게 말하는가, 그들은 누구의 말을 듣는가, 그들이 걱정하는 것이 무엇인가? 그런 뒤 그런 통찰들로부터 추론해 목표 고객을 대변할 수 있는, 소위 페르소나 (그리스 어원으로 가면 혹은 가면을 쓴 인격을 의미함)라는 가상의 인물을 만들어 냄으로써 그것을 제품 디자인 결정의 중심으로 삼을 수 있다.

제품 관리자가 되는 것이 좋은 점은 여러분이 고객을 위해 문제를 해결한다는 사실이다. 여러분이 중심이다. 여러분은 회사의 모든 기능에 대한 권한이 없을지 모르지만, 모든 기능에 방향을 지시할 수는 있다.

좀 더 큰 회사에서, 여러분의 책임은 세밀하고 좁게 정의된다. 만약 회사가 잘 운영되고 있다면, 여러분은 기능적으로 유용한 몇 가지 모범 사례를 배우겠지만, 그 관점은 매우 제한적이다. 대기업의 제품 관리자는 반드시 큰 그림을 그릴 필요가 없다. 역할 역시 매우 관료적이고 안정적이며 그런 종류의 상황을 선호한다면 장점이 될 수도 있다.

좀 더 작은 회사라면 여러분은 더 넓은 범위와 권한, 책임을 진다. 여러분은 여러분이 하는 일과 고객을 위해 창조하는 가치 사이의 직접적인 연관성을 보게 된다.

궁극적으로, 스타트업은 항상 죽느냐 사느냐 하는 경계선에 서 있다. 이 제품을 출하하면, 우리는 분기 목표를 채우고, 다시 다음 18개월 동안 필요한 자금을 조달할 수 있다. 내가 오픈마켓에서 제품 부서를 이끌고 있을 때, 주력 제품의 출하 목표 날짜가 1996년 5월이었다. 우리는 그날 제품 출하와 동시에 상장하기로 계획하고 있었다. 나는 어느 날 CEO가 나를 복도 구석에 세워 놓고는, "1996년 5월까지 제품을 출하하지 못하면, 우리는 상장할 수 없어요. 출하일을 맞출 수 있지요?"라며 신랄하게 다그쳤던 일이 생각난다.

큰 회사라면, 여러분은 회사의 성공에 그렇게 직접적인 영향력을 발휘할 수 없다. 대기업은 다양한 제품을 취급하며 제품 관리자가 개별 제품의 작은 부분을 책임지는 조직을 운영할 것이다. 그곳에서는 제품 혹은 제품의 부품들이 모두 서로 연결되는 방법에 대한 더 큰 전략이 작동한다. 그런 상황이라면, 여러분은 어떻게 제품이 서로 작용하는지, 연결 전략은 무엇인지, 담당하는 제품이 다른 제품에 어떤 영향을 미치는지, 여기에서 돈을 잃지만, 저기에서는 돈을 잃지 않는 상황이 허용되는지 등에 관해 어떤 통찰력도 가질 수 없을 것이다.

오픈마켓에서 우리가 제품에 대해 작업한 일과 그것이 주식 가치 창출에 미친 영향보다 더 분명한 관계는 없을 것이다. 제품을 출하하지 못했다면, 회사의 IPO(주식의 신규 상장)는 절대 일어나지 않았을 것이다.

제품 관리자의 책임

제품 관리자의 책임 범위는 회사의 제품 라인의 특성에 따라 달라진다. 많은 제품 관리자는 단일 제품을 전적으로 책임진다. 어떤 제품 관리자는 복합 제품의 여러 구성 요소 중 한 가지를 관리한다(예를 들어, 트립어드바이저TripAdviser에서 호텔 예약 플랫폼 담당). 또 다른 제품 관리자는 공통 구성 요소를 지닌 제품군 혹은 같은 고객군을 관리한다 (온라인 상인에 대한 페이팔의 서비스 제공). 또한, 제품 관리자는 다양한 제품에 영향을 미치는 전략 계획을 담당할 수도 있다(예를 들어, 고객 유지 개선 혹은 국제적 확장).

높은 차원에서 보면, 제품 관리자에게 다음 세 가지 주요 책임이 있다.

- 신제품이든 기존 제품의 개선이든, 생산할 제품과 그 우선 요소를 정의함
- 제품 개발을 지휘하기 위해 자원을 협상하고 확보하거나, 자원이 이미 투입되었다면 자원 제약때문에 직면하게 될 경영 사례를 작성함
- 보통 여러분의 동료로 구성된 통합 기능팀을 이끌면서 제품 개발, 출시 그리고 지속적 개선을 관리함

제품 정의

제품 정의란 사업적 기회를 발견하고 그다음 그것이 매력적인지를 확인하는 것이다. 구체적으로 보자면 계획한 제품 또는 제품 개선이 잠재 고객에게 바람직한지, 기술적으로 실현할 수 있는지, 그리고 경제적으로 성공 가능한지를 확인하는 것이다.

일단 회사가 신제품 개발을 결정하면, 여러분은 엔지니어링 부서가 제품을 만들 수 있도록 제품 기능을 명시화하는 과정을 이끌 것이다.

기회를 발견하고 평가하기. 초기 단계의 스타트업들은 설립자들이 발견한 기회를 추구하는 데 초점을 맞춘다. 처음에는 설립자 중 한 명이 일반적으로 CEO와 제품 관리자 역할을 모두 담당한다(그러나 결국에는, 업무 부담에 압도되어 별도의 제품 관리자를 고용한다). 좀 더 성숙한 회사에서, 새로운 제품에 대한 핵심 아이디어는 고위 관리자, 제품, 영업, 마케팅, 비즈니스 개발 또는 엔지니어링 등 모든 사람에게서 나올 수 있다.

제품 기회를 발견하고 평가하기 위해, 제품팀은 종종 기업가 출신의 교육자 스티브 블랭크Steve Blank가 그의 신간 『깨달음에 이르는 4단계The Four Steps to the Epiphany』에서 "고객발굴과 검증"이라고 부르는 과정에 참여할 것이다.

고객발굴의 목적은 제품을 만들 가치가 있는지, 즉 잠재 고객이 제품을 필요로 하는지와 제품이 고객의 문제를 해결하는지를 파악하는 것이다. 수완 좋은 스타트업은 소프트웨어 개발에 투자하기 전에, 우선 고객발굴과 검증에 투자할 것이다. 그래서 새로운 사업을 시작하는 단계에서, 제품 관리자의 임무는 창업자의 임무와 유사하다. 즉, 고객 가치 창출의 방법에 대한 핵심 가설을 검증하는 데 필요한 실험을 설계한다.

여러분이 제품 기회를 찾고 초기 평가를 해야 하는 경우, 제품 관리자로서 여러분의 역할은 시장 자료를 수집하는 것이다. 즉, 영업팀의 의견을 듣고, 포커스 그룹과 현장 고객 면담 및 고객 설문 조사 등을 포함한 다양한 원천을 통해 고객 피드백을 관리한다. MIT의 에릭 폰 히펠Eric von Hippel 교수는 자신이 "선도 사용자"라고 명명한, 시장보다 앞서 수요를 파악하는 데 능수능란한 세련된 고객을 찾아내라고 충고한다. 다른 조직은 미래 제품에 대한 새로운 통찰력을 제공할 수 있는 시장 동향과 제품 개발 상황을 파악하려고 고객 자문 위원회를 구성한다. 기업들은 또한 좀 더 창의적인 해결책을 일깨워 줄지도 모를 외부인의 관점을 제시할 수 있는 인접 산업의 사용자 의견을 찾는다.

하지만 고객 데이터는 그 정도까지만 유용하다. 위대한 제품은 종종 고객이 알지도 못하는 문제점을 해결한다. 예를 들어, 어떤 청소년도 자신들이 화상으로 장난치고 대화 내용이 바로 사라지는 도구로 친구들과 연결할 수단이 없다는 사실을 포커스 그룹에 분명하게 설명할 수 없었다. 하지만 스냅챗Snapchat이 이런 종류의 연결이 가능한 플랫폼을 제공하자. 그것은 청소년들의 요구에 강력하게 부응하였다.

제품 관리자로서 더 나은 통찰력을 얻기 위해, 여러분은 종종 고객의 필요를 공감하고 제품이 해결할 수도 있는 고통을 파악하려고 고객 환경으로 직접 뛰어들 것이다. 예를 들어, 벙크1^{Bunk1}은 여름 캠프를 위한 사회적 플랫폼으로서 부모와 자녀 야영객들이 서로 연락을 취할 수 있도록 도와준다. 이를 원활히 하기 위해, 회사는 제품 관리자들을 밤샘 캠프에 밤새 머물며 제품 아이디어를 얻도록 한다.

신생 기업이라면, 해결해야 할 핵심 고객의 요구 사항, 제안한 해결책의 개괄적인 구성 요소, 제품이 시간을 두고 어떻게 발전할 것인지(제품 로드맵이라고 알려짐), 그리고 각 제품 출시에 대한 몇 가지 주요 주제를 또렷하게 표현한 제품 비전을 설명하기 위하여 파워포인트 서너 장 정도만 만들면 될지도 모른다. 좀 더 성숙한 회사라면, 여러분은 다양한 기능에 대한 아이디어를 평가할 수 있도록 사전 서류 작업을 더 많이 해야 할 것이다. 고객의 요구에 대한 자세한 설명서, 즉 시장 요구 사항 문서^{market requirements document, MRD}를 작성할 것이다. MRD에서, 제품 관리자는 신제품이 회사의 전략과 비즈니스 모델과 일치하는지를 확인하거나 제품 생산 아이디어를 포기하는 것을 정당화해야 할 것이다. 어떤 경우에는 제품 관리자가 제품의 예비 사업 계획까지도 작성할 수 있다. 이 계획에는 가격 책정, 경쟁력 분석, 시장 진출 전략 (직접 판매, 통신 판매, 채널, 국제), 그리고 영업과 이익 예측을 포함한다.

제품 요구 사항과 원칙을 구체화하기. 제품 관리자의 다음 임무는 엔지니어링 부서가 제품 제작을 시작할 수 있도록 제품의 요구 사항을 구체화하는 것이다, 회사 규모와 제품 개발 과정에 따라 형식과 절차가 크게 차이를 보이는 이런 요구 사항들은 문서로 만들어져 회사 내에서 공람한다. 그렇게 함으로써 회사 내 누구나 제품이 출시되었을 때 제품이 어떤 모습이 되어야만 하고 어떻게 작동해야만 하는지를 알 수 있다. 요구 사항을 결정하는 과정은 매우 반복적이다. 고객 반응, 요구, 경쟁과 기타 요인들에 대한 새로운 정보가 수집될 때, 요구 사항을 끊임없이 수정하고 조정할 필요가 있다.

고도로 복잡한 기술 회사들은 일반적으로 일련의 상위 수준의 제품 원칙을 확립한다. 이 원칙은 신제품 디자인을 관리하고 제어하며, 변화하는 요구 사항에 영향을 미치고, 우선순위 결정의 특징을 설명한다. 이런 원칙들을 CEO나 창업자에 의해서 결정된 것이지만, 보통 제품 관리자들이 그런 원칙들을 실용적인 결정으로 바꾸는 데 관여한다. 제품 관리자로서 여러분은 다음 몇 가지 질문을 하고 결정해야만 할 것이다.

- 제품 실행을 매우 단순하고 간단하게 유지하는 것 대비 제품이 얼마나 완전한 기능을 갖추고 복잡해야 하는가?

- 소프트웨어의 신버전이 구버전과 호환되어야만 하는가(즉, 하위 호환성)?
- 제품이 얼마나 빠르게 작동해야 하는가, 그리고 언제 성능을 위해 기능성을 포기할 것인가?

일부 조직에서, 이런 제품 개발 원칙들은 제품 차원 혹은 (구글의 '우리가 진실이라고 알고 있는 10가지Ten Things We Know to Be True'처럼) 회사 전체 차원에서 분명하게 문서로 기록되어 있다. 다른 조직에서는 원칙들이 비공식적으로 전달된다.

이런 원칙들을 기초로 하여, 여러분은 엔지니어링 부서가 제품을 만들 수 있도록 제품 요구 사항을 충분히 자세하게 정의해야 할 것이다. 제품 요구 사항을 정의하는 데는 대체로 다음 2가지 접근 방법이 있다.

- 프로토타입*과 사용자 이야기. 많은 회사, 특히 신생 기업들은 고충실도(高充實度)로 작동하는 프로토타입(제품 개발에서, 충실도란 프로토타입이 시각적 품질이나 기능의 성능면에서 목표로 한 제품과 얼마나 가깝게 일치하는지를 의미한다) 혹은 심지어 단순한 와이

....

* 　　　본격적인 제품 생산에 앞서 제품의 성능을 검증하고 개선하기 위해 간단한 핵심 기능을 넣어 제작한 기본 모델을 의미하며 시제품이라고도 한다.

어프레임(제품이 사용할 높은 단계의 페이지와 구도 및 흐름에 대한 화면별 청사진 형식으로 표시)을 사용하여 제품 요구 사항을 정의한다. 엔지니어들이 프로토타입이 작동하는 모습을 미리 볼 수 있다면, 무엇을 만드는지를 더욱 명확하게 이해할 수 있다. 그렇지 않을 경우, 잘못된 해석은 추측으로 이어지고, 그것이 디자인에 반영되고 기능상 불일치를 일으켜 결국 생산 일정에 중대한 차질을 초래한다. 프로토타입을 제작하면 회사는 제품 요구 사항이 충족되었는지에 대한 정보를 잠재적 사용자들로부터 얻을 수 있으며, 디자이너는 제품 구성 요소들이 어떻게 통합되어야만 하는지를 이해할 수 있다.

제품 관리자로서, 여러분은 또한 이런 프로토타입을 개발하고 기능성을 구체화하기 위하여 고객 경험UX 전문가들(이장 후반부에서 설명함)과 긴밀하게 작업할 것이다. 앞서 설명한 것처럼 여러분이 목표로 하는 특정 사용자를 대신할 페르소나는 프로토타입에 생명을 불어넣기 위해 자주 사용된다. 페르소나(가끔 마케팅 페르소나 혹은 사용자 페르소나라고 불린다)는 종종 모범적인 고객의 허구 인물로서 고객들의 행동(예를 들어 독서 내용, 휴가 장소 혹은 외식 장소), 필요 사항 그리고 목표를 보여준다. 다른 도구인, 사용자 이야기 혹은 시나리오는 주요 임무를 완수하는 페르소나의 가상 설명이며, 종종 엔지니어링팀을 위하여 페르소나의 요구를 생동감 있게 전달하려고 글로 쓰인다. 예를 들어, "멜로

디^{Melody}는 자유 시간이 전혀 없는 40대의 일하는 엄마다. 그 결과, 그녀는 세탁물을 찾거나, 매일 자녀들의 학교 점심 도시락을 만들기 위해 꼭 필요한 채소를 사러 가는 일처럼 가장 기본적인 임무를 수행할 시간조차 마련할 수 없다."

- 제품 요구 사항 문서^{Product requirements documents, PRD} 혹은 제품 제원서(스펙). PRD 혹은 스펙은 고객이 어떻게 제품과 상호작용하는지를 설명한다. 고객들이 할 수 있는 다른 모든 행동, 즉 종합적인 제품 사용 사례를 충족하는 데 필요한 기능성을 구체적으로 보여준다. PRD는 종종 와이어프레임과 고객 이야기를 포함하지만, 프로토타입보다는 더 상세하고 형식을 갖추는 경향이 있다. 엔지니어링, 품질 보증, 고객 서비스, 영업, 마케팅 등 여러 부서가 PRD를 본다. 그러므로 PRD는 모든 집단에 필요한 방향을 제시하는 방법으로 제품 기능성을 전달해야만 한다. 그러면 대부분 기능부서는 PRD를 자신의 집단에 맞는 작업 계획으로 다시 변환한다. 예를 들어, PRD는 엔지니어링에 무엇을 제작할지에 대한 안내는 하지만, 어떻게 제작할지는 알려주지 못한다. 예컨대, PRD에서 로그인 페이지는 안전해야만 하고 이메일과 암호가 필요하다고 명시할 수 있다. 그러면 엔지니어링은 안전한 로그인 페이지를 보장하기 위해 어떤 특정한 인증 기술을 사용할지를 결정할 수 있다. 엔지니어링은 일반적으로 그들

이 채택할 아키텍처 방식(예: 제품을 모듈화하는 방법), 사용할 소프트웨어 언어와 프로그래밍 도구, 주요 임무를 완수하는 데 필요한 직원 시간을 설명하는 엔지니어링 디자인 문서를 준비할 것이다. 특히 복잡한 제품일 경우 엔지니어는 대부분 더욱 상세하고 구체적인 PRD를 선호한다.

요구 사항 전달을 위해 어떤 방법을 사용하든, 엔지니어링팀이 공통으로 느끼는 좌절감은 제품 관리자가 요구하는 내용의 수준이 너무 높은 경향이 있어 해결되지 않은 문제가 너무 많다는 사실이다. 반면에 너무 세밀한 프로토타입은 디자인 검토나 임원 보고 시간에 시원찮은 반응을 받을 수 있다. 프로토타입이 아주 잘 마무리되고 세련된 것처럼 보일수록, 자신들이 피드백을 줄 여지가 있다고 생각하는 사람은 적다. 반면, 완성도 수준이 낮은 프로토타입은 한층 자유롭고 격의 없는 비판을 북돋우며, 주변 사람들의 창의성을 더 충분히 활용하는 경향이 있다.

제품 요구 사항을 규정하고 전달하는 방법들이 서로 배타적인 것은 아니다. 많은 기업은 요구 사항 문서와 사용자 이야기를 함께 사용하며, 내용의 상세 수준은 종종 제품 혹은 특성의 범위뿐만 아니라 회사의 발전 단계에 따라 결정된다. 회사들이 제품 요구 사항을 어떻게 개발하느냐에 관계없이, 대부분 기업은 솔직한 사용자 피드백을 제품 개발 과정에 포함한다. 이런 피드백은 종이로 만든 프로토타입, 와이어프레임, 심지어 최소 기능 제품minimum viable product, MVP의 발표에 대한 반응을 수집하기 위해 고객 면담의 형태를 띨 수 있다. MVP란 확실한 피드백을 얻기 위해 고객들에게 공개한 최소한의 기능만 갖춘 제품이며, 유일한 목적은 완전한 기능을 갖춘 제품을 제공하는 것과는 반대로 고객의 요구에 대한 최초의 가설(假說)이 충족되었는지를 시험하는 것이다. 이처럼 가설을 개발하고 MVP를 사용하여 고객의 피드백을 얻고, 제품에 더 많이 반복 적용하기 전에 가설들을 검증하는 접근 방법은 에릭 리스Eric Ries의 저서『린 스타트업Lean Startup』때문에 유명해진 '린 스타트업 방법론'으로 알려졌다. 전세계의 많은 스타트업이 이 방법론을 충실히 따른다.

자원 협상, 우선순위 결정

일단 제품에 대한 요구 사항이 확인되면, 요구 사항의 우선순위를 정하고, 제품 생산에 필요한 자원을 협상하고 배분해야 한다. 이 과정은 종종 경쟁적 이해관계를 조정하는 것을 의미하므로 헤쳐나가기 힘들 수 있다. 예를 들어, CEO는 회사의 전략과 경쟁적 지위에 부합하는 특정 기능 향상을 즉시 시작하고 싶을지 모르지만, 반면 엔지니어링 책임자는 현 제품의 안정성과 확장성에 우선순위를 두고 아키텍처(컴퓨터 시스템 전체의 구조를 설계하는 방식)를 강화하고 버그를 수정할 수도 있다.

제품 관리자로서 여러분의 과제는 제품의 처음 비전에 충실하면서 동시에 모든 관계자(아니면, 적어도 여러분이 판단할 때 중요한 사람들)를 만족시키는 것이다. 내가 아는 어느 제품 관리자는 이 과정이 "거름 5kg을 2kg짜리 부대에 집어넣는 방법"을 알아내는 것과 같다고 언급한다.

제품 우선순위 결정, 어려운 교환 시행, 그리고 이런 결정들을 빠듯한 개발 일정과 한정된 엔지니어 자원이라는 현실적 제약 조건에 맞추는 것을 도와줄 수 있는 몇 가지 기법이 있다. 첫째, 제품 관리자는 우선순위에 따라 높은 것부터 낮은 것까지 각각 점수를 매기며, 필요한 특징들의 순서 목록을 작성한다. 점수 매기기 과정 자체는 어렵고 주관적이다. 판매에 대한 장애물을 제거하고 사용자 참여를 개선할 수 있는 소소한 변경과 새로운 기능을 개발하는 대대적인 변경 사이에서 어려운 이해 상충 결정을 해야 한다.

둘째, 엔지니어링팀은 각 기능에 필요한 작업량의 수준에 대한 추정치를 제공할 수 있다. 이런 추정치는 필요한 인/일수(人/日數, 한 사람이 하루에 할 수 있는 작업량)처럼 정확한 특정 숫자이거나, 아니면 더 개괄적으로 구분하여 양동이 크기처럼 대, 중, 소로 분류할 수 있다. 기능 요청을 분석하고 작업량 추정치를 산출하는 데는 귀중한 시간 (엔지니어링 시간이 거의 언제나 제한 요소)이 소요되므로, 가볍게 수행해서는 안 된다. 엔지니어링팀이 작업하는 추정치는 주관적이기 때문에, 제품 관리자들은 엔지니어링팀이 지나치게 공격적인지 (이 경우, 일정에 약간의 여유 시간을 추가해야 한다), 혹은 지나치게 보수적인

지 (이 경우, 그들이 좀 더 공격적으로 되도록 압박해야 한다)를 판단해야 한다.

마지막으로 조정 과정이 있다. 이 과정을 통하여 제품 출시에 필요한 기능의 비용과 효용을 측정하고. 어떤 기능이 "있으면 멋있는 것"인지 "반드시 있어야 하는 것"인지를 평가하며, 제품의 각 요소에 대한 투자수익률return on investment, ROI을 분석한다. "기준 이하" 기능 들은 향후 제품 출시 시점에 고려하기 위해 보류될 수 있다. 소규모 회사에서, 이런 조정 과정은 CEO, 엔지니어링 부사장과 제품 관리자들이 참가하는 정기회의 중에 발생할 수 있다. 대기업에서는, 통합 기능 승인 위원회 혹은 각 관련 기능 그룹의 대표자들로 구성된 더 공식적인 제품 협의회를 설치할 수 있다. 제품 협의회에서, 제품 출시를 논의하고 협상하며 끼워 넣는다. 그것은 버스 출발 계획을 짜는 것과 비슷하다. 제품 협의회는 버스가 가득 찰 때까지 어떤 기능을 특정한 버스에 탑재할 수 있는지를 결정한다. 그러면 여러분은 제품 관리자로서 그 버스를 최종 목적지까지 운전할 책임이 있다. 이것은 인기 없는 결정을 밀어붙이고 그 결과에 대해 책임지는 것을 의미한다.

제품 제작, 출시와 개선

제작. 일단 제품에 대한 요구 사항과 우선순위가 정해지면, 제품 관리자는 제품을 현실로 구현하기 위해 엔지니어링팀과 함께 일한다. 여러분은 이 단계에서 엔지니어링팀과 정기적으로 상호작용하게 될 것이며, 엔지니어들이 제품 요건에 대해 제기하는 질문에 답하고, (아래에서 설명할 프로젝트 관리자가 제품팀에 없으면) 계획 대비 엔지니어링의 진도율을 추적한다. 여러분은 또한 제작된 제품이 고객들의 요구를 충족한 제품이라는 것을 보증하기 위하여 "고객의 목소리"로서의 역할을 한다.

제품 제작 과정 중에, 여러분은 더 많은 고객 면담과 포커스 그룹 focus group*, 사용성 테스트를 통해 끊임없이 고객 피드백을 파악할 것이다. 여러분은 또한 베타 프로그램을 설정할 책임이 있다. 이는 초기의 불완전한 버전(MVP 또는 더 완전한 제품의 베타 버전)을 제품 개발 과정에서 회사에 피드백을 제공하기 위하여 선발된 선도 사용자 집단에 먼저 공개하는 프로그램이다.

제품 제작 단계는 매우 반복적이다. 여러분은 베타 프로그램과 여러 가지 시험으로부터 수집한 피드백을 끊임없이 분석하고, 그에 따라 제품의 기능과 우선순위를 조정하기 위해 엔지니어링팀과 협력한다. 조정할 때, 제품 제원에 변화를 줄 수 있는 이해가 상충하는 의사결정을 평가할 것이다. 새롭게 제시된 기능을 고객에게 호소하는 것이 잠재적 출시 지연 또는 비용 증가를 정당화하는가? 반대로, 비용

....

* 시장 조사나 여론 조사를 위해 각 계층을 대표하도록 뽑은 소수의 사람들로 이뤄진 그룹

과 시간 절약이 제품의 기능 축소를 정당화하는가? 추가 기능에 대한 모든 요청(때때로 기능 끼워 넣기 혹은 범위 끼워 넣기로 알려진 요청)이 제품 제작 일정에 파급 효과를 미칠 수 있으므로, 이런 조정들을 신중하게 평가하고 검토할 필요가 있다. 여러분의 역할은 대개 엔지니어링팀에 기능을 변경하도록 밀어붙이거나, 반대로 제품의 출시를 지연시킬지도 모를 범위 끼워 넣기를 피하려고 변화에 저항하는 것이다. 여러분은 또한 변경되는 내용을 회사의 다른 모든 부서에 알려줄 필요가 있다. 그러면 모든 직원(마케팅, 고객 지원, 고위 경영진)이 변경 내용과 이유에 대해 같은 태도를 보이고 지지한다.

출시하기. 결코, 완성된 것은 아니지만, 어느 시점이 되면 출시 준비가 된 버전이라고 선포하고 일반 대중에게 공개하는 제품을 대체로 이용 가능한GA 제품이라고 부른다. 어떤 제품은 대대적인 마케팅 추진과 함께 출시된다. 후자의 경우, 여러분은 모든 홍보 자료(예를 들어, 웹 사이트 문안, 광고, 영업 책자)를 개발하기 위하여, 분석가 설명회 개최, 영업과 파트너 교육 시행, 언론과의 대화, 제품 마케팅(마케팅 기능의 하위 부분, 다음에 자세히 설명함)과의 협력 등 제품 출시 전략과 활동을 추진할 것이다. 다른 신제품, 특히 제품 디자인을 개발하고 반복하는 데 린 스타트업 방법론에 의존하는 회사에서 만드는 제품들은 처음에 팡파르가 거의 또는 전혀 없이 출시된다. 그 대신, 제품 출시는 위에서 설명한 베타 프로그램과 유사하며, 주요 기능과 비즈니스 가설에 대한 피드백을 위한 수단으로 디자인된다.

어떤 경우든, 제품 출시 기간에 얼리 어답터들의 경험을 추적하고 관리하는 것이 중요하다. 출시 전에, 발생할지도 모를 신뢰성 또는 성능 문제점들을 예상하고 그것들을 해결하기 위한 계획을 수립해야 한다. "준비점검" 회의에서 회사의 각 기능이 출시 요건 점검표에 대한 진행 상황을 보고하도록 한다. 영업 사원들은 교육을 받았는가? 채널 파트너는 신제품에 대한 참고 자료를 가지고 있는가? 새 응용 프로그램 인터페이스API는 제대로 문서화가 되었는가? 복잡한 고객 서비스 문제를 올바른 담당자에게 전달하기 위하여 악화된 제품 사용을 처리하는 절차가 마련되었는가?

개선. 제품을 출시한 후(혹은 때로는 바로 직전에) 여러분은 제품 로드맵에 있는 후속 기능 또는 후속 신제품에 주의를 기울일 것이다. 또한, 이전 제품과 기능의 성과를 추적하는 책임도 계속 져야 할 것이다. 이 과정에서 드러난 차이점들은 디자인 결함으로 사용량이 예상보다 낮은 기능처럼 고쳐야 할 문제뿐만 아니라, 예상치 못한 고객 부문이 기대 이상으로 여러분의 제품을 채택하는 것처럼 추구해야 할 기회를 암시한다.

어떤 회사들은 제품이 예상한 목표와 투자 수익을 달성했는지를 결정하기 위한 비공식 점검 과정을 운영한다. 또 어떤 회사들은 공식적인 사후 검토를 하는데, 이 경우 통합 기능 제품팀은 제품 개발 과정을 개선할 방법을 보고하고 토론할 것이다.

성과를 추적하기 위하여, 여러분은 고객 서비스 상호작용의 기록을 포함하여 내부 판매와 사용 데이터에 의존할 것이다. 특히 온라인 제품의 경우, 대개 그런 데이터가 풍부하다. 제품 관리자는 해당 데이터에 접근하고 분석하기 위해 엔지니어링팀이나 데이터팀에 의존해서는 안 된다. 여러분 자신이 서로 전혀 다른 시스템으로부터 데이터를 추출해 통일된 견해를 찾아내기 위해, 구글 애널리틱스Google Analytics, 믹스패널Mixpanel, 키스매트릭스Kissmetrics와 같은 도구를 이용하여 로그 파일 분석에 능숙한 분석가가 되어야 한다. 제품 관리자는 종종 팀원과 고위 경영진에게 주요 지표를 화면에 표시하고. 출시 후 제품의 상태와 성과 검토를 도와주기 위하여 디지털 대시보드를 개발한다. 내 학생 중 한 명은 데이터 쿼리*를 실행하느라 모든 시간을 쏟아붓는다며 자기 자신을 "쿼리와 분석 원숭이"라고 불렀다. 유능한 제품 관리자는 미래의 잠재적 조정과 제품 개선에 대한 정보를 얻기 위해 이 데이터를 매처럼 지켜본다.

제품을 출시하고 나면, 핵심 과제는 우선순위를 조정하고, 새로운 기능과 새로운 제품 버전이 언제 출시될 것인지를 보여주는 미래 계획인 제품 로드맵을 수정하는 일로 바뀐다. 여러분은 다음과 같이 다양한 문제에 대한 공감대를 형성하고 몇 가지 결정을 내리기 위해,

············

* 　　　조건에 맞는 데이터를 추출하거나 조작하는 명령어

조직 전체 구성원들과 다시 협상할 것이다. 제품팀은 제품 로드맵에는 없지만, 영업팀이 요구하고 고객이 사정하는 새로운 기능을 구축하는 쪽으로 노력을 전환해야 하는가? 소프트웨어의 안정성을 향상하기 위해 기존 소프트웨어 코드를 고쳐 쓰고 재구성하는 "리팩터refactor" 코드에 시간을 할애해야 한다는 엔지니어링의 주장에 대해서는 어떻게 해야 하는가? 일반적으로 제품 관리자는 이런 결정을 일방적으로 내릴 권한이 없지만, 모든 사람이 이해 상충을 분석하고 합의에 도달할 수 있는 과정을 관리하는 것은 여러분의 책임이다.

프로필

야시 바이아니Yasi Baiani

제품 관리자, 슬립앤웰니스 Sleep & Wellness, **핏빗**Fitbit

긍정적인 영향을 주는 것은 많은 사람에게 중요하며, 사람들이 일에서 행복을 찾는 데 크게 이바지한다.

나는 사람들에게 어떤 종류의 영향을 끼치고 싶은지, 그리고 어떤 종류의 회사에서 그 정도의 영향력을 달성할 수 있는지를 이해하기 위하여 진정으로 노력하라고 조언한다. 어떤 작은 일을 할지라도, 스타트업에서는 큰 영향력을 발휘할 수 있다.

스타트업에서 성공하려면, 여러분은 모든 모호함과 미지의 것에도 불구하고 성과를 잘 낼 수 있어야 한다. 여러분은 존재하지 않은 길을 만드는 데 이바지해야만 한다. 여러분은 또한 자신이 책임진 일을 완수할 수 있고, 아무런 지침이나 조언이 없어도 더 잘할 수 있다고 확신해야 한다. 여러분은 상당한 끈기와 인내심이 있어야 한다. 대부분의 스타트업은 하루아침에 성공한 것이 아니다. 큰 성공을 거두기 위해 실패를 눈앞에 둔 그곳에서 고된 날들과 도전을 견뎌야만 한다.

스타트업에서 성공하고 핵심적인 기여자가 되려면, 여러 가지 새로운 기술을 빨리 익혀야 하고 편안한 일상에서 벗어나야 한다. 요점은 스타트업에서는 많은 일을 완성해야만 하고, 문제는 해야 할 일보다 직원이 항상 모자란다는 사실이다. 결과적으로, 모든 사람이 가지각색의 모자를 쓰고 처음에 계약하지 않았을지도 모를 여러 가지 일을 해야만 한다.

마지막으로, 스타트업에는 플랫폼도 없고, 인프라도 없다. 비록 제자리를 잡도록 도와줘야 할 많은 것들이 여러분의 직무 기술서에 없을지라도, 여러분은 그 모든 것을 만들어 내야만 한다. 맨 처음으로 무언가를 만들고, 무에서 유를 창조한다는 느낌이 스타트업에서 일하는 것을 매우 흥미롭고 보람되게 만든다.

조직에서 제품 관리자의 역할

앞에서 말했듯이, 첫 번째 제품을 개발하는 초기 단계의 스타트업에서, 보통 창업자 겸 CEO가 제품 관리자의 역할을 담당한다. 그러다 보니 창업자는 두 가지 다른 역할을 한다. 하나는 제품 몽상가와 리더의 역할이며, 다른 하나는 자원 배분자의 역할이다. 이 방식의 한 가지 장점은 CEO가 제품 비전을 효율적으로 전달할 수 있다는 것이다. 단점은 한번 결정이 내려지면 이에 대한 이해 상충 논쟁이 줄어들지도 모른다는 사실이다.

토론을 적게 하는 것이 긍정적인 것처럼 들릴 수도 있지만, 제품 개발 과정에서 긴장감은 실제로 유익하다. 어떤 큰 문제에 맞붙어 해결하려면 더 공격적이고, 더 이상적이며, 더 많은 위험을 감수해야 한다고 주장하는 사람과 장기적으로 중요한 제품을 만들려면 일을 제대로 하기 위해 속도를 늦추어야 한다고 주장하는 사람들 사이에서 여러분은 '줄다리기 효과'를 얻고자 한다. 그런 긴장감은 제품 책임자와 엔지니어링 책임자 사이에서 발생하며 매우 유익하다. 창업자가 제품 책임자일 경우, 즉 자원을 통제할 때, 창업자는 때때로 모든 일을 조화롭게 유지하고, 토론이 들끓는 것을 허용하지 않는다.

조직이 성장함에 따라 창업자의 시간에 대한 수요는 창업자가 CEO 겸 제품 관리자라는 두 가지 역할을 동시에 수행할 수 없을 정도로까지 증가한다. 그때가 바로 제품 전문가를 고용할 때이다. 개인의 과거 경험과 스타트업의 직함 정책에 따라, 새로운 제품 책임자는 제품 관리자, 제품 이사 또는 제품 부사장으로 불릴 수 있다. 일반적으로 제품 책임자는 CEO에게 직접 보고하지만, 때로는 마케팅 부사장, 최고 기술 책임자CTO 또는 엔지니어링 부사장에게 보고한다. 보고 구조는 제품 책임자의 연공서열, 임원진의 구성, CEO가 제품 관리에 얼마나 깊숙이 관여하고 싶어 하는지에 따라 달라질 것이다.

첫 번째 제품에 새로운 기능을 추가하거나 또 다른 제품을 출시할 때, 제품 책임자들은 종종 복수의 제품에 대한 책임을 질 뿐만 아니라, 회사의 제품 관리 프로세스를 개발하고 감독하며 초급 제품 관리자를 고용하고 훈련하는 일에 대한 책임을 진다.

확실히 자리 잡은 기술 기업(즉, 고속도로 단계 기업)에서는 제품 관리자는 경영진에 속하지 않더라도 계속해서 통합 기능팀을 이끈다. 사실상 조직이 성숙할수록 통합 기능적 리더십의 필요성이 커진다. 조직의 기능이 더 크고 복잡한 조직 형태로 분산되어 있을 때, 그런 활동들을 조정하고 조율하는 것이 훨씬 힘들다. 제품 조직이 (직접 CEO에게 혹은 최고 운영 책임자COO, 엔지니어링, 마케팅) 어디에 보고하든 관계없이 제품 관리자로서의 여러분의 역할은 매우 통합 기능적이다. 여러분은 비즈니스 개발, 영업, 마케팅, 엔지니어링과 고객 서비스의 동료들과 상호작용해야 한다.

이제 그런 상호작용들이 어떤 모습인지 살펴보자.

제품팀 구성원의 역할

제품 관리자 외에도, 성공적인 제품을 만들고 출시하는 통합 기능 팀에는 대개 엔지니어링, 사용자 경험UX, 프로젝트 관리와 제품 마케팅 직원들이 포함된다. 다음으로, 나는 제품 관리자들이 이런 역할을 담당하는 직원들과 어떻게 일하는지를 살펴보려고 한다. 아주 초기 단계의 기업(즉, 정글 단계의 기업)에서는 한 사람이 여러 가지 역할을 할 수 있으므로, 여러분은 사용자 경험 또는 제품 마케팅 직무도 담당할 수 있다. 대기업에서, 이런 역할 하나하나는 더 분명하게 정의되고 한 개 부서가 온전히 한가지 역할을 담당하기도 한다.

엔지니어링. 잘 운영되는 기술 회사에는, 엔지니어링팀과 제품팀 사이에 긴밀한 협조 관계와 건전한 긴장 관계가 공존한다. 제품 관리자들은 해결책을 디자인하지만, 대개 소프트웨어와 인터넷 회사에서 개발자라고 불리는 엔지니어들이 사실상 제품을 만든다. 그렇게 하려면, 엔지니어링은 어떤 기술과 도구를 사용할지 결정한 뒤, 제품에 대한 아키텍처를 정의해야 한다. 이 과정에서 엔지니어들은 늘 하던 대로 대안을 고집할지도 모를 제품 관리자와 협의한다. 제품 관리자로서 여러분은 또한 해당 제품에 숙련된 엔지니어가 공정하게 배치되는 것을 보증하기 위하여 엔지니어링 부사장과 협상할 것이다. 반대로, 엔지니어링팀이 해당 작업에 너무 많은 시간이나 인력을 투입하여 제품의 예산을 부풀린 경우, 당신은 실질적인 방법으로 자원 배분 결정의 문제점을 제기할 수 있어야 한다. 하지만, 외교적인 방법으로 접근해야 한다.

일단 제품이 개발 중이면, 유능한 제품 관리자들은 내가 말한 건전한 긴장 상태를 넘어서는 갈등을 일으키지 않고 엔지니어링팀이 약속을 지키게 하는 방법을 알고 있다. 그들은 또한 제품의 품질을 타협하지 않고 엔지니어링팀이 일정을 지킬 수 있는 제2의 해결책과 지름길을 언제 추진해야 하는지도 알고 있다.

엔지니어들이 맨먼스 미신Mythical Man-Month 제약 조건을 언급할 때, 여러분은 미리 정보를 갖고 대응할 필요가 있다. 프레더릭 브룩스 Frederick Brooks의 소프트웨어 개발에 관한 고전적인 책 제목에서 유래된 맨먼스 미신의 개념은, 엔지니어링 자원을 추가로 투입하여도 개발 시간을 얼마나 많이 단축할 수 있을지에는 한계가 있다는 것이다. 엔지니어들은 여러분이 어떤 일을 9명의 여성에게 나눠 준다고 해도 한 달 만에 아기를 낳을 수는 없다고 주장할 것이다. 어떤 면에서는, 그들의 말이 옳다. 팀에 새로 온 엔지니어들이 제품의 코드와 아키텍처에 익숙해지고 생산적인 기여자가 되기까지는 시간이 걸린다. 일단 그 기간을 보내고, 강력한 의사소통과 문서화, 그리고 생산 방법이 정착되면, 더 많은 엔지니어가 더 적은 시간 안에 더 많은 일을 할 수 있게 된다. 하지만 이것은 나중에 덜 필요할 수도 있는 엔지니어링팀 직원의 추가 비용으로 청구된다.

마찬가지로, 제품 관리자는 성급한 아키텍처 디자인과 코딩의 결과인 기술 부채technical debt의 개념을 이해하고, 엔지니어링팀이 과거 작업을 정리할 시간이 필요하다고 주장할 때 어떻게 대응해야 하는지도 알고 있다. 초기 단계 기업에서는 플랫폼 변경, 전략 중심, 비전의 확대로 인해 기술 부채가 불가피하게 발생한다. 유능한 제품 관리자는 제품을 출시할 때마다 기술 부채가 얼마나 발생하고 상환해야 하는지와 그런 변경들의 후속 결과에 대해 이해 상충 결정을 내려야 한다.

마지막으로, 힘 있는 제품 관리자는 영업과 마케팅의 특별 요청으로부터 엔지니어링팀을 언제, 어떻게 보호해야 하는지를 알고 있다. 이런 맞춤형 기능을 구현하세요. 그렇지 않으면 우리는 고객을 잃어버리고, 이번 분기 판매량 목표 달성은 물 건너갈 거예요! 만약 제품 관리자가 그날의 그 위기에서 엔지니어링팀을 보호하지 않는다면, 더 장기적인(그리고 심지어 더 단기적인) 비전과 로드맵을 결코 실현할 수 없을 것이다.

사용자 경험UX과 사용자 인터페이스UI 디자인. 디자인 조직은 일반적으로 제품 담당 부사장에게 보고하지만, 때에 따라서는 엔지니어링 부사장에게 보고하거나 최고 디자인 책임자의 직속으로 병렬 조직일 수 있다. 보통 디자인 조직 내에는 인터랙션 디자인과 시각 디자인 역할을 모두 담당하는 사용자 인터페이스user interface, UI 디자이너가 있을 것이다. 사용자 경험user experience, UX 디자인이라고도 불리는 인터랙션 디자인interaction design, IxD을 담당하는 사람들은 사용자가 완성할 수 있는 작업의 자연스러운 흐름을 위한 틀을 개발한다. 그들은 종종 고객의 행동과 필요성을 조사하여 얻은 지식을 바탕으로 몇 가지 대표적인 고객 유형(페르소나)을 정의함으로써 이런 일을 한다. 소프트웨어와 인터넷 제품의 경우, 대개 와이어프레임의 형태를 취하는 이 같은 디자인은 시각 디자이너에게 전달되며, 시각 디자이너는 색상, 글꼴 등을 포함한 제품의 시각 언어와 표준을 만든다. 제품 관리자로서, 여러분은 신속한 프로토타입 제작, 사용성 테스트와 A/B 테스트(한 옵션을 다른 옵션과 하나씩 비교하는 분할 테스트라고도 함)를 통해 디자인을 점검하고 반복하기 위하여, 디자이너들과 긴밀히 작업할 것이다.

인터랙션 디자이너는 기술 회사 내에서 다양한 수준의 영향력을 행사한다. 많은 기술 회사에서, UX 전략가들과 이사들은 제품 개발의 초기 단계에 반드시 관여하고 제품 우선순위를 결정하는 데 엄청난 권한을 행사한다. 이런 상황에서 제품 관리자의 역할은 제품 디자인에는 영향력을 덜 발휘하고, 프로세스 관리와 비즈니스 의사 결정에 더 집중한다. 다른 상황에서, 기업들이 디자인 작업이나 인터랙션 디자인을 외부에 위탁하는 일은 이 중요한 분야에 다양한 수준의 기술을 갖고 있을 수 있는 제품 관리자 그리고(혹은) 엔지니어의 몫이다. 어떤 경우든, 여러분은 제품 관리자로서, 디자인 선택이 가치와 시장 출시 시간, 사용 편의성과 구현 비용 사이의 적절한 이해 상충

관계를 반영하기 위하여 디자인팀과 엔지니어링팀 사이의 협상을 관리할 것이다.

프로젝트 관리. 프로젝트 관리자는 보통 프로젝트 흐름도, 간트Gantt 차트 또는 세부 작업과 시간대를 나열한 간단한 스프레드시트의 형태로 제품 개발 일정을 작성한다. 그런 다음, 일정과 비교하여 진행 상황을 추적하고 기한을 놓칠 위험이 있는 기능을 계속 감독한다. 프로젝트 관리자는 일반적으로 제품 개발 예산의 편성과 감시를 책임진다. 일정 작성에 있어서, 프로젝트 관리자는 상황에 따라 엔지니어링팀이나 제품 관리자가 다소 공격적으로 되도록 밀어붙이면서, 중간 제품 출시와 제품 개발 단계가 분명하게 이어지도록 보장한다. 프로젝트 관리자는 또한 임무를 완수하기 위해 각 기능에 필요한 인력이 적시에 할당되어 있는지를 확인한다. 소규모 조직은 프로젝트 관리자를 고용하지 않는 경향이 있다. 이런 책임은 제품 관리자나 엔지니어링 관리자에게 맡겨지기 쉽다. 그러나 대형 프로젝트에는 통상 전담 프로젝트 관리자가 있으며, 때로는 제품 운용 또는 제품 개발 운용이라고도 하며, 엔지니어링팀이나 제품 관리자에게 보고한다.

대부분 조직에서 프로젝트 관리자가 계획 대비 엔지니어링팀의 진행 상황을 보고하지만, 엔지니어를 감독하지 않으며 그들의 성과에 대한 책임을 지지 않는다. 제품 일정에 대해 궁극적인 책임을 지는 사람(또는 달리 표현하면, 출하 날짜를 놓치면 해고되는 사람)이 누구인가는 고위 경영진이 결정해야 하며, 제품 관리자, 제품 수석 엔지니어링 관리자와 프로젝트 관리자 사이에서 엄청난 주고받기 협상이 이루어져야 하는 대단히 중요한 질문이다.

제품 마케팅. 제품 마케팅은 회사 제품이 어떻게 고객의 요구를 충족하고, 경쟁사의 대체 제품에 비교될 수 있는지를 결정하면서, 제품을 시장에서 적절하게 차별화하는 책임이 있다. 실무적으로 보면, 제품 마케팅 역할은 제품 출시와 관련된 외부 당사자들(업계 언론, 홍보 대행사 등)의 관리, 판매 인력 훈련 시행과 설명회, 백서, 데이터 시트, 경쟁모형과 기타 참고 자료 제공, 회사의 무역 박람회 참가 준비, 그리고 시장 조사의 시행과 분석을 포함한다. 최고의 제품 마케팅 담당자들은 고객의 요구를 더 잘 이해하기 위해 고객과 가까이 있다. 이것은 마케팅 담당자들에게 어떤 제품을 만들 것인지, 어떻게 가격을 책정해야 하는지에 대해 통찰력을 주고 영향을 미친다. 이런 책임의 일부는 제품팀과 중복된다. 이 두 역할의 구분은 회사에 따라 크게 다르며, 어떤 경우는 그 역할이 결합하기도 한다.

다른 기능과의 관계

제품 관리자는 제품팀 구성원 이외에도, 영업, 비즈니스 개발, 그리고 고객 서비스팀의 동료들과 자주 교류한다.

영업. 엔지니어링과 마찬가지로, 영업과 제품 사이에는 종종 건전한 긴장 관계가 존재한다. 영업 사원들은 종종 주문을 체결하는 데 도움이 될 제품 기능을 추가하라고 여러분에게 압력을 가한다. 영업과 협력하여, 여러분은 이런 기능 중 어떤 것이 단일 고객에게 흥미로운 것이며, 어떤 것이 다수 고객에게 호감을 주는 것이어서 제품 로드맵에 추가하는 것이 좋겠는지를 결정해야 한다. 또한, 영업 사원들은 주요 고객들을 방문할 때 여러분의 제품 전문 지식과 시장 지식을 활용하기 위하여 동행을 요청할 것이다. 고객과 현장에서 일하면 여러분이 제품 요구 사항을 더 많이 이해하는 데 확실히 도움이 되지만, 영업팀의 요청에 맞추느라 시간을 너무 많이 쓰다 보면, 정작 여러분 자신의 다른 중요한 작업을 하지 못할 수도 있다. 종종 영업팀과 협력하는 데 있어, 여러분의 역할은 어느 특정 날짜에 맞춘 "긴급 고객 요청"이라는 방해로부터 엔지니어링팀을 보호하고, 회사가 제품 로드맵에 따라 확장 가능한 제품의 작업이 아닌 일회용 맞춤형 엔지니어링에 시간을 낭비하지 않도록 회사를 지켜주는 것이다.

비즈니스 개발. 비즈니스 개발Biz Dev 혹은 BD, 제3장의 초점의 역할은 회사의 전략적 일정을 진전시키는 파트너십을 구축하고 관리하는 것이다. 예를 들어, 주요 기술과 생산 능력을 확보하고, 고객 획득과 새로운 유통 채널에 대한 지원을 받거나, 가치 있는 제품 보완재의 가용성을 확보하기 위하여, 기업은 파트너십을 구축할 것이다. 많은 파트너십은 기업에 새로운 요구 사항을 충족하기 위하여 제품 디자인을 조정할 것을 요구한다. 예를 들어, 모바일 게임 회사인 징가Zynga, 팜빌 (FarmVille)의 제조사는 고객 획득을 페이스북의 플랫폼에 의존하고 있으므로, 페이스북이 관련 정책이나 기능(플랫폼 파트너가 페이스북 사용자에게 연락한 방법에 대한 규칙 등)을 새로 도입할 때마다 회사의 제품 계획을 조정해야만 한다.

제품 관리자는 종종 새로운 제품 요구 사항을 이해하고 제품의 전략 및 로드맵과 일치하게 하려고 파트너와 토론하는 동안 비즈니스 개발 관리자와 힘을 합친다. 영업과 마찬가지로 비즈니스 개발과 제품 관리자 사이에는 건전한 긴장 관계가 있을 수 있다. 비즈니스 개발은 제품 관리자 그룹에 엔지니어링 자원을 자신들이 우선순위를 높게 책정한 파드너에게 배치하도록 강요하는 반면, 제품 관리자는 엔지니어링을 특정한 시점의 파트너십을 기준으로 끊임없이 변화하는 우선순위에 휘둘리지 않게 보호하려고 노력한다. 어떤 경우에는, 제품 관리자가 제품의 맥락에서 비즈니스 개발 그룹의 우선 사항을 추진할 것이며(고객의 요구를 충족시키기 위해 누구와 파트너를 맺어야 하는가? 혹은 누구로부터 구매해야만 하는가?), 또 다른 경우에는 비즈니스 개발이 제품 관리자의 우선 사항을 추진할 것이다 (이 주요 파트너를 만족시키고 이런 변형적인 거래를 승인할 때까지 우리는 어떤 제품의 개발을 마쳐야 하는가?).

고객 서비스 또는 운영. 고객 서비스 조직은 제품이 고객의 손에 들어간 후에 제품을 지원한다. 이 조직은 (간단한 문제에 대한 고객의 이메일이나 전화에 응답하기 위한) 일선 고객 지원, (더 복잡한 문제를 해결하기 위한) 기술적인 지원과 (제품을 고객 환경에 통합하기 위한 현장 교육과 맞춤형 개발을 제공하는) 설치와 전문 서비스를 망라할 것이다. 특히 일선 고객 지원을 포함하여, 고객 서비스 조직의 일부 혹은 전부를 외주 용역에 맡길 수 있다.

제품 개발 과정 초기에, 여러분은 제품이 운영 부담을 최소화하도록 디자인되었는지를 확인하기 위하여 고객 서비스(가끔 낙관적으로 고객 성공이라고도 부름)와 상의할 것이다. 나중에 제품이 출시되었을 때, 제품을 지원할 준비가 되었는지 확인하기 위하여 고객 서비스와 함께 일할 것이다. 이는 고객의 업무상 핵심적인 활동에 영향을 미치는 소프트웨어 버그와 같은 긴급 상황이 발생했을 때를 대비해, 제품 교육 실행과 문제 해결 절차 수립과 엔지니어를 위한 지침을 확립하는 것을 의미한다. 제품이 출시되면, 고객 서비스 또는 운영 부서는 고객이 제품에 대해 말하는 것에 대한 귀중한 피드백을 수집해 여러분에게 전달할 수 있으며, 이 피드백은 다음 제품 출시의 우선순위를 알려주거나, 문서화 또는 자주 하는 질문FAQ을 도와주기 위하여 수정할 내용을 제시하기도 한다.

제품 요건에 따라 법무팀(개인 정보 보호 문제가 중요할 때) 또는 규제 문제 담당자를 포함하여 다른 기능과 상호작용할 수도 있다. 하드웨

어 제품의 경우, 여러분은 또한 제품 비용 추정과 조달 담당 직원을
포함한 제조 관리자와 긴밀하게 협력할 것이다.

맥락의 중요성

제품 조직은 회사마다 크게 다르다. 제품 관리자의 역할도 다르다.
일반적으로 이런 차이는 다음의 몇 가지로 요약된다.

- 스타트업 대 성숙 기업
- 기업 대 소비자 초점
- 의사 결정의 중앙집중화 정도
- 구축 범위
- 개발 철학
- 비즈니스 대 엔지니어링 주도

스타트업 대 성숙 기업

초기 단계의 스타트업에서 창업자 중 한 명은 종종 엄청나게 제품
중심적이며, 제품 관리자를 고용한 후에도 대부분의 제품 결정에 깊
이 관여한다. 이런 기업 중 일부는 의사 결정이 창업자의 손에 집중
되어 있다. 반면 다른 기업에서는 창업자가 합의에 따른 의사 결정을

수용함으로써 중요한 의사 결정에 모든 팀원을 참여시킬 것이다. 이러한 의사 결정 유형은 제품 관리자인 여러분에게 서로 다른 도전 과제를 안겨준다. 중앙집중화 경영에서는 우선순위가 놀라울 정도로 갑자기 변할 수 있고, 합의 경영에서는 절충 과정으로 말미암아 의사 결정의 지연과 모호한 결정으로 이어질 수 있다.

제품팀은 대개 빠른 속도로 고객으로부터 배우므로, 초기 단계의 스타트업이 안고 있는 도전 과제는 잘 정의된 가설을 시험하고 여러 가지 기능을 신속하게 조정함으로써 해결해야 한다. 제품 관리자는 이 단계에서 지략이 풍부해야 하는데, 프로젝트 관리자와 디자인 전문가들이 도와줄 수 없을 것 같기 때문이다. 마찬가지로 초기 단계의 스타트업에는 제품 개발 과정이 거의 마련되지 않았으므로 제품 관리자가 이를 만들어야만 한다.

스타트업이 성장함에 따라, 제품팀은 여러 가지 고전적인 이해 상충 문제와 씨름할 것이다.

- 제품 출시 속도 대비 더욱 엄격한 테스트 및 제품 품질의 균형을 유지하는 방법
- 제품 로드맵이 길어지고 설치 기반이 커짐에 따라 혁신을 지속하는 방법
- 기존 제품 최적화 대비 신제품 생산에 얼마나 중점을 두어야 하는가?

- 소프트웨어 코드 기반의 예방적 수선 유지에 얼마나 많은 시간을 투자해야 하는가?

여러분은 중간 단계의 회사에서 이런 것들과 다른 많은 결정을 할 것이다. 그것은 도전적일 수 있다. 빠르게 성장하는 중간 단계의 회사에서, 제품 관리자는 아직도 한편으로는 스타트업의 자원 제약을 처리해야만 하고, 또 다른 한편으로는 더 큰 규모의 조직에서 필연적으로 발생하는 정치적 마찰과 관료적 조정 요구에 대처해야만 한다. 하지만 다시 말하지만, 여러분이 제품과 고객들에게 미칠 수 있는 직접적인 영향력을 누구도 따라올 수 없다.

결국, 창업자들은 제품팀을 운영하기 위해 두 가지 유형의 사람 중 한 명을 고용한다. 한 가지 유형은 내가 "마이크로소프트 프로젝트Microsoft Project 원숭이"라고 부르는 사람들이다. 즉, 그들은 다른 사람들이 정보를 가져다준 요구 사항을 문서로 만들고, 자원을 할당하고, 사람들이 달성하겠다고 말한 날에 A, B, C 업무가 모두 달성되었는지를 확인하는 사람들이다. 또 다른 유형은 좀 더 전략적인 사람이다. 그 사람은 회사 대표가 다른 일에 집중할 수 있도록 제품팀을 이끄는 사람이다. 창업자들은 이런 유형의 사람을 원할 가능성이 더 크다.

스타트업이 성장하면서 창업자들은 제품 관리자의 역할이나 제품과 무관한 활동에 사로잡히게 된다. 자금 조달이 창업자 시간의 큰 부분을 차지한다. 그러므로 창업자들은 투자자와 이사회와 대화하고 소통하며, 업계 회의에 참석하고, 신규 채용과 팀 구성, 그리고 자신들을 끌어드리는 여러 가지 다른 활동을 한다. 여러분은 창업자가 그런 일들에 시간을 더 많이 쓰고, 제품의 문제를 해결하는 데 시간을 덜 쓰는 것을 본다면, 여러분이 제품 책임자로서 의사 결정 권한을 높일 기회를 얻게 되었다는 것을 말해주는 숨길 수 없는 신호다.

제품 책임의 폭이 넓다는 또 다른 신호는 제품 로드맵 회의에서 발생할 것이다. 기능 A를 넣을 것인가 아니면 기능 B를 넣을 것인가? 기능 B를 이번 분기에 추가할 것인가 아니면 다음 분기에 넣을 것인가? 기능 C가 정확히 어떤 모습을 보여야 할지 누가 설명할 것인가? 만약 창업자들이 어깨너머로 바라보면서 그런 결정들을 내리고 있거나, 그런 결정을 내릴 때 회의실 안에 있다고 느껴진다면, 그것은 창업자들이 여전히 매우 적극적으로 역할 하고 있다는 사실을 의미한다. 만약 창업자들이 전혀 회의실에 나타나지 않고, "내가 정말 신경 쓰는 한 가지에 대해서만 의견을 말할게, 나머지는 관심 없어. 아니, 그 한 가지가 틀렸어. 그리고 이게 바로 당신이 접근해야 할 방법이야"라며 나중에 보고받기를 요청한다면, 제품 관리자는 제품 책임자로 승진하였거나, 아니면 승진하고 있다는 뜻이다. 물론 창업자가 핵심 디자인이나 제품 결정에 대해 열정을 갖고 있다는 사실이 틀린 것은 아니지만, 그것은 제품 책임자의 책임의 범위에 영향을 미친다.

기업 대 소비자 초점

제품 복잡성에 더하여 고객 유형도 제품 관리자 역할의 성공을 위한 핵심 요소에 중대한 영향을 미친다. 기업 고객은 종종 다양한 요구 사항을 갖고 있으며 공급업체에 맞춤형 제품을 제공하라고 압력을 가한다. 이런 맥락에서, 여러분의 중요한 과제는 얼리 어답터들이 요청한 기능 가운데, 어떤 기능이 추가 고객들에게 판매할 수 있는 것이며, 어떤 기능이 단일 고객만을 위해 특유하거나 맞춤형으로 만들어야 하는지를 결정하는 것이다. 이 도전 과제는 단위 판매량이 수십만 혹은 수백만 개이고, 고객 행동과 사용 정보가 실시간으로 파악되는 소비재와는 매우 다르다. 일반적으로, 소비재의 경우, 여러분은 회사가 대중적 호소력이 있는 제품을 디자인하도록 확실히 검증할 것이다. 이를 위해서. 단순성과 명확성을 유지하고, 많은 경우에, 입소문을 타고 더 쉽게 확산할 수 있는 요소를 제품에 포함할 것이다 (예를 들어, 드롭박스는 사용자가 파일을 공유하기 위하여 다른 사람을 초대할 때 어느 정도 고객 기반을 확장한다). 소비재 제품 관리자는 페이스북의 오픈 그래프Open Graph, 구글의 안드로이드Android, 트위터, 이메일과 같이 자신이 활동하는 해당 유통 플랫폼을 깊이 숙지할 필요가 있다. 대량 생산 제품이므로, 여러분은 또한 물량 급증에 대비해 인프라를 구축하고 공고히 하기 위하여 엔지니어링, 운영. 그리고 고객 서비스와 함께 일할 것이다.

중앙집중화 정도

창업자가 매우 제품 지향적인 경우, 회사가 성장하고 성숙한 후에도 의사 결정은 일반적으로 한 사람 또는 몇 사람의 고위 임원의 손에 집중되어 있다. 스티브 잡스의 애플이 극단적인 사례다. 그는 다른 모든 세부 사항 가운데 제품의 색상 팔레트만큼은 자신이 직접 결정했다. 대부분의 기술 회사들은 제품 관리자에게 제품 특징의 선택에 있어 자율성을 높게 부여하고, 고위 임원들은 단지 주요 결정에만 영향력을 행사한다. 제품 관리자의 관점에서 보면, 중앙집권적 구조는 고위 임원의 승인을 얻는 것이 결정적으로 중요하다는 사실을 의미한다. 그런 환경에서는, 일단 중앙 의사 결정권자가 제품 로드맵을 설정하면, 일반적으로 제품 우선순위에 대해 상부에서 조직적 정렬을 마무리한 것이므로, 우선순위 구현에 필요한 자원을 쉽게 확보할 수 있다.

배치 규모

어떤 제품들은 본질에서 다른 제품들보다 더 복잡하다. 소비자 인터넷 스타트업은 최소 기능 제품^{MVP}들을 많이 출시하고, "일찍 그리고 자주 출시한다"라는 철학을 내세우며 린 스타트업 방법론에 따라 그것들을 반복적으로 시험할 수 있을 것이다. 하지만 마이크로소프트와 같은 다른 기술 회사들은 종종 제품의 잦은 변경과 실험을 허용하지 않는 직원 교육 요구 사항을 제시하는 기업 고객을 목표로 훨썬 복잡한 제품을 출시한다. 크고 복잡한 제품은 크고 복잡한 조직에서 설치되는 경향이 있다. 따라서 여러분은 활동 계획 수립과 조정 활동에 상당한 시간을 사용할 것이다. 마찬가지로 복잡한 제품의 경우, 여러분은 여러 가지 제품 구성 요소 중 한 가지를 책임질 가능성이 크므로, 제품팀 안에서 다른 동료와 함께 작업하는 데 더 많은 시간을 사용할 것이다.

개발 철학

기술 회사들은 유사한 제품들을 만들 때 매우 다른 접근 방식을 취할 수 있다. 많은 기술 회사들이 애자일 개발 프로세스Agile development process 또는 그 변형, 예컨대 스크럼Scrum 또는 익스트림 프로그래밍extreme programming에 의존한다. 이런 개발 과정을 거치면서 제품 요구 사항과 해결책이 통합 기능팀과의 협력을 통해 반복적이고 점진적인 방식으로 발전한다 (더 자세한 내용은 곧이어 나올 "애자일 개발 : 주요 원칙과 실행"을 참조하라). 애자일 개발의 반복 주기는 스프린트Sprint라고 불리며 보통 1주에서 4주 정도로 짧은 경향이 있지만, 각각의 주기는 제품 제원, 디자인, 개발, 그리고 테스트까지의 전체 과정을 포함한다. 개발 주기를 짧게 가져가면 제품의 오류를 수정하기 쉽고, 빠르게 움직이는 기술 시장에서 자주 발생하는 제품 요건 변경이 일어났을 때 재(再)작업량을 줄일 수 있다. 애자일 방법을 고수하는 일부 회사들은 신제품을 매일 또는 심지어 하루에도 여러 번 발표한다.

애자일 개발 과정에서, 여러분은 종종 "제품 주인"의 역할을 맡고, 계획한 제품의 기능에 대해 개발자가 질문하면 항상 답변할 수 있도록 다른 통합 기능팀과 함께 배치될 것이다. 점차 여러분은 사용자 경험UX팀이나 담당자와 이 일을 함께할 것이다. 제품 디자인 리서치가 사용자 경험 영역의 큰 부분을 차지하기 때문이다.

다른 조직들은, 특히 제품 계획과 우선순위 결정 단계에 있을 때, 단계-관문 개발 프로세스에 의존한다. 이런 명칭이 붙여진 이유는 선행 단계가 완료되고 공식 검토라는"관문"을 성공적으로 통과한 후에야, 각 단계의 작업을 시작할 수 있기 때문이다. 이런 접근 방식은 시간이 지남에 따라 어떻게 단계가 완성되는지를 그래픽으로 묘사한 것이 왼쪽 위에서 오른쪽 아래로 폭포처럼 내려오기 때문에 폭포수 개발이라고도 불린다. 이는 대개 다음의 단계에 따른다.

1. 콘셉트 탐구. 사용자 이야기를 문서로 만들면서 정점에 다다르며, 작업에 관한 비즈니스 사례를 만드는 어쩌면 간단한 비즈니스 계획
2. 프로토타입 또는 제품 제원, 제안된 제품 기능에 대한 지침을 제공하고 엔지니어가 작업을 시작할 수 있는 문서 또는 와이어프레임 프로토타입 제작
3. 디자인 작업, 그리고 차례로 이어지는 다음 작업
4. 제품 개발

5. 내부 테스트

6. 시험 고객에게 알파 버전 제품 출시

대부분 단계의 작업은 주로 단일 기능 단위 안에서 완료된다. 예를 들어 3단계 작업은 디자인팀, 5단계 작업은 품질 보증팀 안에서 이루어진다.

애자일 개발은 위에 나열한 것과 같은 단계를 따를 수 있지만, 덜 형식적이고 가끔은 병렬적인 방식으로 이루어져 신속하게 통합될 수 있는 소프트웨어 제품에 더 적절하게 들어맞는다.

이와는 대조적으로, 폭포수 계획은 단계별 과정이다. 위험과 실수에 따른 비용이 모두 높은 착용 기기나 의료기기와 같은 하드웨어 제품에 더욱 일반적으로 적용된다. 이런 유형의 제품에서는, 디자인은 종종 프로토타입 제작 전에 완료되어야만 하고, 프로토타입 제작은 개발 전에 반드시 완성해야 한다는 것 등등이다. 폭포수 과정에서, 여러분은 공식 사양에 있는 제품 요구 사항을 구체화하는 데 더 많은 시간을 사용할 가능성이 있다. 제품 관리자는 개발자들과 자주 상호 작용할 수 있지만, 애자일 제품 개발 조직에서 종종 발생하는 것처럼 개발자들과 함께 배치될 가능성은 작다.

애자일 개발 : 주요 원칙과 실행

애자일 개발 프로세스는 신흥 소프트웨어 개발 철학의 실무자들에 의해 2001년에 확립되었다. 그들은 짧지만 완전한 개발 주기로 빠른 반복을 통해 변화하는 요구 사항에 신속하게 적용할 수 있는 능력을 강조했다. 완성은 특정 제품 구성 요소에 대한 디자인, 구축과 테스트 작업을 포함한다. 이 개발 철학을 따르는 사람들의 다짐은 애자일 선언문Agile Manifesto이라는 문서로 성문화되었는데, 이 선언문에는 다음의 오른쪽 내용을 중시하겠다는 약속이 들어있다.

- 공정과 도구보다 개인과 상호작용
- 종합적인 문서보다 작동하는 소프트웨어
- 계약 협상보다 고객과의 협업
- 계획을 따르기보다 변화에 대응

애자일 개발 주기가 짧다는 것은 제품팀이 신속하게 피드백을 확보하고 디자인을 조정한다는 것을 의미하는데, 이는 빠르게 움직이는 기술 시장에서 커다란 이점이다. 마찬가지로 주기가 짧다는 것은 주기마다 투입된 작업량이 적다는 것을 의미하므로, 오류를 찾고 그것을 고치기가 더 쉽다.

애자일 개발 주기는 고정된 기간으로서 프로젝트 관리 용어로 시간 상자에 담겨 있다. 그것은 보통 3~4주 정도 된다. 스크럼과 같은 애자일 변형에서 모든 제품 우선순위는 (스크럼 방법론을 따르는 팀들이 스프린트라고 부르는) 각 반복 주기 동안 동결된다. 한 주기의 출발 시점에, 팀은 완수할 일련의 작업과 그것들의 우선순위에 동의한다. 이런 작업은 종종 이야기라고 불린다. 사용자가 취할 수 있는 특정 행동(예를 들어, "홈페이지 링크를 클릭하면 개인 정보 보호 정책 페이지를 열어라"와 같은 행동)을 설명해주기 때문이다. 어느 한 주기 중에 완료되지 않은 작업은 미결 목록으로 다시 저장된다. 팀은 작업을 완료하기 위해, 시간 상자에 적힌 보관 주기를 절대 연장하지 않는다. 각 새 주기가 시작될 때, 팀은 미결 목록에 있는 작업 중 어떤 작업을 다음 주기에서 우선 추진해야 하고, 어떤 작업을 완전히 포기하거나 연기할지를 재평가한다. 주기를 짧게 유지한다는 사실은 팀이 주기 중에 취득한 피드백을 근거로 나중에 쓸모없다고 여겨지는 기능에 과도하게 투자하지 않겠다는 것을 의미한다.

개별 애자일 팀은 통합 기능적이지만 팀원 수는 일반적으로 10명 미만으로 규모가 작은 경향이 있다. 팀원들은 물리적으로 아주 가까운 곳, 주로 같은 방에서 일한다. 이것은 대면 의사소통과 신속한 의사 결정을 가능하게 한다. "의뢰인" 혹은 "제품 주인"(보통 제품 관리자인 여러분)은 종종 애자일 팀과 함께 배치되며, 현장에서 제품 요건에 대한 질문에 답하고 절충을 도울 수 있다. 대부분 애자일 팀은 매일 즉석 회의로 하루를 시작한다. 이 회의에서 팀원들 각각은 어제의 진행 상황, 오늘의 우선순위, 그리고 내일의 장애물을 간략하게 요약

보고한다. 이 회의는 일일 스탠드업daily standup이라고 불리는데, 참석자들이 서 있을 수밖에 없기 때문이다. 이렇게 하면 아침 회의를 시간 상자에 있는 15분 한도 내로 마치는 데 도움이 된다. 제품 관리자는 반드시 일일 스탠드업에 참석할 필요는 없지만, 개발 진행 상황을 자세히 추적하고 발생하는 문제나 갈등 해결을 도와주려고 관찰자로서 종종 참석한다.

애자일 팀은 종종 작은 프로그램으로 새로운 기능을 출시한다. 극단적으로, 그들은 새로운 코드를 완성되자마자 지속해서 발표한다. 이것은 연속적 배치Continuous Deployment라고 알려진 기술이다. 방대한 발표량에 대처하기 위해, 애자일 팀은 자동화된 실험 도구를 많이 사용하는 경향이 있다. 활동을 조정하고 추적하기 위해, 그들은 위키스wikis와 피보탈 트래커Pivotal Tracker같은 프로젝트 관리 도구에 의존한다.

애자일 방법이 널리 이용되지만, 비평가들은 특히 다음과 같은 특정 유형의 소프트웨어 개발에는 적합하지 않다고 주장한다.

- 여러 장소에 팀원이 있는 관계로 복잡한 조정 요구상황이 발생하는 대단히 큰 프로젝트
- 장애가 절대로 용납되지 않는 "결정적인 임무" 애플리케이션용으로 디자인된 소프트웨어(예: 생명 유지 시스템용 소프트웨어)

비즈니스 대 엔지니어링 영향

일부 기술 기업에서는 기업 문화적으로 엔지니어링 기능이 우세하다. 반면 다른 기업에서는 비즈니스 기능 특히, 영업, 마케팅, 비즈니스 개발과 같은 기능이 자원 할당과 우선순위 설정에서 더 큰 영향력을 행사한다. 보통 CEO의 배경이 회사 내 힘이 어디에 있는지를 보여준다. 이베이의 전 CEO인 멕 휘트먼Meg Whitman과 같은 비즈니스 지향적인 경영진들은 사업 목표 달성에 초점을 맞춘 제품팀을 만들 것이다. 이 팀은 더 즉각적이고 측정 가능한 재무적 영향을 미치며 더 예측 가능한 개발 과정을 갖춘 제품들을 우선시할 것이다. 구글이나 페이스북과 같이 엔지니어링 지향 경영진이 지배하는 회사들은 우아하고 야심 찬 기술을 구현하는 제품을 추구하고 엔지니어들에게 더 많은 자율성을 부여하는 제품팀을 만들기가 더 쉽다. 이런 접근 방식은 엔지니어들에게 동기를 부여하고 그들의 창의성을 자극할 수 있지만, 그것은 또한 제품이 불발탄(구글의 웨이브Wave를 생각하라)이 되거나 시장이 요구하는 것보다 더 많은 기능을 가진 과다 엔지니어링으로 이어질 수 있다.

유능한 제품 관리자의 속성

그렇다면 여러분은 어떻게 스타트업에 들어갈 준비를 하고, 엔지니어, 디자이너, 마케팅 담당자, 영업 직원과 같은 사람들과 똑같이 이야기할 수 있는가? 그 능력은 어디에서 비롯되는 것일까?

물론, 학교에서 그 모든 것을 배울 수는 없다. 그리고 확실히 여러분은 모든 분야의 전문가가 될 수 없다. 제품 관리자는 일반 관리직의 역할을 맡기 때문에 제품 관리자는 기능 전문가보다는 여러 업무를 두루 아는 제너럴리스트형 직원이 되는 경향이 있다. 비록 과거에는 많은 사람이 기술직과 영업직 두 개 모두를 담당했지만, 그들의 출신 배경은 다양했다. 최고의 제품 관리자 중 일부는 아주 훌륭하게 의사사통을 한다. 그들은 끈끈한 대인 관계 기술과 훌륭한 판단력을 갖추고 분명하게 생각하는 사람들이다.

여러분이 만약 그런 기질을 갖고 있다면 학교를 졸업하고 바로 유능한 제품 관리자가 될 수 있다. 또한, 시간을 두고 그것을 발전시킬 수도 있다. 때때로 훌륭한 엔지니어들은 그들이 코딩하는 사람이라기보다는 의사소통을 잘하는 사람이기 때문에 제품 관리자가 된다. 때때로 영업 엔지니어(이 역할은 6장에서 논의한다)는 일단 고객 지식을 습득하면, 고객들의 문제를 단지 듣기만 하는 것이 아니라 그것을 실제 해결하는 방향으로 나가기를 원하기 때문에 제품 관리자가 될 수 있다.

우수한 제품 관리자들은 고객들의 불만을 들을 때, "어떻게 하면 그 불만을 더 넓은 맥락과 전략에 적합하게 만들 수 있는가?"라고 생각한다. 그들은 그것을 해결해야 한다고 곧바로 생각하지 않는다. 어떤 사람들은 반사적으로, "지난번 회의에 대해 말해줄게, 그게 가장 중요하니까"라고 말한다. 다른 사람들은 이렇게 말한다. "나는 세 번의 회의와 두 번의 대화를 나눴고, 나는 무언가를 보았고 다른 것을 읽었다. 이제 그 모든 것을 이치에 맞는 전체적 관점을 가진 틀로 엮어 봅시다." 나의 제품 관리자 친구는 자신의 직업을 "체계화하고 감정을 이입을" 둘 다 할 수 있는 일이라고 말한다. 그것이 바로 제품 관리자가 하는 일이다.

비록 제품 관리자의 전문적, 학문적 배경은 다양할 수 있지만("왜, 인문학 전공자가 위대한 제품 관리자가 되는가" 참조), 대부분 다음과 같은 속성을 보인다.

- 영향력을 행사하고 이끄는 능력. 제품 관리자들은 공식적인 권한을 거의 보유하지 않더라도 조직 전반에 걸쳐 영향력을 행사할 수 있어야 한다. 제품 관리자가 세 번의 연속 회의에서 만날 문제를 생각해 보라. 첫째, 엔지니어링팀에는 자신들의 생각을 기술 디자인에 반영하라고 지시할 것이다. 다음으로, 어떤 기능을 우선시해야 하는지와 특별한 요구 사항을 주장하기 때문에 어떤 잠재 고객을 피할지를 결정하기 위해 영업 책임자와 협상한다. 마지막으로, 제품 전략을 승인하고 필요한 자원을 배분하도록 회사의 고위 경영진을 설득할 것이다. 이런 과정을 헤쳐가려면 듣는 기술, 외교력, 그리고 주장을 간결하고 설득력 있게 정리하는 능력이 필요하다. 일반적으로, 그 역할에는 어려운 장애물을 통과하기 위해 주위 사람들로부터 추가적인 노력을 불러

일으키는 능력이 있어야 한다.

- 모호함에 대한 내구력과 복원력. 창업자처럼, 제품 관리자는 종 종 어려운 결정을 내려야 하고 제한된 자원과 불완전한 정보를 갖고 야심 찬 목표를 추구해야 한다. 심지어 최고의 제품 관리자 도 종종 흠 있는 결정을 내린다. 따라서 창업자의 권한이 없다 하더라도, 여러분은 실패가 확실히 예견되는 상황을 기꺼이 직 면해야 하고, 불확실성의 조건에서도 그렇게 해야 한다.

- 사업 판단과 시장 지식. 사업 판단을 잘하기 위해서는 시장에 대 한 예리한 감각과 고객의 요구 사항에 대한 정통한 지식을 가지 는 것이 중요하다. 여러분은 외부 회의에 참석하거나 관련 블로 그를 읽으면서, 업계의 최신 동향을 가장 잘 알고 있을 필요가 있다. 최고의 제품 관리자들은 고객들과 자주 대화하기 때문에 그들의 목소리가 머릿속에 항상 남아 있으므로 그들의 고통을 이해하고 공감한다. 고객의 목소리를 전달하기 때문에, 다른 관 리자의 선호에 반할지도 모를 우선순위를 제품 관리자가 옹호하 는 것에 대한 신뢰감을 준다. 마찬가지로, 제품에 대한 여러분의 열정은 여러분이 교류하는 내부와 외부 당사자들에게 즉시 명백 해질 것이다. 위대한 기업가처럼, 유능한 제품 관리자는 데이터 를 자세히 분석하고 이해할 수 있으며, 다른 사람들이 자신의 비

전에 헌신하도록 설득하는 데 도움이 되는 이야기를 장황하게 할 수 있다.

• 강력한 프로세스 기술과 세부 지향. 여러분은 여러분의 관점을 큰 그림에서 아래 단계인 자질구레한 제품 결정까지 매끄럽게 전환할 수 있어야 한다. 제품 비전, 전략과 투자 수익ROI에 초점을 맞추는 것이 중요하다. 하지만, 적절한 때가 되면, 제품 성능에 심각한 영향을 미칠 수 있는 중요한 세부 사항(버그 보고서 결합, 혹은 홈페이지의 가치 제안 선언문의 단어 선택)에 주의를 기울여야 한다. 전략을 짜든 전술을 짜든, 실력 있는 제품 관리자는 정확한 데이터를 입수해 철저하게 분석해야 한다고 강력하게 주장한다.

• 기술에 대한 숙련도와 제품 디자인 및 비즈니스에 미치는 영향. 성공적인 제품 관리자들은 교육 배경이 다양하지만, 모두 기술에 익숙하다. 컴퓨터 과학이나 엔지니어링 분야의 경력이 없는 제품 관리자도 여전히 기술 결정의 장단점을 이해하고 엔지니어들과 협력하여 기술적 과제를 해결해야만 한다. 여러분은 예를 들어, 회사의 제품 설명서를 이해하고 통합의 공통점을 아는 것과 같이, 특히 여러분 회사 자체의 여러 기술에 숙달해야 한다.

• 디자인과 사용자 경험 본능. 종종, 제품의 미적 특징을 만들기 위해 외부 디자이너에게 의존하기보다는, 그 대신 여러분 자신의 능력을 활용할 필요가 있을 것이다. 최고의 제품 관리자들은 불필요한 단계를 잘라버리는 뛰어난 디자인 감각으로 자신들 스스로 실물모형과 와이어프레임을 빠르게 개발하는 데 능숙하다. 특히 다른 여러 기능 중에서 이 한 가지를 시간제로 연습한다면, 숙달하는 데는 여러 해가 걸릴 수 있다. 하지만, 스타트업에 사용자 경험 담당자와(혹은) 인터랙션 디자이너가 없다면, 제품 관리자가 대개 일시적으로 가능한 한 이 역할을 대신한다.

이런 자질 외에도, 나는 모든 제품 관리자는 엔지니어링 기능을 수행하는 사람들과 더 잘 소통하기 위하여 엔지니어링에 대해 어느 정도 지식이 있어야 한다고 생각한다. 온라인 코딩 강좌를 몇 가지 수강하기(예: 우리가 투자한 회사인 코드카데미Codecademy로부터), 일부 엔지니어들 따라 하기, 엔지니어링 콘퍼런스 참석하기(토론 듣기, 논문 읽기), 혹은 일부 엔지니어링과 컴퓨터 과학 교수들이 무엇을 하고 있는지, 어떻게 하고 있는지, 그리고 사람들에게 코딩 교육을 하는 것에 대해 어떻게 생각하는지에 대해 알아보기 위해 그들을 방문하는 것을 고려해보라. 여러분이 실제로 코딩 방법을 배울 필요는 없지만, 적어도 맥락을 이해할 정도로 엔지니어가 어떻게 생각하고 소프트웨어 개발자가 어떻게 일하는지 알아야 한다. 만약 여러분이 그렇게 하지 않으면, 그 일에 지원하는 다른 사람이 그런 기술을 갖추고 있을 가능성이 크고, 그 사람은 채용 책임자나 창업자에게 더 잘 드러날 것이다.

나는 또한 하버드 대학교수인 데이비드 말란^{David Malan}이 가르치는 온라인 CS50 수업을 추천하고 싶다. 그것은 입문 수준의 컴퓨터 과학 수업이다. 여러분은 숙제할 필요가 없다. 단지 처음 세 개의 비디오를 보라. 3시간을 투자하면 컴퓨터 과학에 대해 많은 것을 배울 것이다.

이 모든 것을 종합해 보면, 제품 관리자의 역할이 도전적이지만, 제품 관리자는 엄청난 영향을 미칠 수 있다. 제품 관리자는 스타트업의 세계에서 경력을 쌓고자 하는 모든 사람에게 정말 좋은 시작 단계의 직업이다. 특히 제품 개발에 열정을 갖고, 기술부서와 엔지니어들과 함께 일하는 것을 즐기고, 고객의 요구를 충족시키기 위해 내부 운영 단위를 움직이는 일에 자부심을 느끼는 사람들에게는 매우 좋은 직업이다. 대기업과 소기업의 제품 관리자 역할은 언젠가 자신의 사업을 시작하기를 열망하는 사람들에게 유용한 기술을 쌓게 해준다. 사실, 훌륭한 제품 관리자들은 목표 고객을 위한 제품의 형태로 전략과 비전을 전달하기 위해 회사의 자원을 결집하는 꼬마 CEO 같다.

왜, 인문학 전공자가
훌륭한 제품 관리자가 되는가?

훌륭한 스타트업 제품 관리자가 되려면 컴퓨터 과학이나 엔지니어링 학위가 있어야 한다는 유언비어가 스타트업의 세계에 만연해 있다. 컴퓨터 과학 전공자로 기술 회사의 첫 직책이 제품 관리자였고, 수백 명의 제품 관리자들과 함께 일했던 사람으로서, 나는 여러분에게 이런 사고방식은 그저 허튼소리라고 말할 수 있다.

최고의 제품 관리자 중 일부는 간단히 말하면 훌륭한 의사소통 전문가라 할 수 있다. 그들은 끈끈한 대인 관계 기술과 훌륭한 판단력을 갖추고 분명하게 생각하는 사람들이다. 그러한 특징은 성격과 기질, 그리고 전문적 혹은 대학 졸업 후 환경에서 개발하는 폭넓은 기술과 관련이 있다. 그들은 효과적인 의사 전달장이자 훌륭한 작가, 그리고 유능한 개인 간 의사소통가가 되는 법을 배운다. 또 그곳에서 결정을 산뜻하게 내리는 법과 모호함을 다루는 법도 배우게 된다.

이것이 무엇이라고 생각하는가? 그런 기술들은 모두 인문학 교육과 일치한다. 파리드 자카리아Fareed Zakaria는 자신의 저서 『인문학 교육을 옹호하며In Defense of a Liberal Arts Education 』에서 이렇게 말했다.

인문 교육은 여러분에게 글을 쓰는 방법, 생각을 말하는 방법, 그리고 학습하는 방법을 가르쳐준다. 그것은 여러분의 직업과 관계없이 엄청나게 가치 있는 도구다. 기술과 세계화는 실제로 이런 기술들을 훨씬 더 가치 있게 만들고 있다. 일상의 기계적인 작업 그리고 심지어 컴퓨터 작업까지도 기계나 저임금 국가의 노동자들이 할 수 있기 때문이다. 인문 교육은 단순히 직업으로 가는 수단을 넘어 자유에 대한 훈련이다.

그렇다, 인문 교육은 기술적으로 능숙하도록 도와준다. 훌륭한 제품 관리자들은 엔지니어링팀과 대화하는 법을 알아야 하지만 그것은 코딩이 아니라 대화이다. 그들은 효과적으로 결정을 평가하고 사업 판단을 이용할 필요가 있지만, 그것은 분석적 프로그래밍이 아니라 분석적 사고이다.

이런 기술적 편향이 여성들이 기업가와 벤처 자본가가 되는데 미묘한 장벽으로 작용할 수 있어서, 나는 이 주제에 대하여 열정적이다. 최고의 기업가는 전직 제품 책임자라는 것이 지배적인 견해이다. 그리고 전직 기업가들이 최고의 벤처 자본가가 된다는 것이 지배적인 견해이다. 따라서 만약 여러분이 전직 프로그래머만이 훌륭한 제품 책임자가 될 수 있다고 믿는다면, 여러분은 기업가와 벤처 캐피털이 되는 깔때기를 너무 좁은 후보군으로 제한하는 것이다. 엔지니어의 88%가 남성인 상황에서(반드시 고쳐야 할 불균형이지만, 그것은 이 책의 범위 밖이다) 직장에는 내재적인 아마도 무의식적인 성 편향이 존재한다. 그것은 아주 여러 차원에서 볼 때 나쁜 정책이다.

Startup³

비즈니스 개발 관리자

"우린 망했어." 나는 공항 식당에서 시든 샐러드를 쿡쿡 찌르면서 비즈니스 개발 담당 부사장에게 투덜거렸다.

우리는 업계에서 정신적 지도자로 인정받던 주요 식료품 소매업자 회장과의 회의를 마치고 막 돌아오던 참이었다. 우리의 스타트업인 유프로미스Upromise는 식료품 소매업자들이 소비자가 지출하는 금액 일부를 비과세 대학 저축 계좌에 기부할 수 있는 훌륭한 사업 계획을 갖고 있었다. 우리는 이 계획이 가족들이 대학 학비를 낼 수 있도록 도와주는 동시에 소매업자들에 대한 고객 충성심을 불러일으킬 것으로 생각했다. 회장은 우리의 주장을 정중하게 듣고 멋진 슬라이드를 다 보고 나더니, 우리 계획의 혜택을 확신할 수 없다고 말했다. 그는 우리의 제안을 딱 부러지게 거절했고, 다른 식료품 소매업자들도 우리의 사명에 동참하지 않으리라 예측했다.

나의 부사장은 산업 전문가이자 전략가였으며, 해결해야 할 문제를 만나면 집요하게 파고들었다. "비즈니스 모델을 바꿔 보는 게 어때요?" 그가 물었다. "코카콜라나 크래프트와 같은 소비재 패키지 상품 회사들로부터 보상금을 조성하고, 식료품 소매업자는 그들 상품을 할인된 가격으로 소비자들에게 단순히 판매만 하면 되는지 살펴봐요."

그리고 바로 그렇게, 그 지저분한 공항 식당에서, 우리는 유프로미스의 비즈니스 모델을 만들고, 시장으로 나가 수십 개의 주요 패키지 상품 회사들로부터 거래를 따내고, 100개도 넘는 식료품 소매업자를 설득해 그들의 데이터를 우리와 공유하도록 했다. 결국, 총 1,500만 가구를 고객으로 확보했다.

그것이 바로 비즈니스 개발이 회사를 위해 할 수 있는 일이다.

기술 스타트업이 직면한 불확실성을 관리하기 위해서, 기업가들은 사업을 시장에 맞게 만들고, 동시에 사업에 맞는 시장을 만들어야 한다. 비즈니스 개발의 역할은 이를 위하여 파트너십을 체결하고 관리함으로써 회사의 전략을 실현하도록 돕는 것이다. 비즈니스 개발biz dev, 또는 BD 관리자는 기술 회사의 성장과 수익성에 큰 영향을 미칠 수 있다.

분명히 하기 위하여, 이 장에서 BD 기능을 설명할 때, 나는 영업팀의 역할로 알려진 비즈니스 개발 대리인BDR, Business Development Representative을 말하는 게 아니다. 그 기능은 때때로 내부 영업 또는 전화 영업이라고도 부르는데 데 제6장에서 다룬다. 여기서, 나는 비즈니스 개발의 전략적 기능을 언급하는데, 그것은 본질적으로 더 상위급 일이고 영업 목표량 배정을 받지 않는다.

유능한 비즈니스 개발 임원으로서, 여러분은 전략가이자 거래 해결사이고 브랜드 홍보 대사로서 모두가 하나로 합쳐진 사람이다. 더구나 여러분은 회사 제품을 만들고 판매하는 직원들에 대한 직접적인 권한 없이 이런 모든 일을 할 것이다. 하지만 이런 권한이 없음에도 불구하고, "회사 만들기" 관계는 대개 비즈니스 개발 임원에 의해 확고히 된다.

비즈니스 개발 관리자의 책임

비즈니스 개발 조직의 핵심 초점은 파트너와의 거래를 확보하는 일이다. 대표적인 거래의 각 단계에서 비즈니스 개발 관리자의 책임을 살펴보자. 그 단계로는 전략 수립, 잠재적 파트너 식별, 홍보물 제작과 전달, 조건 협상 그리고 마지막으로 파트너십 이행이 있다.

전략 수립
기업의 전략과 비즈니스 모델은 비즈니스 개발 우선순위를 결정할 것이다. 스타트업은 보통 사내 역량을 구축할 자원이 부족하므로,

파트너들이 더 효율적이고 효과적으로 수행할 수 있는 활동들을 그들에게 위탁한다. 마찬가지로, 스타트업의 전략은 주변의 다른 기업들과 비교하여 비즈니스 생태계에서 스타트업 자신이 수행할 역할을 결정하며, 이 역할은 다시 스타트업이 꼭 찾아야 할 파트너십의 유형을 결정한다.

넓은 관점에서 보면, 비즈니스 개발 관리자는 다음과 같은 네 가지 유형의 파트너십을 구축할 수 있다.

- 기술과 생산 부품 공급. 제품 팀에게는 고객에게 완제품 제공하는데 필요한 모든 것을 구축할 시간과 자원이 없을 것이다. 기업들은 일반적으로 핵심 기술이나 생산 부품을 공급하는 다른 회사에 의존한다. 한 공급자는 자신의 제품을 여러 당사자에게 제공할 수 있다. (여러분은 후진하다 전봇대를 들이받지 않도록 여러분 차 뒤에 설치된 카메라를 알지요? 그것은 모빌아이Mobileye라는 이스라엘 스타트업의 제품이다). 혹은 어느 기업은 자신의 제품과 서비스 (예: 아마존의 킨들 용 E 잉크 구동 화면)의 대부분 또는 전부를 구매하는 주문자 상표 부착 생산업자OEM 한 군데에 의존할 수도 있다. 기술 파트너십을 체결하는 또 다른 이유는 기능성을 확장하기 위한 것일 수 있다. 예를 들어 세일즈포스닷컴(Salesforce. com)은 세일즈 포스 고객들이 전체 판매 경로를 추적할 수 있는 유망 고객에게 접속 기반 판촉 활동을 설정할 수 있도록, 자신의

고객 관계 관리 시스템CRM에 이메일 자동화 회사들의 시스템을 한데 통합했다.

• 운영 역량. 기업은 디자인, 제조 또는 고객 서비스 기능을 파트너에게 위탁할 수 있다. 예를 들어, 드래곤 이노베이션Draggon Innovation은 혁신 제조 스타트업에 위탁 제조 서비스를 제공하는 젊은 기업이다. 이 회사는 메이커봇MakerBot과 페블고Pebble Go와 같은 스타트업들의 초기 프로토타입 제작에서부터 수십만 개의 제품을 디자인하고 구축하는 일을 도와준다. 마찬가지로 제조업자 디자인 생산ODM도 있다. 이들은 파트너가 디자인하고 구체화하며 상표를 붙여 최종 사용자에게 판매할 제품을 제조한다. 예를 들어, 대만의 폭스콘Foxconn은 가장 큰 스마트폰 제조사지만, 회사는 애플에 전화기를 공급하고, 그런 뒤 애플은 자신의 상표인 아이폰으로 판매하기 때문에, 여러분은 결코 폭스콘이라는 상표를 여러분의 휴대전화에서 찾아볼 수 없을 것이다.

• 유통. 많은 회사가 자사 제품의 유통을 확대하기 위해 다양한 파트너십을 구축한다. 예를 들어, 데이터베이스 소프트웨어 스타트업인 몽고디비MongoDB는 자신의 소프트웨어 개발 키트SDK를 애플리케이션에 내장한 회사와 협력하는 부가가치 재판매업체VAR를 위한 파트너 프로그램이 있다. 이러한 부가가치 재판매업

체는 몽고디비가 특정 지역과 수직 시장으로 영역을 확장할 수 있도록 하는 한편, 판매 인력은 독특한 가치를 제공할 수 있는 더 큰 거래처에 집중할 수 있다. 몽고디비는 부가가치 재판매업체의 가입을 유도하기 위해 특별한 기술, 영업과 마케팅 혜택을 제공하는 파트너 프로그램을 디자인한다.

- 플랫폼 동원. 일부 기술 회사는 사용자들 간의 상호작용을 촉진하는 기반과 규칙으로 구성한 플랫폼을 제공한다. 플랫폼 후원자는 다양한 형태의 회사들과 비즈니스 개발 파트너십을 필요로 하는 생태계를 동원해야만 한다. 예를 들어, "가정용 사회적 로봇"인 지보Jibo는 독립 소프트웨어 업체ISV가 자신의 제품 위에 애플리케이션을 구축할 수 있는 제삼자 개발 플랫폼을 가지고 있다. 이러한 독립 소프트웨어 업체는 지보가 제공하는 응용 프로그래밍 인터페이스API를 사용하며 수천 개의 소규모 협력업체는 가정으로 보급된 지보의 제품을 활용할 수 있도록 허용해주는 짧은 표준 문안 계약을 체결한다. 제삼자 파트너 그리고 일반적으로 회사 제품에 대한 신뢰성을 확립할 수 있는 파트너 네트워크를 모집하고 관리하는 것이 비즈니스 개발팀의 중요한 기능이다. 성숙한 기술기업은 잘 구축된 전략을 구사하는 경향이 있지만, 스타트업의 비즈니스 전략은 종종 끊임없이 변화한다. 창업자는 (이사회 구성원과 함께) 일반적으로 스타트업 전략을 수립하는

데 주도적인 역할을 한다. 그러나 비즈니스 개발 관리자들은 산업 참여자들의 계획과 우선순위에 익숙하고 훈련되어 있으므로, 전략 수립 과정에 깊숙이 관여하며 회사의 전략을 짜고 그것을 파트너 네트워크를 통해 실행하기 위하여, 수시로 창업자와 팀을 이뤄 일한다.

잠재적 파트너 식별

비즈니스 개발 관리자로서, 일단 전략이 만들어지면, 여러분(또는 비즈니스 개발자 역할을 하는 스타트업의 창업자와 CEO)은 일반적으로 잠재적 파트너들의 목록을 한데 모아볼 것이다. 산업 선구자로서 여러분은 산업 생태계 지도를 개발하고, 공급자, 유통업자와 소매업자, 보완재 공급자, 경쟁자의 전략적 일정과 강점과 약점을 분석할 것이다. 여러분은 정기적으로 시장에 나와 투자자와 산업 분석가들과 이야기를 나누고, 산업 행사에 참석하며, 생태계 참여자들과의 관계를 구축하기 위해 회사를 방문할 것이다.

어떤 상황에서는 잠재적 파트너 목록의 우선순위를 정하는 것이 간단할 수 있다. 예를 들어, 많은 전자상거래 사이트는 웹사이트 방문자 수를 늘리기 위하여 사업 협력사를 모집하고 그 결과 얻은 이익의 몫을 나누어 준다. 잠재적 협력사들은 대개 고객 기반 규모와 전자상거래 사이트 구매자와 그들의 관련성에 따라 쉽게 순위를 매길 수 있다. 하지만 다른 상황에서는 잠재적 파트너를 식별하는 과정이 더 어려울 수 있다. 예를 들어, 도저히 이해할 수 없을 정도로 복잡한 디스플레이 광고 생태계에 참여하여 디지털 마케팅 관리 플랫폼을 제공하는 데이터주DataXu가 광고 재고 공급자로서 구글과 파트너쉽을 체결하기로 한 결정은 구글의 다른 부서가 데이터주의 제품과 경쟁하는 수요 측면 플랫폼을 운영했다는 사실 때문에 복잡하게 되었다. 비즈니스 개발팀은 이렇게 까다로운 협조적 경쟁 상황(협조와 경쟁의 혼합)을 헤쳐나갈 수 있어야 한다.

협동 작업을 원하는 대로 쉽게 할 수 있는지는 파트너 선택에 큰 영향을 미칠 수 있다. 예를 들어, 한편으로, 대기업들은 비즈니스 개발 부서는 잘 조직되고 새로운 사업에 투자할 자원을 더 많이 갖추고 있으므로, 거래가 더 쉬울 수 있다. 그들은 또한 자신들의 성장을 지속하거나 신장시키는 수단으로 스타트업과 파트너십을 체결하는 것을 기대할 수 있다. 반면에, 대기업들은 종종 다수의 부서가 참가할 것을 요구하는 관료적인 절차를 밟는다. 예를 들어, 대형 금융 서비스 회사들은 느린 의사 결정과 장기간에 걸친 시험 기간뿐만아니라, 경험 없는 기업과 파트너십을 체결하기 전에 완료해야 하는 복잡한 법적 절차와 규정 준수 요건 때문에 악명이 높다. 그 보다, 스타트업이 이 시련을 극복하고 나면 대형 파트너와의 관계가 끈끈해져, 다음 스타트업이 진입하는 데 걸림돌이 될 수 있다. 생산적인 파트너십에 대한 여러 가지 장애를 극복하기 위하여, 비즈니스 개발팀은 모든 규모의 조직과의 거래 과정을 빠르게 만들 수 있도록 주장을 설득력있게 펼치는 데 능숙해야 한다.

홍보 제작과 전달

비즈니스 개발 관리자로서, 여러분은 양측이 파트너십 관계에서 얻을 가치를 설명하는 사람이 될 것이다. 이상적으로, 이러한 편익은 구체적으로 계량화될 것이다. 준비가 잘된 비즈니스 개발팀은 수익 증가, 비용 감소 혹은 거래의 결과 양측에 대한 고객 충성도를 계량화한 파트너에 대한 가치 증가 예상 모델로 무장하고 파트너 회의에 참석한다.

잘 알려진 회사의 비즈니스 개발 관리자들은 비교적 쉽게 전화를 걸어 장래 파트너의 관심을 얻을 수 있을 것이다. 그러나 초기 단계의 스타트업들은 대부분 상표 인지도가 낮으므로 비즈니스 개발 관리자는 잠재적인 파트너에 접근하기 위해 서둘러야만 한다. 특히 크고 잘 알려진 회사에 접근할 때는 서둘러야 한다. 요령 있는 비즈니스 개발 임원들은 개인적이고 전문적인 네트워크에 의존하고, 또한 회사 내 고위 임원들, 이사회, 투자자들, 그리고 조언자들의 네트워크를 활용한다. 마찬가지로, 산업계 행사에 참여함으로써 끊임없이 새로운 연락처를 확보한다. 그들은 또한 무료 매체를 자신에게 유리하게 활용한다. 무료 매체는 비즈니스 개발 임원이 자신을 산업 생태계의 정신적 지도자로 자리매김하면서, 자신들이 작성한 블로그 게시물에서의 노출뿐만 아니라 무료 편집자 보도(신문, TV 등)를 통해 끌어낸 모든 홍보 효과를 포함한다.

종종 잠재적인 파트너의 비즈니스 개발팀의 상대방과 함께 첫 번째 회의를 개최한 후에 판매 과정이 시작한다. 비즈니스 개발 상대방은 종종 파트너의 조직을 통해 제안서를 제출하는 데 필요하지만, 이러한 지원은 거래를 성사시키기에는 결코 충분하지 않다. 거래가 최우선 순위라는 점을 확실히 하기 위해서 미래 파트너의 고위 임원을 찾아내는 것이 매우 중요하다. 소규모 기업의 경우, 그 임원이 CEO일 수 있다. 대규모 조직의 경우, 부서 관리자, CFO(거래가 파트너의 손익에 큰 영향을 끼칠 때), CIO(IT 제품의 경우) 또는 CMO(최고 마케팅 책임자)가 될 수 있다. 대기업 조직에서 고위 경영진의 지원을 받는 것이 결정적이다. 그들은 비즈니스 개발팀과는 달리 자원을 통제하며 거래를 승인하고 이행하는 데 필요한 예산을 만들고 확보하기 때문이다.

비즈니스 개발 임원을 위한 영업 과정이 오직 외부적인 것만은 아니다. 여러분은 또한 조직 내에서 고위 임원의 지원과 부서 간 도움이 확실히 이루어지도록 내부 영업 노력을 기울일 필요가 있다. 비즈니스 개발 임원들은 종종 제품 관리자와 긴밀히 협력하여 파트너십에 대한 내부 지원을 구축할 것이며, 제품 관리자는 심지어 비즈니스 개발 임원과 함께 처음부터 끝까지 성공하도록 대형 파트너를 담당할 수도 있다. 일부 스타트업에서, 주요 파트너십 계약은 약식 사업 계획과 희소 자원을 달리 사용할 기회를 비교한 예측을 완비한 공식 검토과정을 거쳐야 한다.

조건 협상

기업이 파트너십 기회를 추구하기로 했을 때, 여러분은 다음과 같은 여러 부서를 포함한 통합 기능팀을 구성할 필요가 있다.

- 다양한 합의문 초안 작성을 위한 법률 고문(내부 또는 외부)
- 양 당사자의 기술적 요구 사항을 충족했는지를 확인하기 위한 제품 관리와(혹은) 엔지니어링 직원
- 거래의 경제성이 회사의 목표와 기대치에 부합하는지 확인하기 위한 재무 담당 직원
- 시장에 파트너십을 발표하고 첫 공개 일정을 조율하기 위한 마케팅팀
- 파트너십이 신제품 또는 통합 서비스 제공의 잠재적 판매와 관련된 경우, 영업팀

만약 파트너십이 양측 모두에 가능해 보이면, 여러분 팀과 파트너의 비즈니스 개발팀은 적절한 조건 협상을 시작할 수 있다. 이는 어떤 정보를 교환할 것인지, 어떤 자원을 전적으로 투입할 것인지, 그리고 가치를 어떻게 나눌 것인지를 구체화하는 것을 의미한다. 과거 유사한 파트너십 선례가 있어 계약 조건에 대한 본보기를 제공한다

면, 협상은 간단할 수 있다. 그러나 더 복잡하거나 첫 거래일 경우, 조건 합의에 도달하는 과정은 지루하게 시간이 오래 걸리고 논란이 많을 수 있다. 양측이 복잡한 거래를 똑같이 이해했다는 사실을 확실히 하기 위하여, 통상 법적인 구속력이 없고 양 당사자가 서명한 의향서 LOI를 이용하면 "난해한 법률 용어"를 사용하지 않으면서도 거래의 주요 목적과 각 당사자의 주요 권리와 책임을 명시할 수 있다. 의향서를 지침 삼아 최종 계약서의 초안을 작성하고 협상할 수 있다.

협상하는 동안 비즈니스 개발팀은 상당한 가치를 획득하거나 상실할 수도 있다. 조건이 진전됨에 따라 거래의 경제적 결과를 분석하고, 그 결과를 고위 경영진에게 명확하게 전달하는 것이 그 팀에게 결정적으로 중요하다.

종종 기업들은 잠재적인 파트너십에 의해 영향을 받는 내부 각 부서장이 자신들이 앞으로 이행해야할 의무를 반드시 승인해야 하는 과정을 거친다.

예를 들어, 내가 유프로미스Upromise에 있을 때, 계약으로 영향을 받는 관련 부서장과 비즈니스 개발팀의 손익 영향 모델을 검증해야 했던 CFO의 서명이 없으면, 어떤 계약도 마무리될 수 없었다. 거래가 지연되면 비즈니스 개발팀이 화가 나겠지만, 나는 새로운 기능 개발에 참여할지도 모를 엔지니어링팀이나 가격과 사업 조건을 검증할 책임이 있는 CFO 등 모든 사람이 만족할 때까지 계약 실행을 거절하곤 했다.

파트너십 이행

협상이 끝나고 거래에 서명하고 나면, 비록 내부 이행 책임이 때로는 다른 부서에 넘겨지기도 하지만, 여러분이 내부 이행 과정을 이끌지 모른다. 계약 유형에 따라, 엔지니어와 디자이너는 제품을 수정하고, 마케터는 광고문을 작성하고, 고객 서비스 직원은 새로운 문제 해결을 위한 교육을 받을 수도 있다. 계약 이행을 책임지는 사람으로서, 여러분은 내부 모든 기능이 계약을 이해하고, 각자의 책임에 따라 후속 조치를 이행하며, 거래를 성공적으로 실행하기 위하여 필요한 자원을 확보해야 하는 점을 확실히 해야 할 것이다.

유프로미스에서 비즈니스 개발팀은 여기저기서 파트너십을 이행하느라 바빴다. 우리는 고객이 어떤 회사에 돈을 지출할 때마다, 그 회사는 고객의 대학 저축 예금 계좌에 돈을 기부하는 계약을 체결하려고 했다. 따라서 예를 들어, 엑손모빌은 고객이 수천 개의 주유소 중 어디에서든지 휘발유를 구매하면, 1갤런(약 3.78리터)당 1센트를 할인해 주기로 동의했다. 우리 팀은 몇 달간의 협상 끝에 그 거래에 서명했다. 그런 뒤 그것을 이행하는 방법을 알아내야만 했다. 모든 거래 데이터를 받기 위해 우리의 IT 시스템을 엑손모빌의 IT 시스템에 연결해야만 했다. 또 프로그램을 홍보하기 위해 엑손모빌의 마케팅 부서와 협력해야만 했다. 그리고 고객들로부터 질문이 나올 경우를 대비해 직원 훈련을 위하여 엑손모빌의 주유소 네트워크와 함께 일해야만 했다. 이 모든 일이 우리의 비즈니스 개발팀에 의해서 추진

되었다.

계약 체결은 쉽지만, 이행은 어렵다는 사실을 깨닫는 것은 스타트업에서 흔한 일이다. 양측의 우선순위가 바뀔 수 있으므로 예상치 대비 파트너십 성과를 지속해서 관찰할 필요가 있다. 비록 타 부서의 운용팀이 이행의 책임을 진다고 할지라도, 비즈니스 개발 관리자의 업무는 끝난 게 아니다. 파트너십을 이행한 후에도, 비즈니스 개발팀은 파트너십이 모든 당사자에게 바람직한 결과를 가져오고, 관계를 적절히 발전시키고 있는지를 확인하는 일에 경계를 게을리하지 말아야 한다. 간단히 말해서, 비즈니스 개발 담당 임원이 파트너십의 성공에 모든 책임을 진다.

스타트업이 성숙하면서 비즈니스 개발은 어떻게 진화하는가?

비즈니스 개발 기능의 역할은 스타트업이 성숙함에 따라 진화한다. 최초 단계에서 스타트업은 생태계를 이해하고 초기 관계를 구축하는 데 초점을 맞춘다. 때로는 그런 관계들이 전략적인 만큼 우발적이다. 즉, 스타트업은 네트워크에서의 관계 때문에 혹은 단순히 그들과 함께 일하고 싶어서 파트너와 함께 일할지도 모른다. 중간 단계에서, 비즈니스 개발은 좀 더 의도적으로 파트너를 선정하려고 하며 거래 성사의 속도를 올리기 위해 노력한다. 처음 거래에는 종종 맞춤형 개발 작업에서 요구하는 까다로운 조건들이 포함될 것이다. 하지만 점차 더 많은 거래에 표준 서식을 사용할 것이다. 후기 단계에서, 즉, 스타트업이 더욱 성숙해지고, 다른 사람들이 이용하고 싶어 하는 고객과 파트너들로 구성된 단단한 집합체를 가질 때, 거래의 흐름이 역전되기 시작한다. 즉, 여러분이 새로운 스타트업을 찾아가는 게 아니라 그들이 여러분을 찾아오기 시작할 것이다.

초기 단계

나의 멘토 중 한 분은 초기 단계 스타트업의 경우, 비즈니스 개발은 단순히 목표 없는 영업이라고 농담을 했다. 특히 여러분이 아직 제품을 어떻게 팔아야 할지 모르고 그래서 창의력이 많이 필요했기 때문이다. 제6장에서 영업 기능의 진화에 대해 논의하겠지만, 많은 스타트업은 그런 초기 영업사원에 단순히 "비즈니스 개발"이라는 이름을 붙였다.

스타트업 초기의 다른 많은 기능과 마찬가지로, 비즈니스 개발 내용은 그것이 어떻게 정의되느냐에 따라 상당히 유연한 경향이 있다. 몇몇 창업자들은 초기 단계에 비즈니스 개발 직원을 고용하면서 파트너 생태계를 파악하고 제품 유통 확장의 기반이 되는 초기 거래의 성사를 도와주겠다고 맹세한다. 제품과 시장 적합성을 찾고 사업 모델에 대한 가설을 검증하기 위하여, 창업자들은 초기에 검증될 필요가 있는 벤처 기업에 약속한 목표 파트너의 자발성에 대한 중요한 가설들을 적용하고 있는지도 모른다.

몇 가지 그런 시나리오 가운데, 스타트업의 창업자 겸 최고경영자는 제품 관리자, 마케팅 담당자, 영업 담당자, 자금 조달자 등의 임무를 수행함과 아울러 스타트업이 주요 파트너를 유치할 수 있다는 것을 입증하는 데 필요한 초기 비즈니스 개발 작업을 수행할 것이다. 드롭박스Dropbox는 이것의 한 예다. 클라우드 기반 파일 저장 서비스를 시작한 직후, 공동 창업자 겸 최고경영자 드류 휴스턴Drew Houston은 기존 PC 보안 소프트웨어 회사들과의 유통 거래가 드롭박스의 성장을 이끌 것이라는 자신의 가설을 시험해 보고 싶었다. 그런 유통 파트너십은 쉽게 나타나지 않았고, 그래서 그는 비즈니스 개발 전략이 어떻게 되어야 하는지를 확신할 수 없었기 때문에 회사 공개 후 20개월이 지나도록 비즈니스 개발 임원의 고용을 미루었다.

중간 단계

일단 제품과 시장 적합성을 달성하고 나면, 스타트업들은 일반적으로 성장을 가속하기 위해 비즈니스 개발을 전담할 임원을 고용한다. 이 임원은 종종 이사 또는 부사장 직함을 갖고, 통상 CEO에게 보고하며, 기업의 전략이 생태계의 역동성에 대응하고 CEO의 우선순위가 회사가 진행 중인 거래에 반영되는 것을 확실히 하는 데 도움이 된다. 그 대신에, 만약 여러분이 비즈니스 개발 임원이라고 하면, 여러분은 거래의 특성과 리더십팀의 역동성에 따라, 최고 마케팅 책임자 겸 마케팅 부사장 또는 최고 매출 책임자 겸 영업 부사장에게 보고할 수 있다. 다른 고위 관리자와 정기적으로 상호작용하는 직속 상관 임원에게 보고하는 것은 여러분이 거래를 이행할 때 여러 부서의 기능 변화를 추진하는 데 도움이 될 수 있을 것이다. 그에 반해서, CEO는 너무 바쁘거나 현장 관리 조정 문제에서 너무 멀리 떨어져 있어서, 여러분이 직원들을 동원해 여러 부서의 기능적 통합을 달성하는 것을 도와줄 수 없다.

여러분 팀이 첫 번째 파트너십 계약을 협상할 때, 각 거래는 맞춤형이 될 것이다. 일단 몇 개의 거래가 성사되고 나면, 유형들이 나타나기 시작하고 여러분은 표준화를 더 많이 이룩할 수 있을 것이다. 중간 단계 스타트업들이 규모가 커지고 복잡해지며 비즈니스 개발 기능이 성숙해짐에 따라, 그들은 소규모 파트너들이 표준 문안 계약서에 서명함으로써 제휴할 수 있는 셀프서비스 옵션을 새로 만들 것이다.

파트너십을 확인하고 협상하는 것 외에도, 중간 단계 스타트업의 비즈니스 개발 관리자들은 종종 비즈니스 모델 분석가의 역할을 한다. 성숙한 기술 회사라면 세부 모델을 만들 수 있는 팀 구성원들과 함께 CFO가 이끄는 재무 부서를 운영하지만, 중간 단계 스타트업에서는 아직도 단지 장부 기장자 혹은 회계 담당자가 재무 부서의 역할을 할 것이다 (제7장에서 스타트업들이 재무를 너무 늦게 고용하는 경향을 설명한다). 이런 맥락에서 새로운 기회에 대한 재무적 영향을 분석하는 책임은 비즈니스 개발의 몫이 된다.

후기 단계

기술 회사들이 성숙함에 따라, 작은 회사는 더 큰 회사의 유통 경로에 접근하는 대가로 자신의 기술을 제공하는 파트너십을 체결하기 위해 그들에게 접근할 수도 있다. 그 결과, 성숙한 회사들은 가만히 있어도 상대방이 아쉬워 찾아오는 인바운드 파트너십 요청을 더 많이 받기 시작하며, 비즈니스 개발 관계에서 "구매" 측에 서게 된다.

성숙한 기술 회사에서는, 구매 측 비즈니스 개발팀이 더 커지는 경향이 있으므로, 파트너 유형(예: 유통 대 기술 파트너), 파트너 크기(예: 제휴기업 대 전략적 파트너) 또는 지역별로 전문화할 수 있다. 만약 여러분의 비즈니스 개발팀이 성숙한다면, 사내 변호사와 같은 전문가들도 포함할 수 있다. 그러면 여러분은 인바운드 요청을 회사 내 다른 팀에 속한 적임자에게 배정하는 조정자 역할을 하게 될 것이다. 그런 까닭에, 여러분은 회사의 생태계에 대한 폭넓은 지식을 갖춤과 동시에 회사의 전략, 각 기능의 우선순위, 그리고 회사의 제품 로드맵에 대해 깊이 이해할 필요가 있다.

실리콘 밸리에 기반을 둔 스타트업 트윌리오Twilio는 다른 사람들, 특히 제삼자 개발자들을 끌어들이는 플랫폼을 개발한 성숙기업에서 비즈니스 개발 기능이 어떻게 진화할 수 있는지를 보여주는 좋은 예다. 트윌리오는 통신 응용 프로그램을 구축하기 위한 소프트웨어 개발 키트^{SDK}를 제공하기 시작했다. SDK의 고객은 소프트웨어 개발자였기 때문에, 회사는 개발자들이 트윌리오의 기능을 그들의 애플리케이션에 내장하기 쉽게 사용할 수 있는 강력하고 잘 정리된 응용 프로그램 인터페이스^{API}를 구축하는 데 초점을 맞췄다. 예를 들어, 인기 메시지전달 애플리케이션인 왓츠앱^{WhatsApp}은 트윌리오를 사용하여 호출 기능(왓츠앱 호출)을 구동한다.

왓츠앱과 같은 개발자들을 끌어들이기 위해, 트윌리오는 비즈니스 개발 기능 안에 개발자 관계 기능을 만들어 플랫폼의 전도사 역할을 하게 했다. 이 회사는 해커톤(마라톤을 하는 것처럼 정해진 시간 동안 해킹을 하는 프로그램 마라톤)과 다른 행사들을 후원했고, 트윌리오를 사용하는 스타트업에 종잣돈을 마련해주기 위해 소규모의 25만 달러짜리 마이크로 펀드*를 조성했다. 2016년 말 현재, 트윌리오는 마이크로 펀드에 자사의 응용 프로그램 인터페이스^{API} 사용자로 100만 명 이상의 개발자를 보유하고 있으며, 이는 2014년의 25만 명부터 증가한 것이다. 매년 개최되는 개발자 콘퍼런스인 시그널^{SIGNAL}에는 다른 트윌리오 개발자와 직원들이 발표하는 모범 사례 강연을 듣기 위해 수천 명이 참가한다. 개발자 관계 확대를 통해 이룩한 강력

....

*   국내에서는 마이크로 벤처 펀드로 불리며 초기 창업자에게 건당 3~5억 원 규모로 투자하는 펀드이다. 국내에서는 벤처 캐피털 투자(건당 10억 원)와 엔젤투자(건당 1억 원)의 중간 규모(3~5억 원)로 투자가 필요하다는 업계의 의견을 반영하여 도입하였다.

한 비즈니스 개발은 2016년 여름 트윌리오의 성공적인 주식 공개[IPO]를 가능케 했으며 시가총액은 20억 달러 이상을 기록했다.

후기 단계의 기업이 성장함에 따라 비즈니스 개발 기능은 인수합병[M&A] 기회를 찾고 인수 내용을 협상하는 것까지 확대될 수 있다. 일부 대형 기술 회사에는 보통 CEO에게 직접 보고하며 인수 또는 투자 후보를 식별하고 추적하는 기업 개발[Corporate Development]이라는 부서를 두고 있다. 이런 회사에서 여러분은 일반적으로 기업 개발 담당 임원이 아니라 부서 임원(즉, 마케팅 혹은 영업담당 고위 임원)에게 보고해야 한다. 다른 성숙한 기술기업들, 특히 수익 기반이 약한 기업에서는 비즈니스 개발과 기업 개발 기능이 단일 부서의 부분일 수 있다. 후자의 경우, 비즈니스 개발팀이 몇몇 기업 인수 기회의 정보원이 될 수도 있지만, 대부분의 인수 후보자는 다른 기능을 담당하는 임원이나 제품팀에 의해 식별될 것이다.

주요 비즈니스 개발 도전 과제

큰 회사와 어떤 논의나 상호작용에 들어가면서 여러분이 알아야 할 가장 중요한 것은 여러분은 에이해브 선장이고, 큰 회사는 모비 딕이라는 사실이다……. 에이해브 선장은 거대한 흰고래 모비 딕을 찾아 나섰을 때, 모비 딕을 찾을지, 모비 딕이 자신을 발견하

도록 허락할지, 모비 딕이 즉시 배를 전복시키려고 하거나, 아니면
그 대신 고양이와 쥐처럼 쫓고 쫓길지, 또 아니면 거대한 고래 여
자친구와 짝짓기를 하러 숨어 버릴지 전혀 알 길이 없었다.
—마크 안드레센

　초기 단계의 스타트업들이 대기업과 거래를 협상할 때, 그들은 대
개 협상력에 있어 어느 정도 불균형을 극복해야 한다. 그리고 일단
그들이 운이 좋아 어느 정도 탄력을 얻으면, 스타트업들은 자체 비즈
니스 개발 과정을 확장해야 하는 도전에 대처해야만 한다.

유력한 파트너

　스타트업으로서는 크고 유력한 기업과 거래하면 큰 보상을 받을
수 있지만, 그러한 파트너십을 확보하는 것은 어렵고, 시간이 많이
소요되며, 때에 따라서는 너무 비용이 많이 드는 것으로 판명될 수
있다. 대기업들은 스타트업과 파트너십을 통해 일하려면 자원을 투
입하여야 할 설득력 있는 이유가 있어야 한다. 이것은 스타트업이 대
기업의 관심을 얻는 것이 어렵다는 사실을 의미한다. 만약 스타트업
이 대기업과 토론을 진행하다 보면, 스타트업의 비즈니스 개발 직원
들은 잠재적인 파트너 조직의 여러 다른 분야에서 온 사람들과 장시
간 회의를 하게 된다. 이들 부서의 역할과 동기는 종종 불명확하다.
거래에 대한 그들의 지지 수준을 파악할 수 있을 때조차도, 그것은

종종 예기치 않게 바뀔 수 있다. 여러분은 심지어 그 이유를 모를 수도 있다. 상대방이 언제 어떻게 거래를 결정할 것인지, 누가 그렇게 할 수 있는 권한을 가졌는지도 불분명할 수 있다. 게다가 그 거래의 시점은 훨씬 더 불투명할 수 있다. 당신이 빨리 거래하고 싶을지 몰라도, 대기업들이 전략적 관계에 관한 결정을 내리는 데는 몇 달 또는 심지어 몇 년이 걸릴 수 있다.

비록 스타트업이 대기업과의 거래에 필사적이라는 사실이 협상 중에 명백해지더라도, 스타트업의 비즈니스 개발 관리자들은 종종 너무 많은 부분을 양보하는 것을 경계해야 한다. 스타트업은 장기적으로 중대한 결과를 가져올 수 있는 사항에 대해 양보하라고 압력을 받을지도 모른다. 예를 들어, 대기업은 스타트업의 주식 지분과 이사회의 이사 자리를 요구할 수 있다. 그러한 합의를 체결하면 그 산업에 종사하는 다른 유망한 파트너들을 겁먹게 해 쫓아 버릴 위험을 무릅쓰게 될 것이다. 마찬가지로 대기업은 스타트업이 인수 제의를 받으면 자신들이 우선 매수 거부권을 행사할 수 있어야 한다고 주장할 수도 있다. 이것은 미래 기업 인수자들의 관심을 떨어뜨릴 수 있는데, 그들은 입찰 전쟁에 뛰어들거나 스타트업들의 출구 가치를 높이기 위한 들러리로 이용될 것을 우려한다. 다른 경우에, 대기업은 상당한 (알려지지도 않은) 기회비용을 수반할지도 모를 배타적 기간을 요구할 수 있다.

드류 휴스턴 드롭박스 최고경영자CEO는 하버드대 경영대학원과의 인터뷰에서 초기 단계 창업자들이 대기업과 비즈니스 개발 거래를 협상하면서 겪는 어려움에 대해서 이렇게 이야기했다. "대기업들은 스타트업과 대화하는 것이 때로는 행복해 보인다. 그들은 어떤 권한도 없는 중간 관리자 12명을 데려와 대충 훑어보고 여러분 기술에 대해 모든 것을 배울 것이다. 몇 달 동안 여러분이 헛일하게 만들 것이다. 우리는 바이러스 백신 소프트웨어 제공업체 중 한 곳과 계약을 거의 체결할 뻔했다. 막판에 그들은 수석 부사장을 데려왔는데, 그는 그 시점 전까지 우리가 논의한 모든 것과는 달리, 우리의 상표를 아무 표시도 안 한 라벨로 묻어버리는(대기업으로 다시 상표를 붙인) 거래를 하겠다고 발표했다. 그리고 그는 '아, 그런데, 이런 모든 것을 맞춤형으로 해야 합니다.'라고 말했다."

개인 투자자들을 위한 온라인 포트폴리오 분석 도구를 제공했던 케이크 파이낸셜Cake Financial의 전 CEO였던 스티브 카펜터Steve Carpenter는 대형 증권사들에 회사의 데이터와 기술 사용을 허가하는 과정에서 좌절감을 안겨준 비슷한 경험을 이렇게 털어놓았다. "나는 특히 이런 (2008년 말) 금융 시스템의 혼란 시기에, 우리 회사는 항상 대형 증권사들에 세 번째 아니면 네 번째 우선순위에 머무를 것이며, 결코 첫 번째 혹은 두 번째 자리에 올라가지 못할 것이라고 결론지었다. 우리는 거래를 성사시킬 만큼 충분한 최고 자리에 끼어들 수 없었다. 나는 우리가 생존을 위해 이런 대기업들에 너무 의존하고 있다는 사실을 깨달았다. 스타트업으로서 성공을 위해 다른 회사에 의존하자마자 힘들어진다. 아무도 우리의 시간표대로 움직이지 않는다. 그래서 우리는 우리 자신의 운명을 결정하지 못했다."

벤처 투자자인 마크 안드레센Marc Andreessen은 성공하려면 대기업의 지원이 필요한 스타트업의 설립을 하지 말라고 충고한다. 그는 대기업과 거래하는 스타트업들에 다음과 같이 조언한다.

- 인내하라.
- 어떤 거래도 "거래 아니면 죽음" 명제로 강박감에 휩싸여 취급하지 마라.
- 나쁜 거래에 조심하라.
- 대기업들은 종종 스타트업과의 거래 성사보다 다른 대기업의 계획에 더 신경을 쓴다는 사실을 주목하라.
- 대기업 임원을 다룰 줄 아는 비즈니스 개발 전문가를 고용하라.
- "신문에 실리기 전까지" 거래가 끝났다고 절대 가정하지 마라. 일단 거래가 성사되면, 대기업이 대체품의 자체 개발을 가속할 목적으로 단순히 파트너십을 이용하여 새로운 기술이나 제품을 배우려는 조짐을 경계해야만 한다.

그러나 스타트업이 대기업과 하는 거래가 항상 좌절과 위험으로 가득 차 있는 것은 아니다. 인내심을 갖고 복잡한 상황을 헤쳐나가려는 의지가 있으면, 중소기업들은 대기업과 "회사를 일으키는" 거래를 할 수 있다. 내 포트폴리오 회사 중 하나는 대형 금융 서비스 회사와 복잡한 거래를 하고 있었다. 나는 같은 금융 회사와 제휴했던 경험이 있는 다른 창업자를 알고 있었다. 나는 그에게 그들과 함께 일하는 것이 어떠냐고 물었다. "매일 후회해요." 그는 말했다. "제프, 솔직히 말해, 그들이 요구를 너무 많이 해서, 우리 회사가 말라 죽었어요." 그렇다면 내 포트폴리오 회사는 중간에 거래에서 손을 뗐나? 사실 그렇지 않았다. 하지만 우리는 더 신중하게 협상했고, 최소 지급액과 엄격한 안전장치를 마련했으며, 결국 파트너십을 대성공으로 이끈 그 금융 서비스 회사와 계약을 체결하고 계약 내용을 이행하게 되었다.

대기업과의 모든 거래가 반드시 복잡한 것은 아니다. 많은 대기업은 표준화된 용어와 셀프서비스 옵션을 갖춘 제휴 프로그램을 만든다. 또는 그들은 스타트업들이 자신의 플랫폼을 쉽게 이용할 수 있는 API를 제공한다. 다른 경우에, 신생 기업은, 예를 들어, 유명 상표와의 거래 실행, 최상위 벤처 투자자로부터 높은 평가 확보, 시장에 이름이 알려진 팀과 고문들을 영입하는 등, 유망 스타트업으로서의 명성을 높임으로써 협상 지위를 향상할 수 있다.

리타 가그^{Rita Garg}

비즈니스 개발 담당 부사장, 제네피츠^{Zenefits}

나의 역할을 설명하자면, 나는 회사의 모든 전략적 파트너십을 감독한다. 우리 파트너는 일체형 인사와 복지 플랫폼(예: 의료 보험 회사, 401(k) 제공업체와 급여 관리업체), 내부 제품 격차를 해소하는 데 도움이 되는 기술 파트너, 그리고 성장과 분배를 촉진하는 데 도움이 되는 전략적 파트너를 포함한다.

이 자격으로, 나는 회사의 다른 기능적 리더들과 협력하여 회사의 파트너십 전략을 개발하고, 비즈니스 개발팀을 구성하고 관리하며, 성공적인 파트너십 프로그램을 정의, 실행, 그리고 확장하는 데 있어 우리 팀을 지원한다.

나는 비즈니스 개발 분야에서 일하는 것을 즐겼다. 왜냐하면, 그것은 파트너십 전략을 정의하기 위한 확고한 전략적 사고뿐만 아니라, 파트너십을 성공적으로 이행하고 원하는 결과를 얻기 위하여 심오한 운영 지식이 필요하기 때문이다. 비즈니스 개발은 매우 통합 기능적인 역할로서, 내외부적으로 제품, 엔지니어링, 마케팅, 재무, 운영, 법률, 그리고 여러 다른 팀과 긴밀하게 협업하고 팀워크를 갖추는 게 필요하다. 나는 특히 후기 단계에 있는 고도성장 스타트업의 비즈니스 개발 분야에서 일하는 게 좋았다. 이 단계에서 파트너십은 조직의 성장을 증폭시키고 훌륭한 제품을 기반으로 하면서 대규모로 영향을 미칠 수 있기 때문이다.

내 경험상, 스타트업 생활은 일이 더 빨리 움직이고, 결정이 더 신속하게 이루어지며, 직원들은 더 많은 책임을 지면서 여러 가지 역할을 할 수 있어서 기존 대기업에서 일하는 것보다 훨씬 더 역동적이다.

그러나 스타트업은 종종 공식적인 조직과 대기업들의 지원이 없어서, 직원들이 일을 완수하려면 소매를 훨씬 더 많이 걷어붙여야만 할지도 모른다.

스타트업에서 성공하려면, 여러분은 연공서열에 상관없이 융통성 있고, 기업가적이며, 창의적이고, 일을 완수하기 위해 세세한 부분까지 기꺼이 파고들어야 한다. 대기업에서 성공하려면, 자신의 아이디어를 보다 격식을 갖추고 효과적으로 제시할 수 있어야 하며, 대규모 조직 전체에 걸쳐 그물처럼 서로 연결된 팀들을 조정할 수 있어야 한다.

비즈니스 개발 과정 확장

특히 창업자 겸 최고경영자가 제품 관리, 자금 조성, 기타 사업 기능을 수행하면서 여전히 몸소 비즈니스 개발에 책임을 지고 있다면, 특별한 거래를 마무리하기까지 소요되는 시간은 자원의 제약이 있는 초기 단계의 스타트업에 큰 부담이 될 수 있다. 일단 스타트업이 어떤 유형의 거래에 대한 선례가 있다면, 비즈니스 개발 과정을 표준화하는데 큰 이점이 될 수 있다.

웹과 소프트웨어 기반 (특히 플랫폼으로 자리 잡은) 스타트업에서 API(애플리케이션 프로그래밍 인터페이스)와 SDK(소프트웨어 개발 키트)는 그런 종류의 표준화를 달성하는 데 도움이 될 수 있다.

API는 한 애플리케이션(웹사이트)이 다른 애플리케이션(웹사이트)에 존재하는 데이터나 기능을 끌어다 기술 통합 작업을 단순하게 해주는 일련의 지시사항이다. API를 통해 파트너의 가입 프로세스를 신속하게 확장할 수 있다. 회사의 비즈니스 개발 파트너가 잠재적 파트너와 개인적으로 접촉하고 설득하는 대신, 프로그래밍 방식으로 다양한 개발자들에게 API를 판매할 수 있다. 예를 들어, 페이스북이 "좋아요" 버튼을 출시했을 때, 그 코드를 공개함으로써 ≪뉴욕 타임스≫에서 사돈 식구들의 블로그에 이르기까지 어떤 웹사이트든 페이스북 사용자 기반을 무료로 이용할 수 있어 접속량을 늘리는 데 도움이 되었다.

회사는 자신의 API를 사용하는 파트너에게 표준화된 비즈니스 조건을 제공할 수 있으며, 때로는 제약 조건을 붙이기도 한다. 예를 들어, 그루폰Groupon의 서비스 약관에 따르면 자신의 API 사용자는 그루폰에 비판적인 사이트를 개설하는 것을 제한한다. 또한, API를 통해 가격 결정 방식을 단순화할 수 있다. 회사는 고객에게 API 호출, 클릭 수 또는 기타 지표를 통해 요금을 부과할 수 있다. API에 크게 의존하는 파트너에게 더 큰 비용을 부과하고 초기 사용자의 비용을 낮추면 소규모 개발자를 더 쉽게 유치할 수 있다.

페이팔, 아마존, 유튜브. 페이스북, 엘프, 트위터를 포함한 많은 성공적인 웹 기반 스타트업들은 그들의 성장을 가속하기 위해 API를 사용했다. 하지만 단순히 API를 제공한다고 해서 파트너들이 그것을 사용하리란 보장은 없다. API 기반 파트너십 전략 전문가인 플라이브리지Flybridge의 파트너 중 한 명인 칩 해저드Chip Hazard는 API 사용자 기반을 구축하려는 초기 단계의 신생 기업에 다음을 추천했다.

- 신속한 가치 창출. 개발자들은 다른 모든 사람과 마찬가지로 시간에 부담이 있어서, 제품도 빠르게 진가를 보여줄 필요가 있다. 전통적으로, 이것은 더 빠르지는 않더라도 30분 이내에 완전하게 제대로 작동할 수 있음을 의미한다.

- 무료 시작. 많은 회사는 실험해 볼 수 있는 완전하게 작동하고 높은 가치를 지닌 제품을 무료로 제공한다. 가치를 확정하기 전에 대가를 요구하면 개발자들이 채택하는 데 걸림돌이 될 수 있다.

- 탁월한 문서화와 지원. 어떤 지원 요구 사항이든 신속하고 철저하게 해결할 수 있도록, 사용하기 쉽고 명확한 문서를 작성하라.

강력한 지원 포럼을 구성하고 여기에 참여한 전체 회사 명단을 작성하면 고객들에게 높은 가치의 지원을 제공할 것이다. 이상적으로는 사용자들이 API에서 도출한 가치를 보여주는 분석 도구들을 제공하라.

- 입소문을 촉진하라. 고객이 직접 또는 자신의 블로그나 트위터 같은 소셜 미디어를 통해 여러분을 대신하여 말하게 하라. 슬라이드셰어SlideShare를 통해 프레젠테이션과 사례 연구를 공유하라. 해커 뉴스Hacker News나 스택 오버플로Stack Overflow 같은 개발자 콘텐츠 사이트에 긍정적인 평가와 의견을 제공하라. 겉만 번지르르한 마케팅은 개발자들이 똑똑하고 냉소적이기 때문에 효과가 없으므로 진정한 가치를 제공한다는 신뢰를 구축하라.

모든 성숙한 비즈니스 개발 기능이 API 기반인 것은 아니다. 많은 회사는 단순히 더 많은 유통 거래와 채널 관계 혹은 플랫폼 파트너십을 체결하고 이행하는 데 초점을 맞추고 있다. 무엇에 초점을 맞추든 간에, 스타트업이 성숙함에 따라, 표준화와 수익성이 점점 더 강조된다. 종종, 이것 때문에 초기 비즈니스 개발 거래들을 재협상할 필요가 생긴다. 초기 단계의 스타트업은 사업 경험이 풍부하고 성숙해진 몇 년 후와 비교했을 때 파트너십이 어떻게 보여야 하는지에 대해 더 필사적이었거나 경험이 없었을 수도 있다.

유능한 비즈니스 개발 관리자의 특성

비즈니스 개발 담당자들에 대한 전문적인 배경은 매우 다양할 수 있지만, 대부분의 성공적인 비즈니스 개발 관리자들은 다음과 같은 몇 가지 주요 특성이 있다.

- 네트워킹 기술. 신생 스타트업 파트너를 찾을 때, 넓은 전문 네트워크는 여러분에게 접근성과 신뢰성을 제공한다. 새로운 연락처를 개발하는 능력 또한 필수적이며, 여러분은 상대방 고위 임원들에게 여러분의 회사를 소개하는 것을 편안하게 생각해야 한다. 이러한 네트워킹과 관계 구축 능력은 영업 경험을 통해 연마될 수 있다. 그러나 자동화된 셀프서비스 거래가 일반적인 기업에서는 영업 사고방식이 비즈니스 개발에 잘 들어맞지 않을 수 있다.

- 시장 지식과 전략적 관점. 유망한 파트너십을 식별하기 위해서는 모든 참가자의 강점, 취약점과 전략적 의제를 깊이 이해하는 것이 중요하다. 또한, 생태계 전체가 어떻게 진화할지 예상할 수 있어야 한다. 전략적 계획 체계와 타고난 지적 능력은 어느 정도 해당 분야의 전문지식을 대체할 수 있지만, 특정 산업에서 수년간 일해야만 쌓아 올릴 수 있는 지식과 사회적 자본을 복제하는

것은 어렵다.

• 협상 기술. 비즈니스 개발 관리자는 상대 회사뿐만 아니라 같은 회사 내의 다른 부문 임원들과 끊임없이 협상한다. 훌륭한 협상가들은 유형이 다양하지만, 그들 모두는 창의적이고, 윈-윈하는 해결책을 고안하고, 신뢰를 쌓고, 스트레스가 많은 협상 중에 감정을 억제하고, 언제 이익을 얻어낼지, 언제 허세를 부릴지, 그리고 언제 탁자를 박차고 나올지를 아는 재주가 있다. 비즈니스 개발 임원이었던 나의 옛 제자 중 한 명은 그 역할이 판매원의 역할이라기보다는 정치인의 역할과 더 비슷하다고 말하곤 했다. 여러분은 훈련과 경험을 통해 이런 능력들을 상당한 수준으로 갈고 닦을 수 있지만, 어떤 것들은 선천적인 지능과 심리적인 성향에서 나온다. 또한, 거래를 성사하려면 기술적 측면이 많이 필요하므로, 비즈니스 개발 임원이 된다는 것은 공통 계약 조항과 언제 그런 조항(예를 들어, 거부권, 비공개 계약, 통제 조항 변경, 독점권 약정 등)이 가장 효과적으로 사용될 수 있는지를 잘 이해한다는 것을 의미한다.

• 분석 기술. 많은 파트너십이 독특하므로 여러분은 비즈니스 모델 분석과 경제 및 재무 모델링에 익숙해야 한다. 이런 노력의 과정에서, 여러분은 재무 부서와 협력하겠지만, 때때로 스타트

업의 재무 부서가 취약하거나 존재하지 않을 수도 있으므로 여러분은 스스로 분석하는 부담을 질 수도있다.

• 기업가 정신. 여러분은 회사 설립자처럼 회사를 외부에 홍보하며 회사의 간판 얼굴로 자주 행동할 것이다. 또한, 한정된 자원과 불완전한 정보를 갖고 어려운 결정을 내리고 야심 찬 목표를 추구해야 한다. (이것이 스타트업의 세계에 변치 않는 기쁨이다!) 심지어 최고의 비즈니스 개발 관리자라고 할지라도 종종 하자 있는 결정을 내린다. 여러분은 매우 확실한 실패의 전망을 기꺼이 직면하고, 대단히 불확실한 조건 아래에서도 그렇게 행동해야만 한다.

• 제품 지식. 비즈니스 개발 전문가로서 잠재적 파트너십에 우선순위를 정하고 효과적으로 홍보하기 위해서, 여러분은 회사의 제품과 서비스 그리고 특히 경쟁 제품과 비교하여 회사 제품의 가치 제안을 충분히 이해할 필요가 있을 것이다. 제품과 기술 전문지식은 API 개발에 참여할 때 특히 중요하다. 반드시 프로그래머가 될 필요는 없지만, 적어도 회사의 제품을 이해하고 고객들이 그것을 어떻게 사용하는지는 잘 알고 있어야 한다. 마지막으로, 새로운 기능이나 디자인 변경이 필요한 거래의 경우, 엔지니어링이 하는 이행 작업을 감독할 때 제품 지식이 유용하다.

제품 관리 경험은 비즈니스 개발 작업을 수행하는 데 좋은 배경을 제공할 수 있지만, 좋은 제품의 특성과 제품 요구 사항을 생성하고 검증하는 방법에 대한 기본적인 이해만으로도 충분할 수 있다.

스타트업에서 비즈니스 개발 관리자의 역할은 엄청난 영향을 미칠수 있는 도전적인 역할이다(물론 초기 단계 회사에서의 대부분 직책이 여기에 해당한다). 비즈니스 개발은 기술 회사에서 경력을 쌓고자 하는 재능 있는 젊은 전문가들에게 스타트업의 세계로 들어가는 좋은 진입점이다. 특히 마케팅과 영업 분야의 진입 단계 자리보다는 덜 조직적이지만 창의성이 더 필요한 역할, 즉 제품 관리자보다 더 외향적인 역할을 선호하는 사람들에게 잘 어울린다.

Startup 4

마케팅

내가 한 스타트업에서 마케팅 책임자였을 때, 호주의 영업 이사가 내게 선물을 들고 연례 영업 회의에 참석했다. 그것은 부메랑이었다. 선물이 부메랑인 이유는 자신이 현장에서 영업 기회를 좇아다닐 때, 내가 항상 자신의 질문에 대한 답을 갖고 돌아왔기 때문이라고 말했다. 나는 지금까지 그 부메랑을 내 사무실에 보관하며, 현장 영업 사원들은 마케팅팀이 자신들에게 시간에 맞춰 즉시 반응하며 돌아왔을 때 얼마나 그것을 높이 평가하는지 아직도 생각한다. 마케팅 임원에게는 고객에게 집중한다는 것은 외부 고객뿐만 아니라 내부 고객에게도 주의를 기울인다는 것을 의미한다.

　창업가들이 스타트업의 자금 조달이 필요한 이유를 나와 상의할 때, 초점은 일반적으로 먼저 제품을 만들고 그다음 판매하는 데 있다. 스타트업에서 가장 돈이 많이 드는 두 가지 기능은 제품팀과 영업팀이다. 마케팅은 두 가지 모두에 큰 영향을 미친다. 한편으로는 제품 디자인에 큰 영향을 미치고, 다른 한편으로는 영업에 초점을 맞추고 지원한다. 그러므로 마케팅 기능은 스타트업의 생산성 엔진과 같다. 스타트업에 훌륭한 마케팅 기능이 있을 때, 제품팀과 영업팀 모두 놀라울 정도로 생산적이지만, 그 이유는 아무도 모른다. 일반적으로 모든 사람이 영업 담당 책임자와 제품 담당 책임자에게 점수를 주지만, 그 이면에서 그들을 멋지게 보이게 하는 것은 바로 마케팅이다.

달리 말하면, 마케팅은 스타트업의 이름 없는 영웅이다.

맥락과 조직 진화

이상하게도, 스타트업은 마케팅 인력을 너무 늦게 고용하는 경우가 많다. 그들은 제품 관리자나 엔지니어와 같이 제품 생산에 필요한 팀을 먼저 고용한다. 그리고 나서 그들은 제품을 팔기 위해 영업 사원 한두 명을 고용한다. 제1장(그림 1-2)에 소개한 직원 12명인 내 스타트업의 조직도를 기억하는가? 마케팅 인력이 없다. 그것은 흔히 저지르는 실수다.

일반적으로, 첫 번째 마케터는 종종 스타트업이 난관에 봉착한 후, 직원이 20명이나 30명이 되었을 때 고용된다. 아마도 영업 직원들이 비생산적으로 되고, 게으름을 피울 것이다. 그래서 스타트업은 이 문제를 해결하기 위해 마케팅 기능을 빨리 설치하려고 허둥댄다. 하지만 그때가 되면 너무 늦은 경우가 많다. 스타트업이 판매량을 달성하지 못하면 영업 사원들은 비난을 받는다. 그러나 일반적으로 문제는 영업 사원들이 무능한 게 아니라, 영업 사원들을 위해 잠재고객과 고객 획득을 만들어 낼 수 있는 마케터가 부족하다는 사실이다. 결과적으로, 영업팀은 잠재고객이 별로 없거나 전혀 없다. 그들은 숙련된 마케터들이 제공할 수 있는 좋고 경쟁력 있는 무기가 없으므로, 스스로 승리해 보려고 안간힘을 쓴다.

그때가 바로 회사가 마케팅 기능을 필요로 할 때이다. 회사는 영업을 지원할 마케팅이 필요하다.

나는 개인적으로 비록 한 사람이 일반 직원으로 마케팅 기능 전체를 담당한다고 할지라도, 초기 제품 출시 전에 마케팅 기능을 갖추는 것을 선호한다. 스타트업이 제품을 출시하기 전에, 마케팅은 종종 베타(조기 고객)나 시험용 프로그램을 관리하기 위해 제품 관리와 협력하는 기능이다. 기업에서 마케팅은 베타 고객 모집을 돕고, 그들이 제품에 익숙하게 하며, 베타 과정을 거치는 동안 그들과 협력하여. 베타 고객들이 확실히 제품에 대한 긍정적인 경험을 하고, 기꺼이 다른 사람들에게 참고가 될 수 있도록 한다. 한편, 마케팅은 베타 고객들의 의견을 잘 듣고, 그들의 피드백을 이용하여 마케팅 메시지를 다듬고 가치 제안을 명확하게 하도록 도와준다. 제품 관리자가 공식적으로 제품에 포함될 것의 우선순위를 정하는 임무를 정식으로 부여받을지 모르지만, 마케팅은 보통 그런 결정을 하는 데 도움을 준다. 일단 제품 출하가 가까워지면, 마케팅은 고객들이 최신 정보를 얻도록 도와주고, 얼리 어답터들과 대화하고, 다른 사람들이 배울 수 있도록 사례 연구로서 그들의 제품 사용 후기를 기록하고, 그들을 추천인으로 확보하며 언론에 회사의 대변인이 되도록 북돋아 주기 위해 고객 가까이에 있어야만 한다. 그와 같이, 제품이 출시될 때, 스타트업은 신뢰도를 확립하고 소문을 내는 데 필요한 모든 마케팅 도구를 자기 마음대로 사용할 수 있다.

영업과 수입을 동일시하기가 매우 쉬우므로, 스타트업들은 영업에 과잉 투자를 하고 마케팅에 과소 투자를 하는 경향이 있다. 가상의 스타트업에서 추가 영업 사원 한 명 당 100만 달러의 수입을 더 올린다고 가정하자. 계산은 간단하다. 만약 스타트업이 수입을 5백만 달러를 더 올리고 싶다면, 영업 사원을 단지 5명만 더 고용하면 된다. 하지만 알려진 대로 고객 수요와 연고(緣故)를 만들어 낼 수 있는 마케터가 한두 명 있으면, 스타트업은 영업 사원 1인당 수입액을 100만 달러에서 150만 달러까지 끌어 올릴 수 있다. 마케터는 영업팀이 더 효율적이고 더 생산적으로 되도록 도와주기 때문이다.

그것이 바로 유능한 마케팅팀을 고용하는 마법이다.

시간 경과에 따른 마케팅 기능의 구조

초기 단계의 회사에서 처음 한두 명의 마케터는 틀림없이 일반 직원으로서 모든 일을 처리해야 할 것이다. 예산이 매우 적고 돈이 거의 없는 회사에서는, 여러분은 적극적이고 창의적이어야 하며, 대부분 투자가 이루어진 곳에 직원들이 배치되어 있을 것이다.

회사가 조금 더 성장 상태에 들어가고 더 많은 자원이 마케팅에 배치되면서, 마케팅은 전문화하기 시작한다. 거기가 바로 맥락이 바뀌는 곳이다. 기업이 마케팅 예산을 세울 정도로 성장함에 따라, 회사는 마케팅 프로그램을 운영하고, 행사에 참석하며, 마케팅 프로그램을 만들기 위해 예산을 배분한다. 마케팅 프로그램에는 광고, 웹 세미나, 점심 제공 학습, 그리고 고객과 대화하고 무역 박람회와 사용자 콘퍼런스에서 연설하기 위해 여러 도시를 방문할 강연자 확보 등과 같은 활동이 있다. 때때로 회사들은 쏟아내고 싶은 이메일이나 광고용 우편물 프로그램을 개발하는 데 예산을 쓸 것이다. 이는 모두 빠르게 증가하거나 감소할 수 있는 마케팅 프로그램 예산 형태의 변동 비용이다. 스타트업은 마케팅 인력을 늘리지 않고도 프로그램 예산으로 마케팅 투자를 두 배로 늘릴 수 있다.

위에서 내가 광고라는 단어를 처음 사용했다는 사실을 주목하라. 예전에는 마케팅과 동의어였다. 이제 더는 아니다.

경영대학원에서 첫해 1년 내내 내 옆에 앉아 있던 한 친구는 모든 비즈니스 사건을 해결하기 위한 해답은 결국 "당신의 광고 예산을 늘려라"라며 농담하기를 좋아했다. 매출을 늘리고 싶은가? "광고를 더 하라. TV 시간을 더 사고, 라디오 시간을 더 사고, 신문 시간을 더 많이 사라." 그것은 정말 간단하다.

오늘날, 확실히, 그것은 바뀌었다. 이제 스타트업의 세계에서는 구식 광고가 통하지 않는다는 것은 일반적인 견해다. 마케팅을 강화하려면 더 많은 사람의 창의성이 필요하다. 아마 콘텐츠 마케팅을 하는 사람인지도 모른다. 어쩌면 성장 해커, 또 어쩌면 전도사인지도 모른다. 아마 공동체 관리자일 수도 있다.

초기 단계의 회사에서는, 누구나, 즉 일반 직원이 이 모든 것을 한다. 시간이 흐르면서, 사람들은 더 전문화된다. 예를 들어, 마컴(마케팅 커뮤니케이션, 마케팅 목표를 효과적으로 달성하기 위한 커뮤니케이션 활동)이나 기업 마케팅에 능한 사람들은 잠재고객 창출에 능한 사람들과 매우 다르다. 일반적으로, 마케팅 기능에는 다양한 하위 기능이 있으므로 각 각의 역할은 다른 부류의 사람에 의해 처리된다.

내가 오픈마켓에서 마케팅 부문을 운영하면서 우리 부서는 최대 규모일 때, 전체 직원의 약 10%를 차지했다. 그 정도 규모에서, 다른 마케팅 기능마다 부사장을 두고, 그 밑에 이사와 관리자 등등을 배치했다. 마케팅 부서는 5년에서 6년에 걸쳐 아주 빠르게 성장했다. 한 명도 없던 직원이 65명까지 늘어났다. 제1장(그림 1-3)의 조직도에 나와 있는 직원 80명 규모의 내 포트폴리오 회사와 같은 소규모 회사에서는 마케팅 부서와 기능을 훨씬 더 작은 규모 즉, 5명에서 10명 정도의 소규모 팀이 담당할 수 있다. 부서 규모가 작아질수록 직원 누구나 각자 여러 가지 색깔의 모자를 쓰고 여러 가지 역할을 담당하는 것이 필요하다. 이것이 바로 스타트업의 세계에서 일이 돌아가는 방식의 핵심이다.

초기에, 많은 스타트업들은 최고 경영자에게 직접 보고를 확실히 할 만큼 경력이 많지 않을지 몰라, 처음 몇몇 마케팅 전문가를 영업 책임자나 제품 책임자 밑에 배치했다. 게다가 마케팅을 이끌 고위 임원을 고용하는 것은 더 하위직급의 직원들이 하는 것과 비교했을 때 너무 빠른 것일 수도 있었다. 시간이 지나면서, 이런 마케팅 기능을 수행하는 대부분 직원은 마케팅 책임자에게 보고한다. 마케팅 책임자는 경력이나 마케팅 조직의 규모에 따라, 마케팅 이사, 마케팅 부사장 또는 최고 마케팅 책임자로 불릴 수 있다. 이러한 기능에는 제품 마케팅, 마컴, 수요 창출 등이 포함된다. 마컴은 마케팅 부사장에게 보고할 수도 있지만, CEO가 발표, 행사와 연설 약속을 다루기 때문에, 이 역할은 보통 CEO와 마주 앉아 작업한다.

스타트업에는 소셜 미디어 마케팅과 이메일 마케팅 직원이 보고하는 고객 획득 역할이 있다. 하지만 소셜 미디어는 마컴에도 보고할 수 있다.

만약 회사가 유통망을 통해 제품을 판매하거나, 파트너가 있고 그들을 통해 마케팅 활동을 추진한다면, 유통망 또는 파트너 마케팅 기능도 마케팅 책임자에게 보고할 수 있다.

기능과 책임

그렇다면 스타트업의 세계의 맥락에서 마케팅 직업과 관련된 것은 무엇인가? 스타트업 마케팅은 창의성, 분석과 과학의 모든 것이 역동적으로 섞여 있는 것이다. 이러한 요소들이 적용되는 방식은 항상 변화하고 있다. 최근 몇 년 동안 마케팅의 역할을 둘러싸고 많은 진화와 혁신이 이루어졌고, 이것이 모두 모여 마케팅 역할을 한층 매력적이고 전략적으로 만들었다.

고전적인 마케팅 세계에는 마케팅 깔때기라고 불리는 것이 존재한다. 깔때기 맨 위에서 여러분은 여러분의 제품에 대한 인식과 관심을 창출해 낸다. 깔때기 중간에서, 유망 고객들을 교육하고, 선호를 설정하며, 더 많은 것을 배우기 위해 그들이 여러분과 함께하도록 한다. 깔때기 맨 아래에서 유망 고객을 실제 고객으로 전환하려고 한다. 스타트업의 세계에서는, 마케팅 깔때기가 이행되는 방법에 대한 많은 혁신이 있었으며, 이 모든 것들이 조직 내 마케터의 역할과 책임에 영향을 미치고 있다.

깔때기 상단: 콘텐츠, 인바운드와 소셜 마케팅의 신세계

마케팅의 주요 업무는 검증된 잠재고객을 영업에 공급하는 것이며, 잠재고객 창출의 과학은 최근 몇 년 동안 훨씬 더 정교해졌다. 콘텐츠 마케팅, 인바운드 마케팅, 소셜 미디어 마케팅은 이제 그 영향력이 엄청나게 크다. 잘 알려지지 않은 상표와 미성숙한 유통 경로에도 불구하고, 스타트업들은 장래의 구매자가 발견하고 인식하는 고품질의 매력적인 콘텐츠를 제작함으로써 혼란스러운 상황에서 돌파구를 찾는 데 초점을 맞추고 있다. 그러면 그런 잠재고객들은 짜증나게 끼어드는 압박 마케팅의 공격을 받지 않고 스타트업과 그 제품에 대해 배울 수 있다. 통신판매원이나 광고용 우편물에 한 번도 반응한 적이 없던 많은 사람도 웹에서 읽은 일부 콘텐츠나 소셜 미디어 스트림에서 중에서 유익한 일부 콘텐츠에는 반응할 것이다. 더 나아가, 사람들은 그들이 발견한 콘텐츠의 결과에 따라 온라인에서 제품을 검색하고, 구매한다. 이 때문에 콘텐츠 마케팅과 인바운드 마케팅이 폭발적으로 증가했고, 스타트업의 마케팅 부서는 그런 분야에서 더 많은 전문 지식을 찾고 있다.

콘텐츠 기반 마케팅이라는 신세계의 맥락에서, 스타트업들은 많은 대기업과 다른 기술들을 갖춘 마케터들을 찾고 있다. 이상적인 스타트업 마케터는 훌륭한 작가로서 참여를 유도하는 이메일을 효과적으로 작성하고, 쉽게 공유하고 싶은 마음을 불러일으키는 슬라이드 프레젠테이션을 만드는데 재주가 있으며, 웹 세미나와 비디오를 능숙하게 제작하여, 전반적으로 고객에 대한 깊은 이해를 통해 인식과 관심을 유도할 수 있다.

오늘날의 소셜 미디어 중심의 마케팅 환경에서, 마케터는 단순히 긴 자료(백서, 웹사이트 문안, 제품 데이터 기록표)를 쓰는 데 능숙할 뿐만 아니라 일반적인 소셜 채널에 맞는 창의적이고 짧은 콘텐츠를 생산하는 데 노련하다. 그것은 재미있는 GIF^{Graphical Interchange Format, 화}상 데이터 압축 보존 형식-옮긴이나 널리 공유할 수 있고 생각을 불러일으키는 140자 트윗을 만든다는 것을 의미한다. 최근 몇 년 동안 스냅챗과 인스타그램은 일부 스타트업들에 중요한 마케팅 채널이 되었다. 따라서 스냅챗 이야기와 인스타그램 이야기, 밈^{meme, 특정 메시지를 전달하는 그림,}사진 영상-옮긴이을 능숙하게 만드는 것도 유익할 수 있다. 그것들에 대한 보기, 좋아요. 공유는 그 무엇이든지 마케터에게 귀속한다.

깔때기 하단: 분석, 변환과 프리미엄^{Freemium}의 신세계

그러한 발전이 마케팅 깔때기 상단에서 일어나는 동안, 분석, 참여, 변환 과학의 혹독한 세계는 깔때기의 중간과 하단에서 일어난다.

마케팅에는 잘 알려진 속담이 있다. 19세기 유통업계의 거물인 존 워너메이커^{John Wanamaker}는 이렇게 말했다. "내가 광고에 쓴 돈의 절반은 낭비되고 있다. 문제는, 어느 절반인지를 모른다는 사실이다." 그런데, 이제 "빅데이터가 마케팅을 만난" 시대에, 그 문제가 더는 일반적이지 않다. 마케팅은 과학이 되었다. 분석적 도구와 온라인 체계 덕분에 마케터는 광고의 어떤 일부를 보고 개별 클릭을 하는 모든 개개인을 훨씬 더 투명하고 분명하게 볼 수 있게 되었다. 리서치 회사인 가트너Gartner는 몇 년 전 2017년이 되면 최고 마케팅 책임자가 최고 정보 책임자보다 정보 기술 비용을 더 많이 사용할 것이라는 유명한 예측을 했다. 구글 애널리틱스Google Analytics, 어도비 옴니처Adobe Omniture, 도모Domo, 키스메트릭스Kissmetrics, 인사이트스퀘어드InsightSquared 그리고 믹스패널Mixpanel과 같은 분석 도구는 마케팅 부서에서 PC와 스마트폰처럼 흔하게 사용된다. 그리고 이러한 마케팅 혁신들이 스타트업의 세계만큼 두드러지게 널리 채택된 곳은 아무 데도 없다.

스타트업의 세계에서 인기 있는 또 다른 마케팅 혁신은 프리미엄freemium 비즈니스 모델이다. 이 모델에서, 회사는 제품 자체를 마케팅 도구로 사용하여 무료 버전을 제공한다. 고객들은 제품을 사용하고, 그 가치를 이해하고 높게 평가하며, 그것에 중독된 후에만 유료 버전을 구매하라는 요구를 받는다. 드롭박스는 이것의 좋은 예다. 사람들은 이 초간단 파일 공유와 동기화 제품을 사용하고, 그것에 푹 빠지며, 자신들의 파일, 사진, 비디오를 드롭박스 안에 저장하기 시작한다. 그것은 쉽고 공짜다. 시간이 지남에 따라 사용자는 저장 한계치에 도달하여 더 많은 저장 공간을 사용하려면 비용을 지급하라는 선택권이 주어진다. 게다가 사용자들이 친구들 몇 명과 드롭박스를 공유한다면, 그들은 훨씬 더 많은 저장 공간을 얻게 된다.

그 점을 생각해 보라.

무료 저장 공간과 고품질 제품은 드롭박스의 마케팅에 영향을 미친다. 즉, 이 두 가지가 결합하여 사람들을 끌어들이고, 고객 기반을 구축하며, 사용자가 무료 저장 공간이 부족할 때 유료 모델로 전환하며 사용자 친구 가운데 신규 고객을 확보하기도 한다. 프리미엄 모델을 채용하고 이런 종류의 소개 보상 기법을 활용하는 것은 소비자 스타트업과 기업 스타트업 모두에 매우 인기 있는 마케팅 전략이 되어 왔다. 따라서 오늘날의 마케터는 고객과 판매 전환으로 이어지는 수단을 정확하게 이해하면서, 손쉽게 마케팅 깔때기 아래로 더 깊게 내려가야 한다.

깔때기 전체에 걸쳐 마케팅 부서의 역할은 기업을 대상으로 하느냐B2B, 소비자를 대상으로 하느냐B2C에 따라 달라진다. B2C 회사들은 일반적으로 영업 인력이 없다. 혹시 있다면, 그것은 최종 사용자보다는 광고주에게 판매하는 데 초점을 맞춘 영업 인력이다. 이 경우, 마케팅의 역할은 적격 잠재고객을 판매로 몰고 가는 것이 아니라, 고객 획득, 고객 유지 그리고 원하는 행동(예: 인스타그램의 경우 더 많은 사진을 게재함)을 추진하는 것이다. 그렇긴 하지만, 일부 B2C 회사들은 전통적인 B2B 회사처럼 시장에 진출하고, 그 반대의 경우도 있어서, 이러한 특징들이 겹치는 부분이 있다. 예를 들어, 내 투자 포트폴리오 회사인 오픈 잉글리쉬Open English는 영어 학습을 위한 온라인 스쿨이다. 이 회사의 전환 과정은 B2B 전환 깔때기와 더 비슷하다. 즉, 잠재고객에게 마케팅하고, 그러한 잠재고객을 전화 기반 영업 부서에 연결하며 그 부서는 유망 고객을 유료 고객으로 전환하려고 노력한다. 중요한 것은 마케팅 주제와 마케팅 깔때기 아래위로 오가며 우선순위를 매기는 방법에는 여러 가지 변형이 있다는 사실이다.

스타트업의 세계에서 마케터의 기본 기술

이러한 더욱 혁신적인 영역을 넘어, 모든 마케터가 고전적인 마케팅의 기본인 좋은 의사소통과 글쓰기 능력에 더하여 언제나 마음대로 주머니에서 꺼내 써야 하는 기본 기술 몇 가지가 있다.

A/B 테스트

A/B 테스트는 두 가지 다른 디자인이나 작업 흐름 혹은 같은 단계의 두 가지 버전을 같은 가중치로 노출하여 어느 고객 집단이 어떻게 반응하는지 알아보기 위한 실험이다. 예를 들어, 전자 상거래 회사가 "구매" 버튼을 페이지의 맨 위에 설치한 경우와 그 페이지 맨 아래에 설치한 경우, 그 결과의 차이를 알고 싶어 한다고 하자. A/B 테스트는 각 시나리오에서 쇼핑 카트 포기 비율과 비교하여 변환율이 어떻게 달라지는지 알 수 있게 해준다. 여러분은 버튼들이 서로 다른 위

치에 배치되어야 하는지, 다른 색상으로 혹은 다른 크기로 표시되어야 하는지, 그리고 다른 행동 명령(예: "지금 구매" 혹은 "구매")에 어떻게 작동하는지를 계속 실험한다. 그리고 이 모든 다른 변형들을 계속 테스트하고, A와 B 중에서 가장 좋은 결과를 선택한 다음, 다른 모든 조건을 일정하게 유지하면서 또 다른 변수들을 테스트한다. A/B 테스트는 소프트웨어 제품에 적용된 대형 과학 실험과 비슷하다.

마케팅 소프트웨어 회사인 허브스팟Hubspot은 열정적으로 A/B 테스트를 한다. 한 실험에서 허브스팟은 고객이 무료 백지 가입 양식에 서명하는 두 가지 다른 방법을 비교했다. 시나리오 A는 가입 양식이 블로그 포스트에 내장되어 있었고, 시나리오 B는 블로그 포스트에서 분리된 링크를 통해 가입 양식에 접근할 수 있었다. 양식이 내장된 가입 방식이 71%나 더 좋은 성과를 냈다. 허브스팟이 앞으로 어떤 가입 방식을 사용했을지 상상이 가는가?

단위 경제학

다음으로, 단위 경제학을 이해하는 것이 마케팅 기능에서 결정적이다. 내가 단위 경제학이라 말할 때, 이는 고객 획득 비용CAC을 고객 생애 가치LTV와 비교하는 것을 의미한다.

스타트업의 마케터들은 단위 경제학의 권위자다. 항상 CAC 대 LTV를 측정하고 이 데이터를 사용하여 영업과 마케팅에 어떻게 투자해야 하는지에 대해 회사에 알려주기 때문이다. CAC와 LTV를 계산하는 적절한 방법에 대해 나와 다른 사람들이 많은 글을 썼다. 여기서 반복하지는 않겠지만 내 블로그인 양쪽 보기(seeingbothsides. com)에서 찾아볼 수 있다. 핵심을 말하자면, 마케팅 기능은 이런 수치를 계산할 때 재무 담당까지도 포함한 모든 사람보다 더 똑똑해야 하며, 그런 숫자들로부터 적절한 의미를 찾을 수 있어야 한다.

코호트 분석

단위 경제학을 이해하기 위한 또 다른 중요한 도구는 코호트 분석을 하는 것이다. 이는 고객 행동 데이터를 관련 그룹으로 구성하고 각 그룹, 즉 코호트(같은 통계 인자를 가진 집단, 동일 연령 집단, 동일 수업 집단 등)를 분석하여 시간의 흐름에 따른 추세를 결정하는 방법이다. 일반적인 코호트 분석의 예는, 특정 시점에 서비스를 사용하기 시작한 고객을 추적하여 월별로 그들이 어떻게 행동하는지 혹은 특정 경로로 획득한 고객들이 월별로 어떤 성과를 내는지 확인하는 것이다. 예를 들어, 인기 있는 증강현실 게임 애플리케이션인 포켓몬 고Pokemon Go의 설치를 추진하기 위한 페이스북의 광고와 마케팅 비용이 10센트라고 가정해 보자. 페이스북을 통해서 유치한 사용자들을 대상으로 코호트 분석을 해보았더니, 그들은 실제로 애플리케이션을 한 번도 사용해 보지 않고, 단지 설치만 하고 버린다면 그들은 여러분에게 아무런 가치가 없다는 사실을 알게 된다. 그래서 스냅챗Snapchat을 통한 다른 고객 획득 계획을 실행한다고 가정해 보자. 이 방법은 사용자별 유치 비용이 20센트가 든다. 하지만 이 사용자 집단과 그들이 시간을 두고 어떻게 행동하였는가를 분석해보면, 사용자들이 하루에 스무 번씩, 매일, 이번 달, 다음 달 그리고 또 다음 달, 계속해서 포켓몬 고를 갖고 논다는 사실을 알게 되었다. 따라서 여러분의 코호트 분석에 따르면 스냅챗을 이용한 고객 획득이 페이스북을 이용한 경우보다 훨씬 더 가치 있다는 사실을 알게 된다.

코호트 분석을 통해, 여러분은 특정 채널과 획득 후 성과라는 맥락에서 고객 획득 비용과 고객 생애 가치의 계산 방법을 진정으로 이해할 수 있다.

수요 폭포

전체 마케팅 깔때기를 분석적으로 이해하는 데 유용한 도구는 수요 폭포demand waterfall로, 수요 창출 폭포라고도 한다. 고객 여정의 각 단계가 계획되고, 결과 예측에 도움이 되는 수학 방정식을 제공하기 위하여 단계마다 전환율이 부여된다. 예를 들어, 그림 4-1과 같이, 기업은 잠재고객에서 문의하는 사람의 일정 수가 마케팅 적격 잠재고객Market Qualified lead, 즉 MQL (예: 관련 대상 기관의 잠재고객이 이메일 주소를 제공하거나 가입 양식을 내려받는 경우)로 발전한다고 표시할 수 있다. MQL은 잠재고객의 프로필(직위나 회사) 또는 그들이 수행하는 행동으로 정의될 수 있다. MQL은 영업팀으로 전달되고 추가 적격 심사 과정을 거쳐 판매 허용 잠재고객Sales Accepted Lead, SAL으로 인정된다. 영업팀이 거래 성사 가능성이 크다고 판단할 만큼 충분히 오랫동안 SAL과 작업하고 나면, 판매 적격 잠재고객^{Sales Qualified lead, SQL}이 된다.

MQL의 일정 비율이 SAL이 되고, SAL의 일정 비율이 SQL이 되며, SQL의 일정 비율이 실제 고객이 된다. 이 조각들을 한데 모으면, 여러분은 수요 폭포를 완성할 수 있다. 이는 공정의 각 단계에서 전환율이 얼마인지를 알려주는 수학 공식이다. 이것은 마케팅 예산을 확정하는 데 도움이 되기 때문에 마케터와 영업팀 모두에게 매우 유용한 도구다. 만약 회사가 어떤 일정한 판매액을 달성하기로 하였다면 단순히 마케팅 깔때기를 따라 역으로 계산하면, 필요로 하는

그림 4-1
수요 폭포

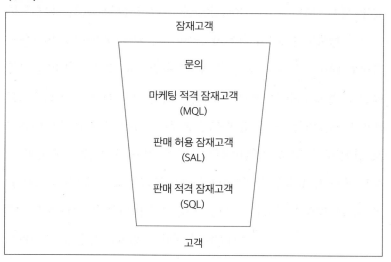

SAL, SQL, 그리고 궁극적으로 목표 판매액을 달성하는데, MQL이 얼마나 필요한지를 결정할 수 있다. 마케팅팀은 잠재고객을 창출하는 비용이 얼마인지를 알아야만 한다. 그래야만 배정된 마케팅 예산을 근거로 창출할 수 있는 잠재고객 수를 예측할 수 있다. 수요 폭포가 어떤 모습인지를 이해하고 중요한 것은 그것을 개선하고 더 효율적으로 만드는 방법을 알아내는 일이야말로 마케터의 가장 결정적인 역할이다.

네트워크 효과

스타트업 전략의 한 가지 핵심 요소는 네트워크 효과의 적용이며 스타트업의 마케터들은 이 전략을 식별하고 확장하는 데 익숙해야 한다. 네트워크 효과는 명백하거나 명백하지 않은 방식으로 스타트업에 존재할 수 있다. 그래서, 많은 스타트업은 경쟁 우위를 확보하기 위해 자신의 사업에서 네트워크 효과를 만드는 데 초점을 맞추고 있다.

네트워크 효과는 네트워크에 참여하는 사람의 수에 따라 네트워크의 가치가 증가할 때 나타난다. 링크드인LinkedIn이 좋은 예다. 링크드인에 한 명만 있다면, 그것은 전혀 쓸모가 없다. 하지만 여러분의 전문가 동료들 모두가 링크드인에 있다면, 그것은 꽤 가치가 있다. 게다가 전 세계가 링크드인에 있다면, 그것은 훨씬 더 가치 있는 것이다.

네트워크 효과는 스타트업 비즈니스 모델에서 매우 강력하고 중요한 요소이므로, 내 회사인 플라이브릿지 캐피털에서는 각 스타트업에 점수를 매길 때, 네트워크 효과의 강도에 근거하여 평가한다. 벤처 투자자들이 스타트업의 네트워크 효과에 그토록 치중하는 이유는 "승자 독식" 시장의 역동성을 가져올 수 있기 때문이다. 그런 시장에서는 가장 큰 네트워크가 경쟁자보다 훨씬 더 가치가 있으므로 작은 네트워크 중 하나에 가입할 이유가 없다. 이런 경쟁 우위는 회사가 수년 동안 경쟁사들보다 더 나은 성과를 내면서 무한히 지속한다.

에어비앤비는 강력한 네트워크 효과와 승자 독식의 역동성을 보여주는 사업의 좋은 예다. 주택이나 아파트의 단기 임대가 가능한 온라인 시장으로서 역할 하는 에어비앤비는, 소비자들에게는 부동산 목록이 더욱더 길어지고(즉, 더 많은 도시에서 머무를 수 있는 선택이 더 많아지고), 마찬가지로 부동산 소유자들에게는 임차하려는 소비자들이 더욱더 많아져서, 더욱더 가치 있는 양면 시장이 되었다. 따라서 이 회사는 2008년 창립 이후 순식간에 6만 5천 개의 도시에서 1억 5천만 명 이상의 손님을 모아, 300억 달러의 가치를 지니게 되었다. 그것은 힐튼호텔과 하얏트호텔과 같은 유명 브랜드의 가치를 합한 것보다 더 큰 숫자이다.

에어비앤비, 페이스북, 링크드인, 스냅챗과 같은 소비자 기반 네트워크는 사람들에게 강력한 네트워크 효과를 보여준 소셜 미디어 기반의 속성에 대해 교육했다. 하지만 쉽게 이해되지는 않지만, 더 기술적인 사업에서도 매우 강력한 네트워크 효과를 찾아볼 수 있다. 우리의 포트폴리오 회사 중 하나인 제스트파이낸스ZestFinance는 소비자들, 특히 서브프라임이나 준(準) 프라임 소비자들 앞으로 대출해주기 위해 기계학습을 사용한다. 그리고 대출 인수 알고리즘이 매우 강력한 네트워크 효과를 갖는 이유는, 대부분의 기계학습 기반 비즈니스 모델처럼, 데이터를 많이 가지면 가질수록 모델이 계속 점점 더 똑똑해지기 때문이다. 대출을 신청하는 사람이 많을수록 모델은 더 많이 훈련되고, 대출금을 갚지 못하거나 갚는 사람이 많으면 많을수록 모델은 상관관계에 대해 더 많은 교육을 받는다. 모델은 점점 더 많은 데이터에 노출됨에 따라 지속해서 갱신, 분석 및 개선된다. 충분한 데이터를 확보한 후가 되면, 여러분은 처음 사업을 시작하여 첫 대출을 실행했을 때보다 훨씬 더 많은 데이터로 교육을 받은 훨씬 더, 아주 훨씬 더 가치 있는 모델을 갖게 된다.

여러분은 이런 데이터 기반 네트워크 효과를 많은 기업 비즈니스와 데이터 집약적 애플리케이션에서 확인할 수 있다. 구글 검색은 강력한 데이터 기반 네트워크 효과를 갖고 있다. 사람들이 더 많이 검색하고 구글이 더 많은 시간을 들여 사람들이 검색 결과를 클릭하는 것을 관찰하면 할수록, 더 좋은 결과를 얻을 수 있고 구글은 다음 검색 결과를 더 정확하게 만드는 데 성공할 수 있기 때문이다. 사실상, 구글의 전 엔지니어링 부사장이 제스트파이낸스의 설립자였고 프린스턴대학교에서 기계학습 박사학위를 받은 것은 우연이 아니다. 마케터는 기계학습에서 박사학위가 필요한 것은 아니지만, 기계학습이 가져오는 네트워크 효과와 마케팅 전략에 미치는 영향을 이해할 필요가 있다.

마케팅 목표 설정

논리적으로, 마케팅 목표를 설정하는 방법은 다음과 같다. 연간 계획이 수립되면, 그것을 분기별로 나눈다. CEO는 목표를 발표하고 영업 책임자에게 다가와 이렇게 질문한다. "우리의 수입 실적은 어떻게 되겠는가?" 영업 책임자는 어떤 숫자를 말하고, CEO는 상황에 따라 그 숫자를 더 높게 밀어붙이기도 하고 혹은 더 낮추면서(대부분 더 높게!) 협상을 진행한다. 그리고 나서, 영업 책임자는 마케팅 부서에 이렇게 말한다. "만약 우리가 500만 달러 수입 목표에 동의하면, 지난 몇 년간의 일반적인 전환율을 기준으로 할 때, 여러분은 잠재고객 2천 명을 창출해야 한다는 것을 의미합니다. 잠재고객 2천 명을 만들어 낼 수 있지요?"

그러면 마케팅 부서는 "잠재고객 2천 명을 만들려면 잠재고객당 일정 비용이 들기 때문에 이 정도 예산이 필요합니다. 그리고 이 명단에 있는 직원이 필요합니다"라고 말한다.

양측이 엎치락뒤치락 협상하고 있으면, 그다음에 CFO가 개입해서 모든 것을 균형 있게 만들도록 도와준다.

그러면 다음 차례는 제품 쪽이다. 왜냐하면, 영업과 마케팅 두 부서 모두 "제품팀이 이런 새로운 기능을 제공하지 않는 한, 그 정도 잠재고객을 창출할 수 없으며 이 영업 목표를 달성할 수 없다"라고 말하기 때문이다. 제품팀은 이렇게 응수한다. "좋습니다. 그런데 내가 엔지니어링으로부터 들은 바에 따르면, 그런 기능들을 구축하려면 이 정도로 큰 개발 조직이 필요합니다. 그리고 그때가 바로 내가 그런 기능을 갖춘 제품을 출하할 때입니다."

그들은 앞뒤로 이리저리 돌고 돈다. 연간 계획이 수립되면 마케팅은 목표 숫자에 합의한다.

이제 위험한 대목이 등장한다. 만약 회사가 목표를 달성하지 못하면, 해고되는 첫 번째 사람은 일반적으로 영업 책임자이다. 이 경우 영업 부사장은 "내가 영업 목표 5백만 달러를 달성하지 못했습니다. 하지만 그것은 고급 잠재고객이 충분하지 않았고, 제품이 늦게 나왔으며, 그들이 만들어 주기로 장담한 기능들이 없었기 때문입니다"라고 주장한다. 하지만 영업 책임자가 목표 5백만 달러를 달성하지 못했다면, 회사는 할 수 있는 다른 사람을 찾아야 한다.

두 번째로 해고될 사람은 엔지니어링 책임자이다. 왜냐하면 (일반적으로) 제품이 출하 날짜를 놓쳤거나, 제품의 기능이 그들이 약속한 대로 작동하지 않았기 때문이다.

언제나 마케팅 책임자는 영업과 엔지니어링의 뒤에 숨어 있다. 마케팅 책임자는 늘 그렇듯이 제일 마지막에 해고되는 사람이다.

앞에서 나는 마케팅을 보이지 않는 영웅이라고 말한 적이 있다. 어쩌면 그들은 보이지 않는 악당일 수도 있다.

프로필

조 체르노프 Joe Chernov

마케팅 부사장, 인사이트스퀘어드 InsightSquared

내가 직전에 담당했던 네 가지 역할을 보면, 나는 성장 단계 스타트업의 IPO 기간에 마케팅 기능(콘텐츠 마케팅)을 담당하고, 초기 단계의 스타트업에서 모든 마케팅을 담당했으며, 그 이전에는 IPO를 거치는 동안 기능 그룹을 이끌었으며, 다시 그 이전으로 돌아가 보면 스타트업에서 모든 마케팅 기능을 수행했다. 나는 직원이 천명인 회사, 백 명인 회사 그리고 열 명인 회사에서도 일했다. 대규모 다국적 기업에서 일해 본 적은 없다.

두 번의 마케팅 부사장으로서의 나의 구체적인 책임은 콘텐츠 마케팅 리더로서의 나의 구체적 책임과 비슷하다. (하지만) 여러분이 예상하듯이. 마케팅 부사장으로서 영업 성과를 입증해야 한다는 압박감이 더 크다. 여러분이 마케팅 부서의 하위 그룹을 이끌 때, 팀의 결과에 대한 품질을 지속해서 개선해야 한다는 압력이 있으며, 그것은 핵심 성과 지표KPI를 조금씩 증가시키는 것을 포함하고 일 자체에도 적용된다. 그러나 한 그룹의 KPI는 다른 그룹의 KPI와 통합되어 영업 성과를 만들기 때문에, 책임지기 전에 어느 정도 피할만한 "안전" 공간이 있다. (예를 들어, 블로그 팀이 접속량을 유도하는 데 성공하고 수요 창출팀이 이러한 독자를 영업 잠재고객으로 전환하는 데 성공하는 경우, 두 팀 전체로 보면 수입 목표를 달성할 기회를 얻는다. 하지만 이 시나리오에서, 블로그 팀장이나 수요 창출팀장 단독으로 가장 중요한 성장목표를 책임지지 않는다). 마케팅 부사장으로서 여러분은 마케팅 활동이나 심지어 방향성을 보여주는 KPI가 아니라 영업 성과에 책임을 진다. 이 절대적인 책임이 여러분의 초점을 구체화한다. 만약 고객 창출 경로를 만드는 것이 과제라면, 여러분은 우수한 잠재고객을 찾기 위해 여러분의 모든 자원을 동원해야 한다. 만약 거래 규모가 쪼그라들고 있다면, 여러분의 책임은 영업 지원의 마지막 단계로 확 바뀐다. "우선순위 결정 손상"은 마케팅 책임자의 직업상 위험이다.

내가 스타트업에 흥미를 느끼는 것은 어떤 것이 "되는" 과정 일부라는 사실이다. 되는 것이 된 것보다 항상 흥미롭다. 무엇인가를 정의하고, 구체화하고, 키우는 데 도움이 되면 개인적인 보상이 뒤따른다. 만약 회사에 찍힌 여러분의 지문을 보는 것이 여러분에게 중요하다면, 스타트업은 매력적인 직업일 것이다. 나는 보상 측면을 생각하며 스타트업에 들어간 것도 아니고, 스타트업을 떠난 지 오랜 후에야, 여러분의 지문 옆에 자신들의 지문을 남긴 사람들과 믿을 수 없을 정도로 깊은 연관성이 나타난다는 사실을 깨달았다. 하지만 이렇게 깊은 개인적 경험이 스타트업의 매력 가운데 매우 중요한 부분이다.

그것은 실패하려는 의지와 용기와 결합한 행동에 대한 편견이다. 이러한 각각의 자질들에 대한 매력은 회사 규모에 반비례한다.

회사가 도로라면, 스타트업은 빨간불과 녹색불의 네트워크다. 이것을 해라. 그것을 그만해라. 우리는 이것을 출시할 것이다. 우리는 그것을 중단할 것이다. 스타트업에서는 항상 일하는 사람들보다 해야 할 일이 많아서, 의사결정은 벼랑 끝까지 몰린다. 필요는 발명의 어머니이다. 미리 실패하는 것, 즉 실패하지만, 그 과정에서 무언가를 배우는 것은 스타트업에서는 유익하다고 간주한다. 반대로, 대기업들은 노란불에 의해 지배된다. 훌륭한 아이디어는 경계에서 다른 그룹의 영역과 교차하거나 다른 기능의 자원을 요구하기 때문에 실패할 수 있다. 보호주의적인 행동은 회사가 커질수록 증가하는 경향이 있고 일반적으로 대기업에서는 실패를 용인하기가 쉽지 않지만 작은 회사에서는 기꺼이 권장한다. 예를 들자면, 나는 마케팅팀이 실패를 너무 싫어한 나머지 시도해보려는 회사의 의지를 억누르고 있다고 정확하게 파악한 어느 스타트업의 CEO를 알고 있다. 그는 이런 행동과 싸우기 위해, 마케팅 추진은 실패했지만, 그 결과 거기에서 조직이 무언가를 배운 마케터에게 매년 "최우수 실패 상"을 수여했다.

마케팅 역할

기업 마케팅

기업 마케팅, 즉 마케팅 커뮤니케이션(마컴)은 브랜드 홍보와 커뮤니케이션에 초점을 맞추고 있다. 이 역할에서, 여러분은 이벤트와 소모임을 주선하고, 보도 자료를 작성하며, 웹사이트를 디자인하고 (혹은 디자인을 쉽게 하고), 창업자들의 연설 일정을 잡는 사람이다. 여러분은 브랜드를 만들 목적으로 로고와 브랜드 팔레트를 디자인한다. 여러분의 임무는 회사의 이미지와 관련된 모든 종류의 일을 포함한다.

소셜 미디어 마케팅도 대개 기업 마케팅의 일부분이다. 여러분은 트위터와 페이스북 계정, 스냅챗과 핀터레스트 계정 등 어떤 채널이든 회사가 사용할 수 있는 모든 채널을 담당한다. 소셜 미디어 마케팅은 상당히 복잡한 일이며, 소셜 미디어 마케팅을 관리하는 데는 여러 도구 중에 훗스위트Hootsuite, 스프링클러Sprinklr, 트랙스Track 같은 관리 도구가 있다.

많은 회사에서, 마컴이 책임지게 하는 것은 어렵다. 사실 회사 내의 다른 많은 팀은 모두가 측정되고 책임져야 하지만 마컴은 제외된다고 보기 때문에 좌절한다. 하지만 내가 아는 더 수준 높은 스타트업 CEO들은 마컴을 상당히 엄격한 측정 시스템 위에 올려놓았다. 그들은 홍보나 소셜 미디어를 통해 들어오는 잠재고객의 수, 기사를 통해 웹사이트를 거쳐 들어오는 방문자 수, 대화 비율, 그리고 그런 성격의 다른 지표들을 사용하여 목표를 설정한다. 마컴에 대한 어떤 측정기준이든 도움이 되지만, 다른 마케팅 역할과 달리 일반적으로 마컴의 영향을 측정하는 것은 더 까다롭고 더 어렵다. 그리고 무의미한 측정기준이라고도 불리는 마컴의 측정기준에 너무 중점을 두고 싶지 않을 때가 있다. 그 결과가 너무 눈에 잘 들어오기 때문에 누구나 기분을 좋게 만들지만 실제로 비즈니스의 가치를 끌어올리는 측정기준과는 관련이 없다.

기업 마케팅에서, 글쓰기 기술은 아마 다른 어떤 것보다 더 중요할 것이다. 당신은 보도 자료, 웹사이트의 문구, 그리고 여러 다른 의사소통 수단들을 쓸 수 있다.

글쓰기 기술 외에도 중요한 것은 분석 능력이 뛰어나고, 매우 조직적이어야 한다. 여러분이 제품을 출시하거나 분석가에게 홍보를 준비할 때, 좋은 조직이 필수적이다. 여러분은 훌륭한 프로젝트 관리자가 되어야 한다. 여러분의 일은 공급업자와의 관계를 관리하는 것이다. 예를 들자면 홍보회사를 선정하고(만약 홍보회사를 고용한다면, 일부 스타트업들은 사내에서 자체적으로 언론과 미디어 관계를 다루는 것을 선호하지만 대부분의 스타트업은 홍보회사와 계약함) 그 관계를 관리하며, 또는 디자인 회사나 웹사이트 개발 회사를 선정하고 그 관계를 관리하는 것이다.

그런 임무에는 좋은 대인관계 기술도 필수 사항이다. 마컴에서 초점을 맞추는 많은 관계 중에서 여러분은 언론과 분석가들을 상대하게 될 것이다. 그런 관계들은 강한 대인관계 기술을 가진 누군가 덕분에 회사를 매우 잘 도와줄 수 있다. 여러분은 또한 가장 자주 접촉하는 회사 내 부서들, 특히 영업 그리고 제품 부서들과 강력한 내부 관계를 발전시킬 수 있어야 한다. 그리고 여러분이 이벤트 마케팅을 하고 있다면 효과적으로 사람들을 참석시켜야 하므로 사람을 끄는 힘과 휘어잡는 기질이 매우 유용하다.

제품 마케팅

제2장에서 설명했듯이 제품 관리 기능과 밀접하게 연결된 마케팅 분야가 있다. 하지만 제품팀이 제품의 내부. 엔지니어링 측면에 초점을 맞춘다면, 제품 마케팅팀의 역할은 외부, 시장과 고객 측면에 초점을 맞춘다. 예를 들어, 제품 마케팅은 제품의 포지셔닝에 대해 생각하고, 경쟁 상황을 주시하여 스타트업 제품이 경쟁업체의 제품과 어떻게 차별화되는지를 분명하게 설명할 책임이 있다.

때로는, 제품 마케터는 제품 관리자들에게 경쟁 동향을 알려주고 시장에서 제품이 어떻게 받아들여지는지를 설명하면서, 그들을 감독하고 시장에서 일어나는 일에 대해 교육할 것이다. 또 다른 때에는 제품 마케팅은 우선순위 및 메시지와 관련하여 제품팀을 지휘할 것이다. 중요한 것은, 제품 마케팅이 영업팀에게 현장에서 효과적으로 사용할 도구를 제공할 책임이 있다. 제품 마케터는 영업팀과의 모든 의사소통 문건을 작성한다. 그들은 많은 경우에 영업팀을 위해 설명 자료와 추천 대본을 작성하는 사람들이다. 또한, 영업 사원들에게 제품, 고객 가치 제안, 그리고 제품 판매 방법에 대하여 교육하기 위하여 영업 연수 업무도 담당한다.

일부 스타트업의 경우, 회사가 두 개의 기능을 분리해 수행할 수 있는 규모에 도달할 때까지, 제품 관리팀은 제품 관리와 제품 마케팅 기능을 모두 수행할 것이다. 일단 두 기능이 분리되면 되면, 제품 마케팅은 보통 더 외부적이고 영업에 중점을 두고 제품 관리는 더 내부적이고 엔지니어링에 중점을 둔다.

마케팅 기능의 다른 측면과 마찬가지로, 제품 마케팅 업무를 잘 수행하려면, 의사소통 능력이 좋고, 전략적으로 생각하며, 분석 능력이 뛰어나야 한다. 여러분은 기술에 대해 익숙해야 하며 제품도 잘 알아야 한다. 제품이 얼마나 기술적이냐에 따라, 여러분은 고객보다 제품을 더 잘 알기 위해 제품의 파워 유저(전문가 수준의 사용자)가 될 수 있기를 원한다. 여러분은 또한 고객의 환경, 고객의 요구 사항, 제품이 고객의 요구를 충족시키는 이유, 경쟁사 제품에 대한 모든 것을 알고 싶어 한다. 따라서 여러분은 프로그래머가 될 필요가 없지만, 그야말로 제품에 정통할 만큼 충분히 기술적일 필요가 있다.

대인관계 기술 또한 중요하다. 이 역할에서 여러분은 제품과 영업 사이에서 끊임없이 협상한다.

제품 마케터들은 엄청난 지적 능력을 갖춘 경향이 있고 대개 마케팅팀 안에서 가장 기술적인 구성원이다. 그들은 경쟁과 전략, 포지셔닝에 대해 반드시 생각해야 하며, 또한 엔지니어들과 의사소통을 할 수 있으면서 동시에 이 모든 것에 관심을 둔다. 이런 이중성 때문에, 내 마케팅 친구 중 한 명은 제품 마케터를 마케터 언어와 제품 엔지니어 언어를 모두 유창하게 구사하기 때문에 "2개 국어 가능자"라고 부른다. 종합적으로 보면, 제품 마케터는 실제로 인간적이어야 하고, 서비스 지향적이어야 하며, 영업 사원이 자신보다 더 중요하고 또 그렇게 대우해야 한다는 사실 즉, 영업 사원을 성공시키는 것이 자신의 임무라는 사실을 정말 인식해야 한다.

내가 아는 몇몇 최고의 제품 마케터들은 영업팀을 고객처럼 대한다. 반면에 몇몇 최악의 제품 관리자와 마케터는 거만하고 자신들이 전략적이고 제품을 너무나 잘 알고 있으므로, 다른 사람들보다 더 똑똑하다고 생각한다. 그들은 영업팀을 자신들보다 못한 존재로 취급한다. 이것은 누구에게도 도움이 되지 않는다.

직업에 대하여 진정으로 전략적이 되고, 메시지와 차별화를 지휘하며 동시에 전략을 한쪽으로 제쳐두면서 서비스 지향적인 지적 지도자가 된다는 것은 힘든 일이다.

하지만 만약 여러분이 이렇게 할 수 있다면, 그것은 여러분을 훌륭한 제품 마케터로 만들어 줄 것이다.

수요 창출

당신이 집에서 얼마나 많은 콜드 이메일(미지의 가망고객에게 제품 구매를 권유하기 위한 이메일)이나 전화를 받았는지 상상해 보라. 그것은 매번 받을 때마다 짜증 나지요? 전화 통화로 어떤 물건을 팔려고 시도하면 적중률이 매우 낮다. 이를 재미있는 웹 세미나를 시청하거나, 다운로드 가능한 백서와 같이 교육적인 내용물에 반응하거나, 눈을 뗄 수 없는 비디오와 비교해 보라. 갑자기, 이런 서비스를 받던 사람은 고도의 적격 잠재고객이 되고, 여러분은 그 사람을 영업 사원에게 넘겨 면담을 주선할 수 있게 한다. 그러면 영업 사원이 거래를 마무리할 가능성이 훨씬 더 크다.

이것이 수요 창출이다.

수요 창출팀은 판매를 위한 잠재고객을 창출하는 집단으로 성과가 매우 엄격하게 측정된다. 그들은 잠재고객 수, 시연 횟수, 주선한 면담 횟수 등 영업팀에 도움이 되는 거의 모든 것을 책임진다. 개념적인 벤 다이어그램^{Venn diagram}에서 한쪽 원이 영업, 다른 한쪽 원이 마케팅이라고 하면 수요 창출은 두 원이 교차하는 부분에 있다.

평판이 좋고 확장 가능한 영업과 마케팅 기계를 구축하려는 회사는 수요 창출력이 뛰어난 엔진을 갖추어야만 한다. 수요 창출팀은 인지도를 만들고 고도의 적격 잠재고객을 영업팀의 수중에 넣어 줌으로써, 영업팀에게 새로운 기회를 추구할 수 있는 순조로운 출발 기반을 마련해 준다.

일반적으로 수요 창출팀이나 제품 마케팅은 구매자가 소프트웨어를 구매하기 전에 다수 판매자의 제안을 평가하기 위해 사용하는 제안 요청서^{RFP}에 응답할 책임이 있다. 이 역할에서 여러분의 일은 고객의 평가 과정에 도움을 주기 위하여 고객이 제기한 상세한 제품 질문에 대답하는 것이다. 보통, 마케팅팀에 있는 누군가, 대개 수요 창출팀이나 제품 마케팅팀이 답변을 쓴다. 때때로 영업팀이 그 과정을 지휘할 수도 있지만, 그들은 여전히 제품 마케팅과 수요 창출 직원들로부터 도움을 많이 받을 것이다.

수요 창출 역할에서, 여러분은 항상 유망 고객들과 하루에 전화를 몇 통화할 것인가, 이메일은 몇 개, 대화는 몇 번, 시연회는 몇 개나 잡혀있는지, 얼마나 많은 사람이 당신이 모집하려고 했던 웹 세미나에 왔는지, 그리고 여러분의 전환율은 얼마인지, 다시 말해서 여러분이 영업팀에 잠재고객들을 넘겨준 후에 그들이 어떻게 되는지를 항상 생각한다. 여러분은 항상 깔때기를 측정하고, A/B 테스트를 수행하며, 구글 애널리틱스, 어도비 옴니처, 믹스패널 그리고 기타 모든 종류의 도구를 사용한다. 그런 도구들을 통하여 마케팅을 추진하고 가능한 마케팅을 알려주는 정교한 측정치와 분석 내용에 점점 더 통달하게 된다.

일부 마케팅 부서는 수요 창출팀 내에 마케팅 운용이라는 역할을 두고 있다. 이 역할은 모든 데이터와 시스템이 마케팅 자동화 도구에서 나오기 때문에 만들어졌다. 마케팅 운용은 제대로 된 잠재고객이 올바른 방식으로 판매로 전환되는지, 영업 사원이 영업 인력 자동화 시스템을 적절하게 사용하고 있는지, 그리고 이들이 마케팅 자동화 시스템과 통합되어 있는지를 확인한다. 마케팅 운용은 잠재고객에 점수를 매기고, 판매 과정을 통해 이를 추적하며, 성공·실패의 사후 분석을 수행하는 집단이다. 데이터를 관찰하고, 데이터가 조직 전반에 걸쳐 통합되었는지를 확인하며, 마케팅 시스템을 관리하고, 주요 마케팅 지표에 통합 기능적으로 보고하는 것이 모두 마케팅 운용 기능의 일이다.

잠재고객에 관해서 이야기할 때, 여러분은 양육이라는 말을 들어봤을 것이다. 이 말은 어떤 주제에 대해 호기심을 보인 사람의 흥미를 키워준다는 의미다. 어떤 사람이 데이터베이스에 대한 정보를 찾아 나섰다고 하자. 왜냐하면, 그녀가 내년 초에 데이터베이스가 필요한 프로젝트를 개발하고 있기 때문이다. 처음에는, 그녀는 단지 알고 싶을 뿐이었다. 그녀는 서두르지 않았다. 아무것도 급한 게 없다. 그렇다면 왜 영업 사원이 그녀에게 전화해 귀찮게 하는가? 아직은 때가 아니다. 여러분 쪽에서 어떤 고집을 부린다면 잠재적인 신규 고객을 쫓아 보낼 수 있다.

그와 반대로 여러분은 수요 창출팀 직원에게 2주마다 그녀에게 새로운 콘텐츠를 공급하도록 하라. 그녀에게 제품에 관한 기사를 보내라. 그녀의 지역에서 세미나가 개최된다는 사실을 알려라. 다음 주에 소모임이 있다고 말하고 입장권을 보내주어라. 이러한 행동들은 잠재고객을 양육하여 그녀가 고도로 자격을 갖춰 바로 구매할 수 있는 정도까지 데려간다.

궁극적으로 여러분은 잠재고객당 비용을 낮추기 위해 전략적이어 야 하며, 잠재고객의 가치에 대해 생각해야 한다. 그것은 그런 고객 들에게 무슨 일이 일어났는지, 그리고 어떤 속성의 고객들이 매년 머 물러 있어 그들과 유사한 사람들을 더 많이 끌어들이려고 노력할 수 있는지에 대해 지적으로 궁금해하는 것을 의미한다. 이는 향후 고객 유지를 체계화하기 위해 수요 창출 과정 맨 위에서 무엇을 할 수 있 는지 질문하는 것을 의미한다. 이것이 바로 유능한 수요 창출 직원이 일하는 방식이다.

그것은 분석적인 작업으로, 끝에서 끝까지 철두철미하게 생각하는 것이다

유능한 수요 창출 직원들은 또한 대인관계가 매우 좋아야 한다. 왜냐하면, 그들은 고객들이 영업 사원과 만나도록 설득해야 하기 때문이다. 그들은 사람들에게 마음을 바꾸도록 설득해 깔때기 아 랫부분으로 끌어 내리려고 한다. 경청하는 기술이 필수적이다. 대 본만 보고 달달 외울 수는 없다. 여러분은 정말로 고객의 말에 귀를 기울여야 한다. 그리고 이렇게 물어봐야 한다. 무엇이 필요하십니 까? 어디로 가시는데요? 제게 보내는 신호는 무슨 뜻입니까? 그리 고 제가 어떻게 대화를 진행해야 당신께 저희 영업 사원과 만나 제 품에 대해 더 자세히 알아보는 것이 시간 낭비가 아니라는 확신을

심어들 수 있을까요?

고객 획득 마케팅

위에서 설명한 많은 역할은 기업에 판매하는 스타트업과 관련이 있다. 소비자에게 판매하는 스타트업의 경우, 잠재고객을 판매로 전환하는 역할은 획득 마케팅이라고 불리는 마케팅 부서의 한 그룹에 의해 수행될 수 있다. 이 그룹은 모든 잠재고객과 유망 고객을 대상으로 하여 그들이 어떤 것에 등록하거나 무언 가에 반응하도록 노력한다. 이상적으로 그들을 고객으로 전환하는 것이다.

내가 투자한 회사 코드카데미Codecademy가 그 좋은 예다.

코드카데미는 전 세계 사람들에게 코드를 가르치는 온라인 서비스다. 그것은 포괄적인 일련의 대화형 과정을 무료로 제공한다. 수많은 사용자가 강좌를 수강하고 코딩을 배웠다. 회사는 또한 월 20달러의 유료 가입 상품인 프리미엄 서비스를 제공한다. 코딩 수업과 코딩에 도움을 줄 수 있는 가정교사나 코치를 통해 프리미엄 콘텐츠에 접속할 수 있다. 만약 여러분이 무료 버전을 사용하고 있다면, 여러분은 프리미엄 콘텐츠 중 어떤 것도 이용하지 못할 것이다. 고객 획득 마케팅팀은 사람들을 프리미엄 서비스로 전환할 책임이 있다. 팀원들은 이메일을 보내고, 랜딩 페이지(인터넷의 링크 버튼을 눌렀을 때 연결되는 페이지)를 개설하고, 대개 코드카데미 공동체를 유료 상품에 노출하고, 그들을 설득하여 이용하도록 만든다.

일반적으로, 고객 획득 마케팅은 적격 잠재고객을 유치하고 유지하려는 목적에 적합한 콘텐츠를 생성하고 배포하는 등 많은 양의 콘텐츠 마케팅을 수반한다. 이 때문에 수준급 글쓰기 실력이 다시 필수 사항이다. 고객 획득 시장도 매우 분석적이다. 전환율, 잠재고객당 비용, 설치당 비용, 고객 획득당 비용 등 모든 것이 수학과 관련된 것이다. 모든 것이 코호트(분석을 위해 집단화된 관련 데이터)에 관한 것이다. 여러분은 초(超) 분석적일 필요가 있다. 여러분은 대인관계 기술이 보잘것없고, 창의적 기술이 평범하며, 심지어 전략 기술은 보통 수준일 수 있지만, 만약 여러분이 극도로 분석적이고, 항상 실험을 테스트하고 실행하고, 배우고, 조정하면서 단지 고객 획득 과정이 과학적이기만 하다면, 여러분은 고객 획득에 있어 믿을 수 없을 정도로 효과적일 수 있다. 물론, 이 모든 다른 분야에 능숙해지면 여전히 도움이 된다. 하지만 단지 요점은 분석적인 것이 결정적이라는 사실이다.

공동체 관리

바이럴 마케팅과 소셜 미디어의 세계에서, 당신은 고객들이 다른 사람들에게 당신에 관해 이야기하고 당신의 제품을 추천해 주기를 바란다. 최근 스타트업의 세계에 강력하게 등장한 아이디어는 스타트업의 고객을 하나의 공동체로 생각한다는 사실이다. 이런 공동체에 속한 고객들은 종종 마케팅 대행사처럼 활동하면서 참조 대리인 역할을 하고 심지어 서로의 문제를 해결하기도 한다.

이런 고객들은 여러분의 제품을 그저 업무용으로만 사용하는 것이 아니라 여러분의 제품과 브랜드에 감정적으로 몰입하고 있다. 이런 모든 이유로, 이제 스타트업들은 많은 경우에, 토론의 장을 마련하고, 많은 콘텐츠를 보내주고, 사람들을 모아 행사를 진행하고, 온라인에서 브랜드 홍보대사가 같은 느낌을 만들어 내는 사람, 즉 공동체 관리자를 고용한다.

예를 들어, 우리 포트폴리오 회사에는 "가정을 위한 사회적 로봇"을 만든 지보Jibo라는 회사가 있다. 우리는 지보의 개발자 공동체에 대해 많이 생각한다. 왜냐하면, 우리는 개발자들이 지보 플랫폼에 응용 프로그램을 쓰기를 원했기 때문이다. 이를 위해 소프트웨어 개발자 공동체를 담당할 공동체 관리자를 고용했다. 공동체 관리자의 초점은 회사가 개발자들과 효과적으로 의사소통을 하고 있는지, 그리고 개발자들이 성공적으로 일하는 데 필요한 적절한 자료와 콘텐츠를 가졌는지를 확인하는 데 있다. 코드카데미에는 학습자 공동체에 초점을 맞추고, 그들에게 코딩 기술을 향상하기 위해 그들이 할 수 있는 추가적인 학습 계획을 알려주는 공동체 관리자가 있다. 우리의 포트폴리오 회사인 몽고디비MongoDB는 몽고디비 공동체와 사용자들에 초점을 맞추고, 그들의 말을 경청하고, 그들이 만족하는지를 확인하고, 그들과의 소모임을 조직하는 공동체 관리자를 두고 있다. 그녀는 온라인 토론 포럼에서 항상 공동체 회원들과 채팅하고 그들의 질문에 답하며, 그들에게 새로운 특징을 알려주고, 서로의 문제를 해결하도록 도와준다.

가정용 로봇 혹은 온라인 코딩 학교 혹은 인프라 소프트웨어 회사의 맥락에서든, 사용자와 개발자의 공동체는 중요한 기능을 한다. 말하자면 고객 기반의 접착제인데, 내가 앞에서 말한 목표를 추진하는데 도움이 된다.

그 모든 것은 공동체 관리자에게 달려 있다.

이 역할은 다른 마케팅 역할들과 마찬가지로 뛰어난 글쓰기 실력이 필요하다. 대인관계 기술도 중요하다. 공동체 관리자로서 여러분은 매력적이고 호감 가는 사람이어야 하고, 공동체의 정서를 빨리 알아차리는 감각을 개발할 수 있어야 한다. 그렇게 함으로써 고객들은 신이 나서 제품을 사용하게 된다. 여러분은 치어리더이자 행사 기획자이다. 여러분은 자석처럼 사람을 끌어들이면서도 사람을 휘어잡는 카리스마가 있어야 한다.

여러분 역시 제품을 정말 잘 알게 될 것이다. 여러분이 제품을 완전히 이해하지 못하거나 높게 평가하지 못할 만큼 거물일 수는 없다. 사실, 최고의 공동체 관리자 중 일부는 공동체 자체에서 왔다. 그들은 자신이 파워 유저 혹은 개발자이기 때문에 최고의 치어리더들이다.

에린 워렌^{Erin Warren}

마케팅 담당 상무, 카테라 커머스^{Cartera Commerce}

나는 1994년과 1998년 올림픽에서 루지(1인용 썰매) 선수였다. 그 경험은 정말로 내가 자발적으로 일을 처리하고 나 자신의 성과에 책임지도록 가르쳐 주었다. 나는 또한 사람들이 거의 관심을 두지 않는 일이더라도 내게는 중요하기 때문에 그 일에 열심히 일하는 법을 배웠다. 그것은 정말 스타트업에서 일하는 것과 비슷하다. 만약 여러분이 스타트업에서 일한다면, 여러분은 "어디에서 일해?" 그리고 "무슨 일인데?"라는 질문에 너무 여러 번 대답해야 했을 것이기 때문에 여러분은 자신이 가는 길을 확신해야 한다. "나는 버라이즌에서 일한다"라고 말하는 것처럼 쉽지 않다. 그러므로 여러분은 자신의 길을 개척할 준비를 해야 한다. 최정상급 수준의 루지 경주는 그 일에 나를 잘 준비시켰다.

스타트업과 대기업에서 지도자급 위치에 있었던 덕분에, 나는 이런 환경의 차이점에 대한 독특한 시각을 갖고 있다고 생각한다.

대기업에서는 중소기업에 없는 (내부 및 외부) 자원에 접근할 수 있다. 만약 여러분이 특별한 전문 지식이 필요하다면 전문가나 상담가를 데려와 그런 지식이나 경험을 습득할 수 있다. 만약 훨씬 더 큰 회사라면, 여러분은 보통 회사 직원 안에서 광범위한 지식 기반을 갖추고 있는데, 그것은 깊고 구체적인 전문 지식의 형태를 띨 수 있다. 반대로, 여러분이 스타트업에 있다면, 상담가를 불러들이는 호사를 부릴 형편이 못 된다. 그리고 내부 인재를 동원하려고 하면, 종종 스타트업이 필요로 할지도 모를 갖가지 변형과 수정에 대응할 수 있도록 폭넓은 기술을 가진 사람을 고용할 필요가 있다. 폭넓은 기술을 갖고 적응력이 뛰어난 사람들은 스타트업에서 직면할 수 있는 다양한 도전을 받아들이기 쉽다.

그렇긴 하지만, 대기업에서는 회사 전반에 걸쳐 어느 정도 추상적 개념이 있을 수 있다. 직원들은 조직의 전반적인 목표와 단절되었다고 느낄 수 있고, 기능적 리더들은 회사의 재무성과와 항상 잘 연결된다고 할 수 없는 목표를 가진 전문가들의 사일로를 만들 수 있다. 스타트업 세계에서, 내가 경험한 바로는 직원들이 회사의 그날그날의 성과를 더 많이 접하고 있다. 그리고 인력과 자원이 적기 때문에, 직원들은 회사를 세우기 위해 협력해야 한다. 가시적인 비즈니스 성과에 영향을 직접 미치는 공유해야 할 통합 기능적 목적이 있다. 이것이 바로 내가 스타트업을 흥미롭게 생각하는 핵심이다.

대기업들은 일반적으로 회사의 요구에 들어맞는 오래된 업무 처리 절차가 있다. 업무 처리 절차는 일목요연하게 문서로 되어있으며 직원의 생산성에 중요한 역할을 한다. 스타트업 내에서는 변화가 불가피하며 절차의 효율성보다는 기업의 성장이 일차적인 목표다. 이는 절차의 효율성과 회사 내부의 의사소통이 영업 구축 절차만큼 선호되지 않는다는 사실을 의미한다. 절차와 질서를 중시하는 사람들에게 스타트업 생활은 혼란스럽게 느껴질 수 있다.

나는 두 가지 조직 모두 실질적인 이점이 있다고 생각한다. 이 두 가지 사이를 모두 오가는 것은 내게 보람 있는 일이었다, 그리고 나는 가치 있고 영감을 일깨워줄 수 있는 진로로서 이 길을 장려하고 싶다.

프로필

린다 스미스Lynda Smith

지보Jibo 개발자 전략 및 마케팅 담당 부사장,
스탠퍼드 엔지니어링 스쿨Stanford School of Engineering 강사

나는 개발자 프로그램을 구조화하고 실행하기 위해 지보에 합류했다. 지보는 세계 최초의 사회적 로봇이자 개발자 플랫폼이다. 요즘 정의된 역할로 설명하자면, 나는 개발자 전략 및 마케팅, 파트너 관련 마케팅 그리고 기업 마케팅을 담당했다(이제 소비자 마케팅 업무는 다른 동료가 맡았다).

간단히 말해서, 그 역할은 만능 마케팅 지원으로 시작했다. 첫해에는, 다음과 같은 성과를 거두었다.

- 소비자와 개발자 시장에 대한 시장 진출 전략
- 브랜드 개발과 구현
- 회사, 제품, 그리고 플랫폼 관점에 대한 메시지와 포지셔닝
- 크라우드 펀딩 추진 관리
- 가격 결정 진화에 관한 연구 및 테스트
- 소비자와 개발자 고객을 위한 공동체 봉사 전략 및 관리(블로그와 소셜, 전달 커뮤니케이션 구성 요소 포함)
- 소비자와 개발자를 위한 생애 주기 고객 경험
- 다채널 고객 관리와 지원 전략
- 개발자용 소프트웨어 개발 키트 출시 전략과 실행(개발자 포털 구축, 문서화, 포럼 등)
- 개발자 마케팅 계획과 실행(개발자 보급 방향 포함)
- 소비자 출시 전략과 보류 업무 실행(홍보, 온라인 콘텐츠, 소셜, 광고 및 경험 마케팅 포함)

나는 마케팅 임원들이 전술뿐만 아니라 전략적인 요소를 갖추어야 한다고 생각한다. 너무 자주 마케팅이 단지 전술적 실행 도구로 취급된다. 이런 현상은 우리가 마케팅 능력을 키우고 있고 기업의 성숙 과정의 일부인 여러 가지 측면을 소개하고 있는 점에서도 비슷하게 발생한다. 기본적으로 다른 점은 우리가 아직 시장에 제품이 없다는 사실이다. 나의 다른 회사에는 제품이 있었다.

소프트웨어 제품은 하드웨어보다 시장에 내놓기가 훨씬 쉽다. 마지막으로, 이 회사는 내가 함께 일한 회사 가운데 크라우드 펀딩 계획으로 시작한 첫 회사이다. 이 사실은 전혀 다른 차원의 마케팅 복잡성을 가져온다.

내 경력 초기에, 나는 대기업에서 일했는데, 차이점은 여러분이 스타트업에서 발휘할 수 있는 영향력이다. 스타트업 환경에서 여러분은 상당히 여러 분야에서 일해야 한다. 그 모든 일은 여러분의 직무 기술서에 쓰여있지도 않고 심지어 마케팅 일부분에 속하지도 않는다. 모두 손을 모아 도와야 한다. 여러분은 빈자리를 메꾸어야 한다. 여러분은 일이 성사되도록 만들어야 한다. 그리고 이것이 내가 개인적으로 진정으로 즐기는 일이다.

나는 스타트업에서 업무의 구석구석을 알아야 하는 가시성과 다양한 기능에 대한 관리 수준이 마음에 들어 스타트업에 들어왔다. 스타트업 세계에 존재하는 사실과 함께 찾아오는 에너지도 있다. 그것은 가능성에 대한 믿음이며, 어떤 일을 실현하는 팀의 일원이 되었다는 생각이다. 특히 그런 문화가 진지하게 자리 잡으면 위대한 사람의 역동성도 일어난다. 그 회사는 여러분이 많은 시간을 함께 보내고, 좋은 일이든 나쁜 일이든 같이 처리해야만 한다는 점에서 가족과 무척 비슷하게 된다.

유능한 마케터의 특성

스타트업의 세계에서 필요한 기능의 공통점을 찾는다면, 그중 하나는 단지 멀리뛰기나 투포환 선수처럼 엄청난 전문가가 아니라 10종 경기 선수가 될 수 있는 능력이다. 팀 동료들에게 의존하지 않고, 다양한 기능에 대해 그들을 대신하여 모든 일을 할 수 있는 사람이다. 다재다능할수록 더 좋다.

자 이제, 마케터들도 역시 10종 경기 선수이다.

개별 역할에 관해 내가 설명했던 특성 외에도, 나는 스타트업 최고의 마케터가 되려면 디자인 능력과 분석 능력도 갖추어야 한다고 생각한다. 물론, 그들은 일에는 협력하지만, 다른 기능에 의존하지는 않는다. 그들은 그 일을 혼자서 해낼 수 있다.

여러분은 또한 기술에 열광하는 사람이 되어야 한다. 여러분은 모든 사소한 일을 닥칠 때마다 엔지니어링 팀에 가야만 하기를 원하지 않는다. 여러분은 마케팅 자동화 도구, 이메일 마케팅 도구, A/B 테스트 도구, 분석 및 콘텐츠 관리에 관련한 모든 도구를 스스로 사용할 수 있어야 한다.

이것이 스타트업의 세계가 작동하는 방식이다. 스타트업은 여러 가지 방법으로 훈련하기 어려운 일련의 근본적인 기술을 필요로 한다. 여러분은 훌륭한 작가와 유능한 의사소통가가 되어야 하지만, 분석적이고 기술적인 인물도 되어야 한다. 여러분은 전략적인 사상가가 되어야 한지만, 대인관계가 뛰어나고 효과적으로 전술적 실행을 수행할 사람도 되어야 한다.

그 일을 위해서는 모든 형태의 창의력이 필요하다. 전화 첫머리에 하는 농담이 무엇인가? 이메일에서 눈에 띄는 대목이 무엇인가? 여러분이 뽑아낸 뉴스 한 토막이 무엇인가? 여러분이 이메일의 끝에 집어넣는 바람에 사람들의 이목을 끌어 다음과 같이 말하게 하는 이모지emoji는 무엇인가? 오, 이 사람은 웃기는 사람이네. 인간적인데. 이 사람 호감이 가요. 창의적인 사람이에요. 이 사람이야말로 함께 일할 만한 사람이군요.

전체적으로, 나는 이 말이 디자인 지향적이면서도 또한 정말로 기술적이면서도 매우 분석적인 사람을 가리키는 것처럼 들린다는 사실을 깨달았다. "좌뇌"(논리적)와 "우뇌"(직관적)의 속성을 함께 갖춘다는 것은 찾기 힘든 기술의 조합이지만 그러한 기술을 개발할 수 있는 사람이야말로 스타트업의 세계가 필요로 하는 마술사이다.

Startup 5

성장 관리자

2012년 9월 실리콘밸리의 시드 액셀러레이터(스타트업을 발굴해 회사 설립 초기에 종잣돈 투자를 하는 회사)인 와이 콤비네이터Y Combinator의 폴 그레이엄Paul Graham은 사람들을 깜짝 놀라게 한 "스타트업=성장"이라는 자극적인 글을 블로그에 올렸다. 이 글에서, 그는 스타트업이 성공하기 위해서는 일주일에 10%씩 대담하게 성장해야 한다고 주장했다. 폴은 다음과 같이 선언했다. "모든 창업가가 항상 알아야만 하는 숫자 하나가 있다면, 그것은 회사의 성장률이다……. 당신이 스타트업을 이해하고 싶으면, 성장을 이해하라."

　그 성장률로 간단히 계산해 보자(폴이 포스트에 올렸다). 만약 여러분이 1년 내내 매주 10%씩 성장한다면, 여러분은 1년 동안 놀랍게도 142배 성장할 것이다.

　아주 극소수의 회사들만이 1년에 그렇게 많이 성장하지만, 폴의 주장은 스타트업의 세계에 진출하는 사람이라면 누구나 내면화해야 하는 중요한 사항이다. 성장을 달성하는 것이 접속량, 다운로드, 매출 등 어느 분야의 성장이든 간에 대부분 스타트업의 핵심 목표다. 이론적으로는 회사의 모든 기능이 성장 목표를 추구하는 데 이바지할 책임이 있지만, 사실상 각 기능은 각기 집중해야 할 고유의 영역이 있어, 성장 추진이라는 회사의 공동 목표에서 가끔 벗어날 수 있다.

최근 들어, 스타트업들은 성장이 그처럼 중요한 핵심 목표이기 때문에, 조직의 각 부서가 성장 계획에 따라 실행하도록 맡겨 두기보다, 성장에 전념하는 직원을 배치하거나 때로는 전담부서를 설치하기로 했다. 마케팅 기능과 제품 기능의 교차 지점에 있는 성장 기능은 고객과 사용자의 획득, 활성화, 유지와 상향 판매에 초점을 맞춘다. 제품 개발과 마케팅을 사일로가 아닌 통합 기능으로 이해함에 따라, 회사는 획기적인 성과를 거두고 있다.

이 새로운 역할은 종종 성장 관리자, 성장 제품 관리자PM, 성장 책임자, 혹은 그로스 해커Growth Hacker*라고 불린다. 이 역할을 하면서, 여러분은 CEO나 제품 부사장 혹은 마케팅 부사장과 같은 경영진 중 한 명에게 직접 보고할 것이다. 성장 계획을 수립하고 실행하기 위해

....

* 　　　그로스(Growth, 성장)와 해커(Hacker)의 합성어로 프로그래밍과 통계프로그램 등 첨단기술에 능숙한 엔지니어이자 마케팅 전문가를 의미한다.

서는 엔지니어, 디자이너, 분석 담당자, 제품 관리자, 운영 담당자, 그리고 마케팅 담당자들과 함께 일할 것이다.

성장이 새로운 기능으로 부상한 것은 스타트업들이 전통적인 마케팅 전문지식보다 기술적 통찰력과 제품 디자인 기술을 중요시하기 때문이다. 이는 스타트업이 고객 확보와 유지, 확대에 앞서 제품과 시장 적합성을 찾는 데 초기 단계의 초점을 맞추고 있는 점을 고려하면, 자연스러운 추세다. 스타트업 제품과 시장 적합성을 발견하고 나면 성장을 최적화하는 것이 훨씬 더 중요하게 된다.

때로는 역할이 명확하게 정의되어 있지 않기 때문에, 성장과 마케팅 또는 성장과 제품 사이에 조직의 갈등이 있을 수 있다. 몇몇 스타트업은 이런 갈등을 북돋운다. 그것이 제품 중심의 사고방식이든 성장 중심의 사고방식을 가진 팀으로부터 시작되었든 간에, 최고의 아이디어가 나오도록 내부 경쟁을 만들고 싶기 때문이다.

이 장의 목적은 세계에서 가장 빠르게 성장하고 가장 혁신적인 일부 스타트업들이 선구자처럼 개척하고 있는 이 새로운 기능을 설명하려는 것이다. 여러분이 스타트업의 세계에 뛰어들려면, 이 모든 내용을 알아야 한다.

성장 관리자의 기능

성장 관리자의 업무에는 세 가지 핵심 요소가 있다.

- 회사의 성장 계획 정의
- 성장 프로그램의 조정과 실행
- 수입 깔때기 최적화

이런 핵심 목표를 달성하기 위해서 여러분은 여러 가지 일을 담당해야만 한다.

데이터 시스템 개발

성장 기능의 연료는 데이터다. 데이터를 얻기 위해, 성장팀들은 사용자 행동, 과학적 실험, 그리고 표적 판촉을 분석할 수 있는 기반 구조를 만들 목적으로 자신들이 가진 자원의 상당 부분을 투자한다. 제품 경험과 제삼자 시스템(예: 광고 플랫폼, 전자 상거래 시스템, 고객 지원 상호작용과 이메일 마케팅)에 흩어져 있는 사용자 경험을 측정하는 것이 대부분 회사가 직면한 과제이며, 성장팀이 의미 있는 데이터 흐름의 수집을 조정하기에 가장 좋은 위치에 있다. 이런 시스템들에서 흘러나오는 데이터는 성장팀의 요구를 즉각 충족하며 제품관리에서부터 재무에 이르기까지 회사 전체의 다른 팀을 위하여 공유 서비스로 제공된다.

많은 성장팀은 자체 맞춤형 데이터 기반을 구축해야만 하는 특별한 요구 사항을 안고 있기도 하지만, 상업용 사스^{SaaS, Software as a Service, 클라우드 환경에서 운영되는 애플리케이션 서비스를 말한다-옮긴이} 제품을 사용하는 팀도 많다. 스타트업 성장팀이 사용하는 여러 가지 인기 있는 데이터 제품은 다음과 같다.

- 웹, 모바일 및 깔때기 분석: 어도비 애널리틱스^{Adobe Analytics}, 믹스패널^{Mixpanel}, 구글 애널리틱스^{Google Analytics}, 키스메트릭스^{Kissmetrics}
- 모바일 분석: 플러리 애널리틱스^{Flurry Analytics}, 로칼리틱스^{Localytics}, 앱 애니^{App Annie}
- A/B 테스트(분할 테스트라고도 알려짐) 및 개인화: 옵티마이즐리^{Optimizely}, 맥시마이저^{Maximiser}, 언바운스^{Unbounce}, 모네테이트^{Monetate}, 비주얼 웹사이트 옵티마이저^{Visual Website Optimizer}

성장 관리자는 일반적으로 이런 제품을 선택하여 회사의 분석 틀에 통합하고, 조직 전체가 사용할 대시보드와 실험 도구를 제공하기 위하여 자체적으로 혹은 분석팀과 협조하여 일할 책임이 있다.

성장 목표 정의

회사가 선택한 성장 지표는 가장 중요한 지표로서, 그 지표를 중심으로 우선순위 방향이 정해진다. 성장 지표는 가장 효과적인 활동을 결정하고 그에 따라 성장팀에 필요한 기술과 자원의 유형을 결정한다. 사용자 또는 고객 획득에 초점을 맞춘 기업들은 일반적으로 마케팅 주도 성장팀을 채용하는 경향이 있으며, 전통적인 수요 창출 방법에 더 중점을 둔다. 보다 자리 잡은 스타트업은 사용자 활성화, 유지, 수익화와 상향 판매를 최적화하기 위해 제품 내의 변경에 초점을 맞춘 제품 주도 성장 계획에 직원을 충원한다.

일단, 여러분이 성장 관리자 역할로서 데이터를 이용할 수 있으면, 여러분은 회사가 두 가지 핵심 질문에 답하는 것을 도와줄 것이다. 첫째, 성장 계획은 고객의 획득부터 유지 그리고 갱신에 이르는 고객 깔때기의 모든 단계에서 자원을 집중해야 하는 곳이 어디인가? 이 질문에 대한 답은 제품 경험, 사용성, 사용자 인식, 비즈니스 모델 그리고 시장 진출 전략을 철저히 이해함과 동시에, 깔때기 맨 위에서 맨 아래까지의 고객 행동을 분석함으로써 얻을 수 있다.

둘째, 회사는 마케팅 목표대비 어떤 진전을 보이는가? 흔히 핵심 성과 지표KPI라고 불리는 몇 가지 중요한 지표를 선정하고, 성장 계획을 책임지는 모든 팀이 사용하는 보고서를 개발함으로써, 여러분은 회사가 목표 진전 상황을 계량화하고 이해하는 것을 도울 수 있을 것이다. 일부 성장팀은 선택한 KPI의 절댓값 변화대비 회사의 성과를 측정한다. 기업의 전반적인 성과는 경영진의 통제에서 벗어난 여러 가지 외부 요인에 의해 영향을 받기 때문에, 일부 팀은 다른 측정 방법을 선택한다. 그들은 특정 전술의 결과를 기준선과 비교하는 테스트(즉, A/B 테스트)을 수행하는 동안, 주어진 지표대비 누적으로 증가한 개선 달성치를 비교함으로써 성장에 대한 직접적인 기여를 평가한다.

고객 통찰력

고객과 잠재 고객의 행동에 대해 수집하는 지표는 고객에 대한 중요한 견해를 제공하지만, 불완전한 견해이다. 데이터는 시장에서 제품에 대해 실망스러운 경험은 보여주지만, 일반적으로 그런 경험을 개선하기 위해 어떤 일을 할 수 있는지는 알려주지 못한다. 실행 가능한 아이디어는 오랜 시간에 걸쳐 표적 인터뷰와 사용성 연구 및 사용자 피드백을 통해 찾아낸 사용자의 필요와 습관 그리고 통찰력을 깊이 이해하는 데서 나온다. 성장 관리자는 다음과 같이 회사가 가진 골치 아픈 "왜?"라는 질문에 대한 답을 주기 위하여, 질적 분석과 사용자 인터뷰를 결합하여 데이터 시스템에서 추출한 데이터를 분석한다.

- 왜 사용자가 가입 과정에서 빠져나갔는가?
- 왜 사용자가 첫 다운로드 후 애플리케이션을 다시 사용하지 않

는가?

- 왜 사용자가 특별한 제안에 응답하지 않는가?

그러고 나서 성장팀은 이런 통찰력을 제품팀에게 다시 전달하여 제품의 우선순위를 정리하는 데 도움을 줄 수 있으며, 이는 제품 로드맵에 영향을 미친다.

성장 제품 로드맵 우선순위 결정

성장 관리자는 성장 계획의 우선순위를 정하는 것과 제품 관리자와 조화를 이루는 제품 변화에 대한 책임이 있다. 성장 창출 계획에 대한 아이디어는 사실상 조직의 모든 기능에서 시작한다. 성장 관리자로서, 여러분은 성장 아이디어의 일인자이며, 성장팀 외부의 제안을 요청하고 평가한다. 더 나아가, 여러분은 성장 즉 구체적인 제품 개선의 우선순위를 정하고 테스트 과정을 구성하기 위한 틀을 구현해야만 한다. 일반적으로, 한 팀이 구현할 수 있는 것보다 더 많은 아이디어가 있을 것이므로, 성장 관리자는 어떤 변화가 시험할 가치가 있는가를 결정하고, 그 결과 특정한 변화에 투입되는 자원의 수준을 균형 잡기 위하여 예술과 과학을 모두 적용해야만 한다.

그로스해커스닷컴(GrowthHackers.com)의 설립자이자 로그미인 LogMeIn의 마케팅 부사장인 션 엘리스Sean Ellis는 다음 3가지 핵심 척도에 대한 순위를 매김으로써 프로젝트 아이디어의 우선순위를 정하는

간단한 틀을 제시한다 (1-10 채점 시스템 혹은 높음, 중간, 낮음의 표시를 사용할 수 있다),

- 변화가 성공적일 경우, 변화의 영향에 대한 상대적 점수
- 이 테스트가 성공적인 결과를 낼 것이라는 확신의 상대적 점수
- 테스트 실행 비용의 상대적 점수

모두 합치면, 이런 질적인 수치들은 성장 아이디어 모음 안에서 우선순위를 두고 경쟁하는 가운데 여러분이 협상하는 것을 도와줄 수 있다.

실험 디자인과 구현

명확하게 정의된 성장 목표와 실험할 아이디어의 우선순위 로드맵을 갖추고 성장 관리자는 실험 디자인과 구현에 관심을 돌린다. 실험이 특정 제품과 관련된 경우, 성장 관리자는 변화를 구현하기 위하여 제품 개발 절차를 주도한다. 이 절차는 종종 상세한 제품 요구 사항 문서PRD를 작성하거나 필요한 제품 변경을 분명히 설명하는 요약 슬라이드 프레젠테이션을 만드는 것으로부터 시작한다. 다음으로, 성장 관리자는 실험을 수행하기 위하여 엔지니어링, 분석, 디자인, 마케팅, 제품 관리 등으로 이루어진 통합 기능팀과 함께 작업한다. 엔지니어링 팀에게 자원과 시간을 요청하지 않고, 비(非) 엔지니

어가 제품 흐름을 처리하고 자료를 수집하고 결과를 분석할 수 있는 일련의 프로그래밍 도구를 적용할 뿐만 아니라, 다양한 소프트웨어 분석 도구(위에서 언급한 도구 포함)를 통해 성장팀은 상당한 효율성을 달성할 수 있다. 제품과 사용자 흐름에 변화를 가져오는 테스트를 직접 통제하려는 성장팀과 세부 제품 요구 사항과 테스트해야 할 사항에 대해 자신만의 아이디어를 가질 수 있는 제품팀 사이에는 종종 건전한 갈등이 존재한다. 이런 갈등은 일반적으로 데이터와 협상 그리고 성장팀과 제품팀 사이의 갈등 해결을 담당하는 최고위 임원의 직감이 한데 어우러져 논의되고 해결된다.

프로필

줄리 저우Julie Zhou

성장 부문 이사, 이크 야크Yik Yak

나는 구글에서 제품과 성장 역할로 경력을 시작했다. 그리고 나서 힙멍크Hipmunk와 이크 야크 같은 스타트업에서 일했다. 이크 야크에서 성장은 제품 주도적이다. 우리는 앱이 다운로드되는 순간부터 고객들이 장기 사용자가 될 때까지 사용자 경험을 소유한다. 우리 팀은 가입 절차 최적화, 핵심 작업을 완료하기 위한 변환 증가, 사용자 행동에 기초한 개인화된 알림 전송과 같은 프로젝트를 수행했다.

그에 반해서, 힙멍크에서 성장에 관한 일을 할 때, 나의 프로젝트는 마케팅 주도적이었고 깔때기의 윗부분을 더 크게 만드는 데 초점을 맞췄다. 우리의 최우선 과제는 사용자 획득, 마케팅 파트너십 체결, 전반적인 브랜드 인지도 향상이었다.

스타트업에서 일하기 위해서, 직원이 갖추어야 할 절대적으로 가장 중요한 자질은 추진력이다. 회사는 직원들이 회사를 성장시킬 수 있는 더 많은 방법을 생각해 내도록 매일 매 순간 몰아붙이며, 직원들은 개인적으로 그런 아이디어가 떠오르도록 머리를 쥐어짜야 한다. 그렇지 않으면, 그 일은 이루어지지 않을 가능성이 있기 때문이다. 직원들 수가 너무 적기 때문에 밀린 일을 처리해줄 사람은 아무도 없다. 직원들은 신속하게 일을 처리해야 하며 언제든지 지시만 하면 새로운 기회에 뛰어들어야 한다. 스타트업의 존속 여부는 자원이 고갈되기 전에 제품과 시장의 적합성을 찾고, 지속 가능한 비즈니스 모델을 구축하는 데 달려 있다. 경쟁자는 항상 여러분보다 돈이 더 많고, 인력이 더 풍부하며, 브랜드 인지도는 더 높다. 스타트업이 가진 것은 누군가가 하기 전에 그것을 달성한다는 한 가지 목표와 추진력에 오로지 초점을 맞추는 것이다.

스타트업은 구글과 같은 기업의 일자리와는 전혀 다른 근무 환경이다. 대기업과 비교해 스타트업의 장점은 다음과 같다. 더 명확한 초점(대기업은 다른 목표를 추진하는 팀 사이에서 발생한 내분을 처리해야 하는 경향이 있다), 민첩하고 효율적인 팀들(몇 주가 아니라 몇 시간 만에 새로운 프로젝트를 시작할 수 있다), 직접 확인 가능한 영향(대기업에서는 여러분의 일이 어떻게 직접 상황을 바꾸는지를 확인하기 어려울 수 있다) 등이다. 스타트업의 단점은 다음과 같다. 정서적 변동성(고점에서도 최고점을, 저점에서도 최저점을 모두 경험하게 될 것이다), 동료들과의 관계에 대한 의존성(모든 시간을 같은 사람들과 일하며 보낸다), 그리고 스타트업의 내재적 실패 위험(정말이라니까, 내가 알아) 등이다.

회사의 맥락에서 살펴본 성장 기능

회사 규모

마케팅과 마찬가지로, 성장 기능은 스타트업이 이미 첫 제품을 출하하고, 처음 제품과 시장 적합성을 달성한 후인 초기 단계에 만들어진다. 그 마법의 순간은 이르면 직원이 20명에서 30명 정도 있을 때 찾아오기도 하고, 늦게는 직원이 100명 이상이 되어도 찾아오지 않을 수도 있다.

회사 규모는 성장팀의 조직 구조와 다른 팀과의 상호작용 모두에 영향을 미친다. 소규모 회사에서 한 개인이나 소규모 성장팀은 다른 팀들의 작업을 자문해 주거나 조정해주는 공유 서비스 형태로 운영되는 경향이 있다. 조직이 성장함에 따라 분산된 팀들을 성장 목표에 맞춰 조정하는 것은 한층 힘들게 된다. 그러므로 이런 상황에서 성장팀은 하나의 거대한 팀으로 조직되고, 거기에 속한 모든 기능은 같은 지도자에게 보고한다. 제품팀은 회사의 전체적인 성장에 이바지할 기능들의 우선순위를 정하기 전에 핵심 가치 제안에 추가할 기능을 구축하라고 자극받는다. 성장과 제품 개발이라는 잠재적으로 충돌하는 목표를 관리하기 위해, 어떤 조직은 최적화 집중 기간에 제품 영역의 소유권을 일시적으로 성장팀에게 이전한다. 이런 종류의 임시 조정은 때로는 의도적이기도 하고, 또 어떤 때는 부주의하기도 해서 조직의 갈등을 일으킬 수 있다.

보스턴에 본사를 둔 마케팅 소프트웨어 회사인 허브스팟에서 성장팀은 신제품의 유통을 촉진하는 데 도움이 되는 프리미엄 제품군(즉, 초기에는 무료 제품이나 사용자가 더 많은 기능과 특성이 필요할 때 추가 요금을 부과하는 제품)을 개발하고 성장시키기 위해 처음 만들어졌다. 그러나 허브스팟의 성장팀은 프리미엄 제품군이 만들어진 후에, 더 광범위한 조직으로 바뀌었다. 그들은 회사 전체에 걸쳐 제품팀들이 스스로 성장 과정을 실행할 수 있도록 지도, 측정, 실험 그리고 보고하는 도구를 제공한다.

나는 또 다른 저명한 기업 협업 사스SaaS 회사의 어느 성장팀에 관해서 전해 들은 내용이 있다. 그 성장팀은 핵심 제품 팀에 무언가 추천하기 위하여, 제품 고객 기반의 작은 부분집합을 대상으로 실험을 시행하고 실험에서 나온 데이터를 사용한다. 만약 성장팀이 개선할 수 있는 무엇을 발견하면, 비록 그것이 제품 로드맵의 조정을 의미하더라도, 제품팀은 전체 고객 기반을 대상으로 하여 주어진 기간 내에 개선을 이행한다.

제품 의사 결정 과정

제품 그 자체와 제품의 사용 여부를 결정하는 방법은 실행 가능한 성장 수단의 조합과 회사의 성장에 대한 접근방식을 결정한다. 예를 들어 링크드인과 같이 사용자 협동과 통신을 가능하게 하는 제품은 입소문 성장에 자신을 맡긴다. 아마존 웹서비스^{AWS}와 같이, 단독으로 사용되거나 사용되기 전 의사 결정 과정에 다수의 이해당사자가 참여하는 제품이라면 틀림없이 일련의 다른 성장 전술이 필요할 것이다.

수익 공식

스타트업의 수익 공식은 어떤 성장 방법을 사용할 수 있는지 결정하는 데 도움이 될 것이며, 이는 다시 성장팀 구성 방법과 초점을 맞출 대상을 결정할 것이다. 검증된 수익 공식이 없는 기업들은 장래 수익이 불확실한 채널에 투자하는 것을 꺼릴 것이다. 대신 최소한의 변동비용이 들어가는 성장 방식에 초점을 맞추기가 쉬울 것이다. 예를 들어, 에어비앤비는 (수익성을 관리하고 측정할 수 있는) 유료 광고에 집중하는 성장팀에 투자하는 반면, 다른 회사인, 교사와 학생이 서로 의사소통할 수 있는 문자 메시지 애플리케이션인 리마인드^{Remind}

는 아직 수익화가 되지 않았으므로, 그 대신, 바이럴 마케팅(입소문 마케팅이라고도 함)과 같은 무료 채널을 사용하여 지속해서 확장 가능한 방법으로 사용자 기반 확대에 주로 초점을 맞춘다.

제품과 시장 적합성 여정

스타트업이 제품과 시장 적합성을 달성하기 위한 여정 그리고 진화의 어느 단계에 있는지도 성장팀의 형태를 결정할 것이다. 아직 제품과 시장에 적합한 제품을 찾지 못한 기업들은 일반적으로 제품을 반복 적용하고, 가치 제안을 개선하는 데 초점을 맞춘다. 동시에 제품 개선을 위해 중요한 피드백을 줄 수 있는 고객들을 유치할 수 있는 반복 가능한 고객 획득 채널을 모색한다. 성장팀은, 이 단계에서 마케팅 커뮤니케이션과 홍보에 더 집중할지도 모르는 마케팅 기능과 겹치거나 대체하는 고객 획득 채널을 추진하거나, 아니면 가장 확장 가능한 고객 획득 방법을 발견하는 체계적인 고객 획득 실험을 실행하는 데 관심을 가질지 모른다.

일단 스타트업이 제품과 시장 적합성을 갖추면, 성장팀은 고객 획득을 확대하는 것과 사용자 활성화, 참여, 유지, 수익화, 갱신과 같이 깔때기의 후속 단계를 최적화하는 것으로 관심을 전환할 것이다.

가장 초기 단계의 성장팀에 대한 주의 사항을 한마디 하자면 "지속 가능한 성장과 확장 가능한 성장의 원천을 찾는 데 확실히 초점을 맞춰라"이다. 다시 말해, 한 벤처 캐피털 친구가 말하는 "당도가 높은 것", 즉 회사의 지표에 단기적으로 빠르게 영향을 미치지만, 반복하거나 지속할 수 없는 것을 피해야 한다.

유능한 성장 관리자의 특성

리더십과 문화

리더십은 성장 관리자의 중요한 속성이다. 여러분은 종종 제품팀 밖에 있지만, 결과를 얻기 위해서는 회사 내의 다른 리더들뿐만 아니라 제품팀에 영향을 줄 필요가 있다. 성장에 전념할 수 있는 많은 자원을 배치할 수 있는 대기업은 전담 성장팀을 설치할 수 있다. 팀 내에서, 여러분은 팀 전략과 우선순위를 정의하고, 팀 구성원 간의 협업을 촉진하고, 팀의 사기와 문화를 조정하며, 자원을 위해 변호하고, 주요 이해당사자들과 협력한다.

여러분은 또한 다른 시장 지향적인 기능의 리더들과 함께 공동의 성장 목표 달성을 위해 일할 것이다. 어떤 회사에서, 다른 기능들은 여러분 팀에게 노력의 초점을 맞추는 방법에 대한 지침을 줄 것을 바랄 것이다. 예를 들어, 마케팅팀은 어떤 캠페인이 최상의 결과를 얻을 수 있는지에 대한 정보를 원할 수 있다. 또는 제품팀은 새로운 기능의 채택률을 개선하는 방법에 대한 조언을 구할 수 있다. 여러분은 사용자 행동에 대한 데이터와 가장 가까이에 있고, 전체 깔때기를 통해 사용자 참여의 교차 부분에 있으므로, 이런 모든 질문에 대한 독특한 통찰력을 가질 것이다.

동시에 성장팀은 성장 프로그램의 내용을 구현하기 위해 제품팀에 의존할 것이다. 여러분은 여러 팀으로부터 이런 노력을 끌어들이고, 그런 뒤 그들을 통하여 조치를 추진할 것이다.

성장 관리자는 인사 관리에서부터 조정과 책임 창출, 팀 간 동기부여, 성장 계획에 대한 아이디어의 형성과 상향식 관리에 이르기까지 여러 가지 방면의 지도자가 되어야 한다. 불확실성과 의심스러운 상황에도 불구하고 팀을 일사불란하게 만드는 것은 여러분에게 달려 있다. 팀을 가장 가치 있는 활동에 계속 집중하게 하는 것이 성장 관리자 역할의 가장 어려운 요소에 속한다.

성장 기능은 실패와 좌절, 산만함으로 가득 찰 수 있다. 여러분의 일이 보잘것없거나 일시적인 결과만 얻을 수 있으므로 여러분은 상부, 외부, 그리고 팀 내에서 약속과 기대, 사기를 관리할 필요가 있다. 성장팀의 구조와 상관없이, 여러분은 불가피하게 조직 전체의 기능에 의존하게 되며 협조, 자원, 지지를 확보하기 위하여 공식적인 권한 없이도 여러 팀에 영향을 미칠 수 있어야 한다.

여러분은 또한 효과적인 실험을 디자인하고, 사용자 경험에 대한 직관력을 개발할 수 있는 역량을 갖추기 위해 통계적 추론의 달인이 되어야 한다. 데이터가 성장의 연료라면, 분석은 성장의 엔진이다. 시간이 지남에 따라 정교한 분석은 여러분의 본능을 발달시키는 데 도움을 줄 것이다. 그러므로 여러분은 분석을 통하여 이해하고 생각하는 법을 배울 필요가 있을 것이다. 이 말은 원시 데이터에 뛰어들어 마이에스큐엘MySQL, 엑셀, R 프로그래밍 언어 및 태블로Tableau 소프트웨어와 같은 도구를 사용하여 데이터를 검색, 조작 및 시각화하는 것을 의미한다.

이 임무를 수행하다 보면, 마케터들에게 기대하는 것처럼 여러분도 고객 획득 채널의 전제 영역에 능숙하게 될 것이다. 우가 랩Ooga Labs의 설립자인 제임스 커리어James Currier는 다음과 같이 고객 획득 채널의 일반적인 세 가지 유형을 제시한다.

- 소유 미디어: 이메일, 페이스북, 크레이그리스트Craigslist, 트위터, 핀터레스트Pinterest, 블로그 위젯, 앱
- 유료 미디어: 광고(모바일, 웹, 비디오, TV, 라디오, 검색 엔진 마케팅, 제휴), 후원
- 무료 미디어: 검색 엔진 최적화, 홍보, 입소문

각 채널은 각각의 장점, 상충관계, 특색을 가지고 있다. 제품의 목표 고객에 도달하기 위하여 각 채널에서 사용할 수 있는 전략과 기법에 대한 상세하고 구체적인 지식을 갖는 것이 절대적으로 중요하다.

가장 성공적인 기술 스타트업 중 다수는 입소문 채널을 활용하여 매우 낮은 비용으로 고객 획득을 확장함으로써 성장했다. 예를 들어,

에어비앤비는 집주인이 자신의 목록을 무료로 크레이그리스트(미국의 지역 생활 정보 사이트에서 시작해 전 세계로 확산한 온라인 벼룩시장-옮긴이)에 결합할 수 있도록 하는 비인가 크레이그리스트 통합을 구축한 것으로 유명하다. 이 방식으로, 에어비앤비는 사실상 무비용으로 수백만 명의 목표 고객들에게 거의 즉각적으로 다가갈 수 있었다.

초기에, 이벤트브라이트Eventbrite는 행사 주최자들이 사람들을 행사에 초대할 때 당연하게 발생하는 바이러스성 입소문을 통해 대중의 관심을 얻었다. 참석자들이 입장권을 구매하고 나면, 그들은 이벤트브라이트가 자신들의 행사 준비를 도울 수 있다는 사실을 알게 된다. 이 사실을 발견한 이벤트브라이트의 초기 고객들을 열광했으며, 예전 행사 준비 방식을 둘러싼 골치 아픈 문제점, 즉 펜과 종이, 스프레드시트, 수작업 참가비 징수 등 매우 비효율적인 모든 문제점을 해결했다. 새로운 행사 주최자들이 더 많이 이용하자 새로운 행사 참가자들을 더 많이 초대하고, 결과적으로 기하급수적인 성장을 촉발했다. 시간이 흐름에 따라, 모든 형태와 규모의 행자 주최자들이 안고 있는 진정한 문제를 해결하는 핵심 서비스로 무장하고, 이벤트브라이트의 성장팀은 거의 무료로 고객 획득을 달성하기 위하여 이런 자연적인 바이러스성 입소문을 최적화하였다.

디자인, 제품, 메시지전달과 마케팅 프로세스에 대한 직관력 또한 여러분이 성장 관리자 역할을 하는 데 중요하다. 이 모든 것을 함께 사용하면, 여러분은 효과적으로 통합 기능팀을 지휘할 수 있으며, 앞으로 나가는 강력한 경로를 확립하는 데 도움이 되는 실험을 만들 수 있다.

성장 관리자는 귀중한 노동력과 현금 자원을 어디에 집중해야 하는지에 대한 많은 선택에 직면한다. 따라서 전략 계획을 세울 때, 회사 운영, 가치 제안, 그리고 수익 공식을 이해하고 고려하는 것이 중요하다. 여러분은 CEO처럼 생각하는 법을 배울 것이고, 전략적 우선순위를 뒷받침하기 위해 비즈니스 이해 상충 모형을 만들 수 있을 것이다.

방법 및 모범 사례

비록 성장은 진화하는 분야지만, 성장팀들과 관리자들은 다음과 같은 방법으로 그들의 목표를 달성한다.

단일 성장 지표

첫째, 기업은 이해하기 쉽고 보편적이며 명확하게 의사소통할 수 있는 조직 목표가 필요하다. 이 하나의 목표는 조직에 있는 사람은 누구나 성장에 이바지할 수 있도록 공통의 맥락과 언어를 만들어 준다. 하나의 목표를 선택한다는 것은 도전적인 과제다. 고객 획득 깔때기는 복잡하고, 팀들은 자신만의 우선순위를 갖고 있으며, 훌륭한 아이디어는 여기저기에서 나올 수 있고, 직원들은 독자적으로 일하기 때문이다.

페이스북의 성장 담당 부사장인 알렉스 슐츠^{Alex Schultz}는, 초기에 기업들은 오직 하나의 "북극성" 지표만 선택해야 한다고 주장한다. CEO는 이 한 가지 지표를 수립한 다음, 그 위에 세워진 목표들 대비 진도율을 측정해야만 한다.

북극성은 깔때기의 내부 성과를 가능한 한 많이 잡아내기 위하여 신중하게 선택되어야만 한다. 제4장(마케팅)에서 설명했듯이, 많은 팀은 잘못된 성공의 느낌을 주는 이른바 무의미한 지표를 선택하는 실수를 저지른다. 예를 들어 깔때기 상단에서 성장은 무척 신나는 일일 수 있지만, 제품과 시장 적합성의 부족으로 인해 진정한 고객 유지와 고객으로의 전환은 어려울 수 있다. 핀테레스트 성장팀은 "주간 활동성 리피너^{repinner}"를 그들의 북극성으로 사용한다. 왜냐하면, 그들은 피닝^{pinning}을 사용자 참여의 핵심 지표로 보기 때문이다.

성장 모델

사업이 발전함에 따라, 성장 계획은 불가피하게 바뀔 것이다. 회사의 성장 목표를 발전시키는 부분에는 깔때기 내의 모든 단계에서 성과를 평가하는 현재의 방식을 유지하는 것을 포함한다.

성장팀은 보통 정기적으로 수작업 혹은 전산으로 업데이트하며 실제 작동하는 비즈니스 역동성 모델을 유지한다. 모델은 수시로 깔때기 상단과 하단 사이의 모든 의미 있는 단계에 추가적 기준(지리적, 획득 원천 등)을 덧붙여, 사용자 활동을 보여주는 간단한 폭포 도표다 (예를 들어, 100명이 웹사이트를 방문하고, 20명이 등록하고, 10명이 활성화 하고, 2명이 유료고객이 된다).

결제 스타트업인 스트라이프Stripe의 전(前) 성장 마케팅 관리자였 던 마트 보이스Matt Boys는 이 같은 모델을 사용하여 투자 분야의 최상 위부터 최하위 순위까지 차례로 쌓은 다음, 한 단계를 선택하고 그 단계에 적합한 성장 지표를 채택한 후, 오로지 이 지표를 개선하는 데 초점을 맞춘 실험에 일정 기간을 할애했다.

새로운 사용자 경험

고객 획득에서 고객 활성화로의 전환을 최적화하려는 성장팀은 제 품 채택에 있어 고객이 겪는 장애물을 제거하기 위해, 제품에 대한 사용자의 첫 경험을 개선하는 데 초점을 맞추고, 의미 있는 가치를 전달하며, 가치 제안을 설명하려고 한다. 사용자 경험UX 전문가들은 보통 이 분야에 대해 많이 알고 있으며 채택을 극대화하는 디자인 흐 름을 개발하고 실험하는 데 도움을 줄 수 있다.

핀테레스트의 성장팀은 새로운 사용자들의 흐름이 증가하면서 사 용자 활성화를 20% 이상 증가시킬 수 있었다. 이 회사는 기존에 서 비스의 개념을 문자 중심으로 설명하고 가장 인기 있는 콘텐츠에 대 한 피드를 이용하던 방식에서, 시각적 설명과 사용자 관심에 관한 조사에 근거한 개인화된 콘텐츠 피드를 적용하는 방식으로 사용자의 첫 경험을 변경하였다. 그 결과, 팀은 가치 제안을 더 잘 설명하고 사용자를 훈련할 수 있었다. 이 모든 것 덕분에 궁극적으로 고객 획득에서 활성화로의 전환이 더 좋게 이루어졌다.

로그인을 계속한 사용자와 서비스 사용을 중단한(즉, 빠져나간) 사용자의 행동을 비교함으로써, 초기 페이스북 팀은 새로운 사용자 유지의 핵심 동인(動因)은 가입 후 처음 2주 이내에 최소 10명의 친구를 찾아 연결하는 것으로 판단했다. 이런 사실을 염두에 두고 페이스북은 사용자들이 이미 서비스를 이용하고 있는 친구들을 신속하게 찾고 접속할 수 있는 기능을 개발했다.

코호트 분석

마케터의 경우와 마찬가지로, 코호트 분석은 성장 관리자의 기본 도구다. 성장팀은 시간이 흐름에 따라 스타트업의 주요 목표에 대한 기업의 진행 상황을 측정하고, 최적화 기회를 발견하기 위해 프로그램 디자인의 서로 다른 흐름에 따른 상대적 성과를 관찰할 필요가 있다. 하지만, 시간을 두고 회사가 제품과 시장 출시 프로세스에 미치는 모든 개선의 효과를 정확하게 계량화한다는 것은 거의 불가능하다. 효과가 실현되기까지는 오랜 시간이 걸릴 수 있으며, 모든 변화마다 A/B 테스트를 한다는 것은 불가능하다.

따라서 코호트 분석은 회사의 전반적인 성과 추이를 관찰하고 차선의 제품 경험을 찾아내기에 훌륭한 도구다. 가입 기간이나 획득 원천 등 주어진 특성을 측정하기 위해, 사용자를 그룹으로 나눌 수 있으며, 각 그룹의 측정 가능한 행동(활동, 전환, 수익 등)을 고객 획득 이후 시간의 함수로 비교할 수 있다. 여러분이 사용자 데이터를 수집한 몇 달 혹은 심지어 몇 주 동안 관찰한 행동을 외삽법(과거의 추세가 장래에도 그대로 지속되리라는 전제 아래 과거의 추세선을 연장해 미래 일정 시점에서의 상황을 예측하고자 하는 미래 예측 기법)으로 보통 수개월 또는 심지어 수년에 걸친 고객 감소율을 예상하려고 하므로, 고객의 가입 기간이 중요하다. 스타트업 임원들은 일반적으로 제한된 데이터를 바탕으로 의사 결정해야 하는 어려움을 겪으며, 시간이 가장 큰 제약인 경우가 많다.

제품 포지셔닝

대다수의 제품은 일련의 가치 제안을 제공하므로, 깔때기에서 단계 간 전환은 제품이 수행할 수 있는 특정 작업을 사용자가 얼마나 잘 이해하는지에 대한 함수이다. 성장팀은 테스트를 실행하고 제품 편익에 대한 설명을 개선하는 데 상당한 노력을 기울인다. 이것은 사용자가 어떻게 제품에서 가치를 도출하는가에 대한 새로운 통찰력이 나타나면서 제품 개발과 함께 발전하는 진행 과정이다.

핀테레스트 성장팀은 랜딩 페이지의 메시지를 개선함으로써 가입 전환율을 높였다. 팀은 특정 사용 사례에 초점을 맞춘 메시지가 서비스의 가치를 더 구체적으로 보여줄 것이므로, 더 많은 사람의 가입을 유도할 수 있을 것이라는 가설을 갖고 시작했다. A/B 팀은 다섯 가지 다른 프로그램 디자인을 테스트했다. 그중 4개는 기존 랜딩 페이지보다 못한 성과를 냈다. 여러 가지 다른 점이 있지만, 뚜렷하게 성중립(性中立)인 사용 사례(취미, 여행, 요리 등)를 특징으로 보여준 다섯 번째 경우는 성과가 15% 향상되었다.

성장 목표와 활동의 일치

성장팀이 선택하는 전술의 조합은 성장 목표의 규모와 회사의 성장 한계와 양립할 수 있어야 한다. 깔때기에서 각 단계에 유한한 범위가 있다는 것은 최적화를 통해 성장을 얼마나 많이 달성할 수 있는지에도 한계가 있다는 사실을 의미한다. 최적화로 달성할 수 있는 한계를 초과하여 성장하려면 새로운 획득 채널의 개발이 필요하다. 또한, 성장 활동의 초점은 일반적으로 회사 사업 계획의 함수인 성장의 시간적 한계와 일치해야 한다.

단기 판매를 추진하면 깔때기 하단(예: 시연 요청 추진)에 있는 유망 고객으로 초점을 전환할 것이지만, 장기적 확장 계획을 추진하면 성장팀은 결실을 얻는데 시간이 더 오래 걸리겠지만 전체적으로 더 큰 효과를 가져올 수 있는 개선사항(예를 들어, 검색 엔진 최적화와 콘텐츠, 브랜드와 공동체)에 초점을 맞추어야 한다. 활동은 희망하는 성장 규모와 성장 유형과 일치해야만 한다.

신속한 프로토타입 제작

성장에 도움이 되는 제품 개발은 가볍고, 빠르고, 반복적이어야 한다. 어느 특정한 변화에 대해 성공 여부를 예측하는 것은 어렵다. 따라서 제품 개선을 위해서는 과도하게 디자인을 해서는 안 된다. 많은 회사는 특정 방법이 효과가 있는 것으로 입증될 때까지 최소한으로 가능한 개선을 목표로 할 것이다. 대부분의 실험이 특별히 의미 있는 효과를 가져오지 못하므로, 성공적인 변화를 발견할 가능성은 실험 주기를 짧게 함으로써 높아진다. 그런 과정을 실행하는 것은 어려울 수 있다.

성장 관리자들은 멋들어지게 디자인된 작품보다 빠르고 통찰력 있는 결과물을 중시하는 문화를 만들기 위해 노력한다. 그들은 또한 내부적으로 예를 들어, 실험이 다른 팀이 책임지는 제품에 제대로 반영되지 않는 경우, 인간관계와 의사소통을 세련되게 관리한다. 그리고 성장 관리자들은 엔지니어팀과 디자이너팀이 그들의 작품이 비효율적이라고 판명될 때, 그것이 버려지는 것을 지켜보는 좌절감을 견디도록 지도할 필요가 있다.

사용성 테스트

올바른 데이터로 무장한 성장 관리자는 조직 전체에 걸쳐 사용자들의 수호자가 될 수 있다. 사용성 테스트는 기업의 목표 사용자에 대한 공감과 통찰력을 개발하기 위한 최고의 방법 가운데 하나다. 사용성 테스트를 수행하는 방법에는 완전한 실험 연구소를 설치하는 것부터 커피숍에서 즉석 게릴라 실험을 수행하는 것까지 여러 가지가 있다. 유저테스팅(usertesting.com)의 서비스는 목표 인구집단 사용자에 대해 빠르고 가벼운 테스트를 쉽게 실행할 수 있다.

교육 서비스 업체 유다시티Udacity의 성장 제품 관리자인 배리 말리노프스키Barry Malinowski는 테스트 참가자가 유다시티 홈페이지의 디자인 변동 프로토타입을 경쟁사 홈페이지와 비교하는 온라인 사용성 테스트를 실행했다. 이 연구는 익명이었기 때문에, 말리노프스키는 경쟁자들에 대한 편견 없고 질적인 비교 자료를 얻을 수 있어 유다시티의 디자인 개선을 위한 아이디어를 낼 수 있었다.

세분된 기능 개발

모든 사용자에게 영향을 미치는 제품을 광범위하게 개선하면 일반적으로 가장 긍정적인 결과를 가져오지만, 특정 사용자 집단에 초점을 맞추는 것도 상당한 가치가 있을 수 있다. 따라서 많은 성장 관리자는 새로운 고객을 확보하고 긍정적인 입소문을 창출하기 위해 특정 사용자 공동체의 요구에 맞는 표적 기능을 구축하는 데 초점을 맞춘다.

자동화된 자산 관리 서비스인 웰스프론트의 팀은 최근 IPO를 실시한 기업의 직원(당초에, 페이스북, 트위터 직원)들이 다양한 포트폴리오로 전환하는 것을 도우려고 특별한 기능을 구축했다. 웰스프론트는 수백만 명의 고객들이 사용하는 일반적인 서비스를 제공하는 것을 목표로 하지만, IPO에서 창출된 새로운 부를 가진 고객들은 새로운 서비스에서 특유의 혜택을 보았다. 이같이 가치 있는 고객 부문을 위한 IPO 기능 덕분에 신규 고객들이 웰스프론트로 쉽게 전환할 수 있었으며, 웰스프론트 팀은 고객 기업들이 자신의 직원들에게 웰스프론트 서비스를 홍보하라고 설득할 수 있었다.

제품과 마케팅의 비교

많은 스타트업들은 성장 기능이 제품이나 마케팅 기능과 어떻게 다른지에 대해 고심한다. 왜냐하면, 성장 기능은 그처럼 새로운 기능이고, 겹치는 부분들은 내부 갈등을 조성하기 위해 다소 의도적인 것이기 때문에, 혼란은 이해할 수 있다. 표 5-1은 두 기능 간의 차이를 분명히 하는 데 도움이 될 것이다.

표 5 -1

제품관리와 마케팅과 비교한 성장 기능

	제품	마케팅	성장
사명	고객 문제를 해결하라	차별화된 가치로 소통하라	성장 실험을 실행하라
초점	고객 요구 사항을 충족하는 제품을 제공하기 위해 엔지니어링을 지휘하라	수입 증대를 위한 영업을 지원하라	반복 가능한 획득 기법을 발견함으로써 시장 점유율을 증대하라
구호	출하하라!	촉진하라!	성장하라!

성장 관리자 되기

성장 관리자는 비교적 새로운 역할이고 많은 기술의 통합이 필요하므로 스타트업의 세계에서 성장 관리자가 되는 길은 많다. 내 예전 학생 중 한 명은 인기 절정인 지급서비스 스타트업에서 성장팀을 담당하고 있다. 그는 대학에서 경제학과 철학을 전공했고, 졸업하자마자 기술 대기업에 분석가로 입사했다. 이 역할 덕분에 그는 데이터를 가깝게 접했으며 데이터에 반영된 제품이나 서비스 변화의 의미를 이해할 수 있었기 때문에 성장에 대한 훌륭한 배경을 갖추게 되었다. 제품 관리자 혹은 마케터 출신들도 성장 기능으로 전환할 수 있다. 훌륭한 성장 관리자들은 매우 분석적이고, 대단히 기술적이며, 훌륭한 의사소통가이다. 만약 여러분이 그런 특성들을 한데 섞을 수 있다면, 여러분은 아주 멋진 성장 관리자가 될 수 있다.

성장 관리자 기능은 여전히 진화하고 있지만, 많은 기술 회사들에 없어서는 안 될 핵심 기능이 되었다. 만약 여러분이 다양한 책임을 좋아하고 분석, 마케팅, 제품 개발에 대한 열정과 재주가 있다면, 여러분은 이 역할로 성공할 수 있다.

Startup 6

영업

내 포트폴리오 회사 중 한 곳의 영업 부사장은 "나는 그저 파이 세일즈맨입니다"라고 말하곤 했다.

그가 그렇게 말하는 것을 몇 차례 듣고 나서, 나는 마침내 물어보았다. "무슨 뜻입니까?"

그는 이렇게 대답했다. "저는 아침에 트럭을 운전합니다. 차를 세웁니다. 트럭 뒤를 열고 트럭에 어떤 파이가 있는지를 살펴봅니다. 만약 블루베리 파이가 있으면 그날은 블루베리 파이를 팝니다. 사과 파이가 있다면, 그날은 사과 파이를 팔지요. 저는 제게 없는 것을 팔려고 하지 않습니다. 없는 것을 팔려고 애쓰다 보면, 제가 곤란해지기 때문이지요. 사람들이 점점 나를 못마땅하게 여길 겁니다. 그러니 저는 트럭에 실려 있는 것만 단순히 파는 겁니다."

나는 그 은유가 너무 단순하고 정직하기 때문에 항상 마음에 들었다. 소프트웨어는 너무 복잡하고, 너무 많은 특징과 기능성을 갖추고 있을 수 있다. 기본적으로, 여러분은 트럭에 실린 것을 반드시 팔 수 있어야만 한다. 그 일은 그 정도로 단순하다.

영업 사원들은 시장의 요구 사항에 대한 정보를 수집하는 최전방에 있다. 고객과 매일 대화하고 고객의 요구가 무엇인지, 해결하려는 문제가 무엇인지를 듣는다. 영업 사원들은 고객의 주변 환경을 살펴보고, 경쟁사들이 무슨 일을 하고 있는지를 추적하며, 항상 업계 동향을 가장 잘 알고 있다.

대기업에서, 이런 정보는 본점에 앉아 있는 임원들과 직원들에 의해 종종 무시된다. 단지 한쪽 귀로 듣고 다른 쪽 귀로 흘려버린다. 벤처 투자자 라스 달가드Lars Dalgaard는 『포춘』 100대 제약회사의 영업팀에서 본점으로 자리를 옮겼을 때, 현장의 피드백이 담긴 음성 사서함이 듣지 않은 채로 몇 년 동안 있었다는 사실을 알게 됐다고 털어 놓는다. "피드백을 들어 보려고 자리에 앉았을 때, 메시지가 거의 만 통이나 있었다!" 작은 회사, 즉 스타트업에서 이런 피드백은 믿을 수 없을 정도로 귀중한 정보를 제공한다. 영업 사원들은 현장 밖 그곳에서 무슨 일이 벌어지고 있는지를 설명하기 위하여, 피드백을 다시 회사로 가져와, 그것을 사용해 경영진, 제품, 엔지니어링과 함께 빈틈없이 전략을 짠다.

나는 영업이 매우 숭고한 노력이며 사람들이 직장 생활을 시작하기에 가장 가치 있는 분야라고 굳게 믿는다. 만약 여러분이 스타트업에 참여하기를 원하고 성공하려는 배짱과 결단력이 있다면, 영업은 훌륭한 진입점이다. 우선, 영업은 여러분이 수입과 밀접하고 고객을 가까이에서 접할 수 있는 경력을 배우고 키울 수 있는 환상적인 방법이다. 여러분은 숫자에 책임이 있다. 영업은 여러분의 성공을 추적하고 목표 달성의 실적을 개발할 수 있는 빠르고 명확한 방법을 제공한다. 여러분이 어떤 조직에서든 위로 올라가고 싶다면, 수입과 명확한 책임을 잘 알고 있는 것이 대단히 유용하다. 기업의 핵심 기능은 고객에게 가치 있는 해결책을 제공하여 고객의 문제를 해결함으로써 이익을 얻는 것이다. 이것이 바로 영업 사원들이 그야말로 매일 하는 일이다. 영업 사원의 활동이 수입 창출과 아주 정확하게 연결되어 있으므로, 영업 사원이 성공하면 기업도 성공한다.

다른 어떤 기능에서도 여러분이 담당하는 일의 영향력이 그렇게 명백한 것은 찾아볼 수 없다. 마케팅, 엔지니어링, 제품, 심지어 재무 분야에 종사한다고 해도, 여러분이 한 일의 성과는 대개 조금 애매하며, 여러분이 얼마나 직접 이바지했는지는 불분명할 수 있다. 이런 역할들은 손에 쉽게 잡히지 않는다. 하지만 영업은 매우 구체적이고 회사의 성공과 아주 직접 연결된다. 영업팀에 대한 평가는 주어진 목표대비 여러분이 창출한 수입이나 예약이 얼마나 되는지를 측정하는 것이다. 회계팀(영업의 일부)에 대한 평가는 고객 재계약의 달성도이다. 영업팀에 있는 사람이라면 누구나 매일 그 점수를 알고 있다.

그런 자격으로, 여러분은 엄청나게 귀중한 기술과 경험을 쌓을 수 있다.

영업의 역할

여러분이 어떤 기술에 관해 이야기하든, 비록 프리미엄 제품이라
도, 언젠가 누군가가 그것을 팔아야 한다. 영업과정은 전화 기반 영
업일 수 있다. 이메일 기반 영업일 수도 있다. 사람들이 시연을 보도
록 만들기 위해 많은 콘텐츠를 밖으로 쏟아내며, 영업과정은 콘텐츠
마케팅 측면에서 심하게 마케팅 지향적일 것이다. 언젠가 누군가가
팔아야 한다.

여러분에게 드롭박스 이야기를 하려고 한다.

드롭박스는 완전히 바이러스 같은 제품이다. 만약 내가 여러분과
공유하고 싶은 파일이 있고 공유할 도구로 드롭박스를 선택했다고
하면, 여러분은 파일을 받기 위해 드롭박스 계정을 개설해야만 한다.

처음에 나는 드롭박스가 스스로 판매할 것으로 생각했다. 사람들
은 무료 계정에 딸려 온 저장 용량이 한계에 도달하면, 프리미엄 버
전을 구매하기를 원할 것이다. 그리고 그 일은 실제 일어났다(지금도
일어난다).

그런데 회사가 시작한 지 몇 년 후에, 내 학생 중 한 명이 그곳에 취
직했고, 회사는 그에게 영업 인력을 만들어 달라고 부탁했다. 우리는

그것에 관해 이야기했다. 나는 많은 사람이 무료 제품을 구매하고 있지만, 드롭박스가 제품 사용에 만족한 고객들에게 유료 버전으로 업그레이드하도록 설득하기 위해 좀 더 능동적으로 접근할 기회가 있다는 사실을 깨닫기 시작했다. 즉, 기업 고객에게 접근해 회사 내에서 드롭박스를 좀 더 광범위하게 사용하도록 설득하는 기회였다.

그로부터 몇 년 뒤, 제자는 100명이 넘는 영업 조직을 만들었다. 오늘날, 드롭박스의 판매 조직은 기업 판매와 전화 기반 판매를 하며 전 세계의 채널 파트너들과 함께 일하고 있다.

기업이 돈을 벌겠다고 결정하는 즉시, 모든 기업이 어느 시점에서는 해야 할 일이지만, 수입 혹은 수입화 전략을 세워야 한다. 수입을 극대화하기 위해서, 기업은 유망 고객, 시범 사용자, 그리고 어떤 경우에는 무료 사용자들에게 이렇게 말하며 손을 내밀어야 한다. 여보세요. 저는 여러분의 요구가……. 그리고 여러분은 그 무료 제품을 좋아하고 사용했던 것 같아요. 여러분은 저희 유료 제품을 사용해보시면 아마 도움이 될 겁니다. 이유가 이러이러하고요. 가치 제안은 이렇습니다.

그게 바로 스타트업의 영업이다. 그것은 중요한 주제다. 이 장에서, 나는 그 주제를 가능한 한 많은 부분으로 나누어 각 역할이 어떻게 작용하는지, 그리고 어떻게 서로 관련되는지를 여러분이 이해할 수 있게 하려고 한다.

우선, 영업 조직은 두 가지 주요 유형으로 나뉜다. 흔히 현장 판매라고 불리는 외부 판매와 내부 판매다.

현장 영업

현장 영업 사원은 회사의 핵심 수입 창출자 중 하나이기 때문에 매우 중요한(영향력이 매우 큰) 사람이다. 영업 사원이 거래를 성사시키지 않으면 수입이 없다.

현장 영업 사원으로, 때로는 외부 영업 사원으로 불리기도 하는데, 여러분은 일종의 비피오시BPOC 즉 캠퍼스 내 거물급 인사big person on the campus다. 큰 거래를 성사시킨 건 바로 여러분이고, 회사 전체가 여러분에게 매달리고 있다. 다른 사람들은 여러분을 돕기 위해 무엇을 할 수 있는지, 제품이 바뀌어야 하는지, 고객을 만나기 위해 CEO가 비행기로 땅을 가로질러 날아올 필요가 있는지, 최고 기술 책임자가 잠재 고객의 기술적 질문에 대답하는 것을 도와줄 수 있는지에 대해 질문할 것이다. 그들은 마케팅팀이 제품 요청서에 응답하기 위해 직접 나서야 할 필요가 있는지, 그리고 서비스 팀이 등장해 설치 계획에 관해 설명할 필요가 있는지를 물어볼 것이다. 여러분이 주인공이기 때문에, 권한을 주는 역할을 담당한다. 여러분은 항상 고객들 앞에 서서, 도와주고, 판매하며, 옹호한다. 그런 뒤 계약서를 들고 와, 보란 듯이 탁자를 내리치면, 모두 사람이 환호성을 지른다.

현장 판매는 전형적으로 많은 여행을 수반하며, 이것은 큰 매력일 수 있다. 만약 여러분 회사가 뉴욕에 기반을 둔 회사라면, 사무실이

뉴욕에 있겠지만, 샌프란시스코와 런던에도 있을 수 있다. 시간이 지남에 따라, 현장 담당자는 그곳 사무실에 고용되어 지리적으로 넓은 영역을 담당해야 한다. 예를 들어, 나의 초기 스타트업 중 많은 회사가 샌프란시스코를 제외한 미국 서부 전체 지역을 담당하고 런던을 제외한 유럽 전역을 담당하기 위하여 영업 사원 한 명을 고용한다.

외부 영업 사원으로서 분기 목표를 달성하면 큰돈을 벌 수 있다. 기본급 외에 목표 달성 수입이 있다. 그래서 여러분이 높은 총 이익률로 매년 150만 달러의 판매액을 올리고 있으므로, 기본급 10만 달러에 목표 달성 보너스로 10만 달러를 벌 수 있다. 만약 여러분이 목표를 초과 달성하면 30만 달러, 혹은 40만 달러, 혹은 50만 달러를 벌 수 있다. 때때로 외부 영업 직원이 회사에서 급여를 가장 많이 받는 임원이다. 비록 CEO들처럼 주식을 많이 받지는 못하지만, 그들보다 흔히 더 많이 벌 수 있다.

외부 영업 사원이 되는 것의 단점은 여러분의 직업이 분기마다 위태롭다는 사실이다. 목표를 한 번 달성하지 못하면, 경고를 받는다. 두 번이면 해고당한다. 영업은 그만큼 치열하다. 영업 사원으로서, 거래를 성사하고 실적을 올리면, 여러분은 축하한다. 거래가 무산되거나 다른 방향으로 진행하면, 여러분은 바짝 긴장한다. 영업 사원들은 분기마다 경쟁하고 승패가 갈리며, 숫자가 그 사실을 보여준다.

어떤 사람들은 위험과 보상의 롤러코스터를 좋아한다. 영업은 일점 차로 지고 있는 농구 경기 마지막 순간에 공을 잡는 것과 비슷하다. 시계가 종료 시점을 알릴 때 슛을 해야 하는 사람이 바로 여러분이다. 영업은 일종의 성공 아니면 실패라는 직업이다. 그래서 모든 사람에게 맞는 일은 아니다. 어떤 사람들은 좀 더 기능적이며, 자신의 일과를 더 잘 통제할 수 있으며, 더 안정되고, 오르막 내리막이 덜한 일을 좋아한다.

영업은 역동적이다.

현장 영업 사원들은 극적인 재능을 발휘하는 경향이 있다. 현장 영업 사원으로서, 고객들과 직접 접촉하고, 자주 대면하며, 사무실이 대개 멀리 떨어져 있어서 자주 여행한다 (인터넷 시대에도 구매자들은 보통 사람을 직접 만나 구매 결정을 하는 것을 좋아한다). 이런 구매자들이 더 큰 판매 기회를 준다. 적어도 5만 달러 이상이다. 종종 연간 계약금액이 10만 달러를 넘어서기도 하는데, 이런 거래는 좀 더 복잡한 경향이 있다.

때때로, 사람들은 영업 사원들이 "자동판매기"라고 경멸하듯 말하면서 그들을 놀릴 것이다. 그건 자동판매기에 동전을 넣기만 하면 기계가 계속 일하는 것처럼, 여러분은 다른 사람들에게 무엇을 하라고 계속 주문만 하기 때문이다. 동전을 기계에 넣고 손잡이를 당기면 기계는 돌아간다. 현장 영업 사원으로서, 여러분은 목표를 달성하고, 돈을 벌고, 회사가 성공하도록 돕는다. 사실, 최고의 영업 사원들은 그렇게 틀에 박히지 않고 수준이 더 높다. 내 경험으로 볼 때, 가장 우수한 영업 사원은 고객들을 대신해 전략적인 사고를 하고 그들의 문제를 해결하는 것을 좋아하고 성공하도록 돕는 사람이다 (사실, 특정 제품을 단순히 밀어내기식으로 판매하기보다는 고객이 안고 있는 문제점을 해결하는 데 더 일반적으로 초점을 맞추는 해법 판매로 알려진 특별한 영업 기법이 있다). 게다가, 유능한 영업 사원들은 훌륭한 경청가인데, 그것은 고객에게만 이익이 되는 게 아니다. 영업 사원이 회사에 가져다주는 통찰력은 매우 귀중하다. 일부 회사들은 판매팀의 통찰력이 매우 가치 있다는 사실을 발견하고는 영업 사원에게 제품 검토 회의에서 고객의 목소리를 대변하도록 요청한다.

그러나 궁극적으로 영업 사원은 자나 깨나 수입을 창출하는 데 레이저처럼 정확하게 초점을 맞추고 있으며, 우수한 영업 사원들은 매우 효과적으로 수입 목표 달성에 방해가 되는 혼란을 피하고 장애물을 제거한다.

사람들이 영업 기능에 취직하려고 할 때, 그들이 항상 제일 먼저 말하는 것은 지난 몇 년 동안 자신들의 영업 목표대비 실적이다. 저는 2016년에 목표를 115% 달성했습니다. 프레지던트 클럽President's Club의 회원이었지요. 미국 최고의 영업 사원이었습니다. 2014년에는 목표의 105%를 달성했습니다. 2015년에는 목표 달성률이 118% 였습니다. 이 말은 목표가 있었고 자신들이 목표를 달성했음을 보여준다. 다음 해가 되면, 그들은 또 다른 목표를 세우고, 그 목표를 달성한다. 그리고 계속해서 같은 과정을 반복한다.

많은 영업 사원들이 자랑스럽게 생각하는 또 다른 것은 시간이 흐르면서 따라 회사의 수입 증가에 이바지했다는 사실이다. 다음 같은 말을 많이 들을 것이다. 나는 입사 당시에는 회사 수입 규모가 100만 달러였지만 2천만 달러, 그리고 나중에 1억 달러로 성장한 회사의 영업 부사장, 영업 이사, 내부 영업 책임자였다, 나는 지난 5년간 20배 혹은 100배의 성장 곡선을 거치는 여정의 한 부분을 담당했다.

나는 이사회에서 커다란 거래가 체결되었다는 뉴스로 이사회를 중단시키려고 일부러 일을 꾸민 CEO와 영업 부사장을 알고 있다. 그들은 들어서면서 이렇게 말할 것이다. 여러분, 회의를 방해해서 죄송합니다. 방금 엄청난 뉴스를 들었습니다. 조금 전 크래프트와 60만 달러 짜지 거래를 막 끝냈습니다. 모두가 축하하고, 손뼉을 치고, 하이파이브한다. 그들은 바로 이사회에서 한 편의 드라마 같이 신나는 장면을 연출하려고 노력한 것이다.

내가 좋아하는 작전은 CEO가 이사회에 보고할 때, 영업 부사장이 CEO에게 다가가 슬며시 끼어들며 교활하게 이렇게 말한다. 제가 아직 이 문제에 대해 업데이트해 드리지 못했는데요. 그리고 나서 지난 24시간 동안 일어난 몇 가지 긍정적인 대화를 줄줄 이야기한다. 우리는 방금 디즈니와의 거래에 서명을 받았습니다. 제가 여기 앉아 있는 동안 골드만 삭스가 이메일로 소식을 전해왔습니다. 일부 개별 영업 사원들은 전체 경영진과 협력하여 그 거래에 수개월 동안 노력을 기울었다. 그리고 그것이 이루어졌을 때, 팀 성공이라는 느낌만큼 좋은 것은 없다.

이런 역동성 때문에 운동선수 출신들이 영업에 자주 영입된다. 점수판이 있고, 점수판은 하루를 마감할 때가 되면 매우 분명해진다. 영업에서는 여러분이 성적을 유지하고, 목표를 달성하고, 한 팀으로 일하고, 승리하는 게 전부다.

유프로미스에서, 우리는 댈러스 카우보이스Dallas Cowboys 미식 축구팀의 라인맨 출신인 데이브 폰더Dave Ponder를 영업 조직에 고용했다. 폰더는 키가 190㎝에 체중은 아마도 140㎏ 정도였을 것이다. 그가 회의실로 걸어 들어왔을 때, 그는 문자 그대로 진짜 거인이었다. 모두가 그와 이야기하고 싶어 했다. NFL에서 어땠는지, 카우보이스에서 뛰는 것은 어땠는지, 그의 동료 선수들은 어떤지, 그리고 등등 궁금한 게 많았다.

이런 모든 자질구레한 대화와 스포츠 이야기를 나누다 보면, 유망고객들은 기분이 좋아지고 데이브와 좋은 관계를 맺어갈 것이다. 그런 뒤 데이브는 사업 이야기를 꺼내고 그들이 왜 유프로미스와 파트너십을 맺고 우리와 거래해야 하는지에 대해 설명할 것이다. 그는 경쟁적 본능과 근면한 정신으로 무장하고 그런 서글서글한 성격과 흥미진진한 뒷이야기를 갖춘 덕분에 매력적인 영업담당 임원이었다. 하지만 데이브는 개인적인 특성을 넘어, 우리 회사, 우리의 가치 제안, 그리고 목표 고객들의 요구를 충족시킬 방법을 이해하는 데 시간을 투자했기 때문에 성공적인 영업 임원이었다. 그는 고객들이 우리의 서비스를 사용해 성공하기를 진심으로 원했으며, 결국 그런 일이 벌어졌다.

그것이 바로 현장 영업이다.

프로필

아론 오드먼Ahron Oddman

지역 영업 부사장, 엔시노nCino

스타트업에서 일하는 것은 내게는 20만 명이 넘는 조직인 해병대로부터의 전환이다. 나는 해병대에서 겹겹이 쌓인 관리 계층 때문에 특히 나의 자본, 즉 재능을 어떻게 사용할지에 대해 중대한 결정을 내릴 권한을 가진 간부에게서 멀리 떨어져 있었다. 나는 종종 이 경험으로 좌절했다. 현재 회사에서 내 경험은 정확히 180도 다르다. 나는 영업을 추진하는 동안 CEO와 함께 자주 여행하고 협력한다.

나의 상사는 CEO에게 직접 보고하고 나는 일주일에 서너 번 상사와 이야기를 나눈다. 게다가, CEO는 만약 어떤 것이 고객의 이익을 위한 최선의 일이라면, 회사의 모든 직원이 자율적으로 행동하고 자원을 사용하라고 허락했다.

우리의 모든 영업 사원은 신규 고객과 기존 고객들로부터 수입을 창출할 책임이 있지만, 또한 훨씬 더 일을 많이 해야 한다. 그들은 제품 관리자에게 고객 피드백을 전달하고, 시장 홍보와 설명 자료를 개발하도록 도와주며, 업계 콘퍼런스에서 연설하기 위하여 제품 이해 당사자 위원회에 참석한다.

대기업에서는 진취성이 여러분을 눈에 띄게 할 것이다. 스타트업에서 그것은 필수 조건이다. 해병대에서, 만약 여러분이 진취성을 발휘하면, 여러분의 개인 브랜드는 상승할 것이고, 더 많은 일로 갈채를 받고 보상을 받을 것이다. 하지만 권한을 더 많이 갖는 것은 아니다. 스타트업에서 진취성을 많이 발휘하는 것은 테이블에 판돈을 거는 것이며, 여러분은 불확실한 상황에서도 편하게 진취성을 발휘해야 한다. 여러분이 틀려도 괜찮을 것이다.

실패할 수도 있는 회사에 참가하는"전문가적인 위험"은 스타트업에 뛰어들고 불확실한 상황에서 일하는 것을 억제하는 역할을 하지 못한다.

우리 중 많은 사람은 무서운 것(전투에서 비행, 스타트업에 참여, 회사 인수)과 위험한 것(비행을 준비하지 않는 것, 안전을 원하기 때문에 성취감 없이 짜인 환경에서 일하는 것)을 혼동한다. 무섭지 않은 많은 일이 사실상 위험하다. 여러분이 아끼는 고객층을 위해 일하고, 체계적으로 제품과 시장 적합성을 추구하며, 여러분이 이바지할 수 있는 스타트업에 참여하는 것은 무서운 일이지만 위험한 것은 아니다.

프로필

토머스 하우Thomas Howe

영업 사원, 구글 엔터프라이즈 Google Enterprise

내가 구글 엔터프라이즈에 입사했을 때, 우리는 대기업 안에 있는 스타트업이었다. 지금, 우리는 회사에 판매할 다섯 가지 제품을 갖고 있다. 나의 임무는 『포춘』지에 실린 1,000대 고객에서 영업 기회를 찾아내며, 그들에게 자격을 부여하고, 구글의 기술을 선전하고, 마무리하는 것이다.

나는 큰 회사에서 일을 시작했다. 그런 다음 중견기업인 인포메이션 빌더스Information Builders와 사이베이스Sybase로 자리를 옮겼다. 그러고 나서 주식공개IPO를 막 끝낸 스타트업에 합류했다.

스타트업에서 10년 이상을 보냈다. 잠재적으로 경제적 성공(주식 월급)을 원했으며 스타트업 내의 많은 다양한 기능 분야(마케팅, 재무, 제품 관리 등)를 담당하는 것을 좋아했다.

나는 개인적으로 전자상거래나 구글의 클라우드 컴퓨팅과 같이 완전히 새로운 시장을 창조하거나 지진처럼 아주 커다란 변화에 참여할 가능성과 멋진 기술에 대해 상당히 흥분했다. 그런 욕망이 주된 동인으로 작용한다.

스타트업 환경을 좋은 면으로 볼 때 상당히 다르다. 대기업은 따분하고 관료적이며, 느리게 움직이고, 검소한 경향이 있다. 그들은 또한 안전하다(요즈음은 덜 안전할 수도 있다). 하지만 나는 여태껏 안전에 초점을 맞추어 본 적이 없다. 스타트업은 훨씬 더 협조적이다. 많은 사람이 자신이 책임질 영역이 아닌데도 조언해 준다. 대기업들은 비판이나 사내 정치로 괴로움을 당한다. 이런 일들은 스타트업에서는 훨씬 덜 일어난다. 스타트업은 훨씬 더 민첩하고, 규모가 더 작으므로 요식 절차가 덜한 경향이 있다.

대기업과 스타트업의 큰 차이점은 가용자원이다. 대기업에서는 마케팅, 관리 지원, 데이터베이스(조직도, 이름과 연락처 정보와 같은 잠재 고객에 대한 기업 데이터), 브랜드 인식과 일반적인 자료 등 모든 것을 당연시한다. 그런 다음 여러분은 스타트업에 가서 뭔가를 요구해 보면서 깨닫는다. 이런, 내가 이 모든 것을 처음부터 해야만 하는구나.

스타트업에서 여러 차례 여러분은 혼자서 생각하고 희박한 자원으로 성공하려고 애쓰는 외로운 늑대처럼 느낀다. 스타트업에는 그런 자원이 없으므로, 여러분은 역시 스스로 뛰어들어 매우 짧은 시간 안에 그 기술을 무척 잘 이해해야만 한다. 따라서 좋은 기술지식 기반을 갖는 것은 영업 사원에게는 자산이다. 여러분은 또한 자발적으로 행동하는 사람이 되어야만 한다. 만약 여러분이 다른 사람들이 여러분에게 과제를 주고, 무엇을 해야 하는지, 언제 해야 하는지 지시하는 것에 익숙하다면, 여러분은 스타트업 생활에서 어려움을 겪게 될 것이다.

나는 항상 새로운 고객이 내 기술을 가지고 돈을 절약하거나, 돈을 더 많이 벌거나, 새로운 제품을 고안하는 데 도움이 되는 멋진 무엇을 창조하는 것을 보고 쾌감을 느꼈다. 내 제품이 어떻게 『포춘』 500대 회사를 근본적으로 뒤흔들어 놓을지 보고 싶은 그 욕구는 분명히 나를 스타트업에 참여하게 만든 열정이다.

나는 여러분이 스타트업에서 찾을 수 있는 위험과 보상거래를 좋아한다. 스타트업은 신선한 공기를 마시는 것과 같다. 환경은 흥미진진하고 역동적이며, 모든 직원이 열정적이고 헌신적이다.

숨을 곳이 없다. 그러므로 스타트업에서는 모든 사람이 중요한 역할을 하고, 협동 정신이 있다. 스타트업에서는 또한 긴박감이 훨씬 더 높다. 스타트업에서 영업은 열정적으로 축하를 받는다. 거래가 성사되면 아무도 그것을 당연하게 여기지 않는다.

내부 영업

스타트업에서 전략적으로 중요성과 강조점이 커지는 내부 영업 업무는 현장 영업과 크게 다르다. 내부 영업 사원(가끔 비즈니스 개발 담당자*라고도 불림, BDR) 혹은 영업 개발 담당자^{SDR}는 일반적으로 종일

....

* 　비즈니스 개발 대리인(BDR)이라는 일반적 용어는 제3장에서 설명한 비즈니스 개발 기능과는 구별된다. 전자는 젊은 영업 지원 인력을 의미하지만, 후자는 영업부문 밖에 있는 고위 경영자 역할이다. 이런 혼란 때문에 많은 사람이 두음 문자인 BDR 또는 그것의 자매 용어인 영업 개발 담당자 즉 SDR을 사용하는 것을 선호한다.

책상에 앉아 전화기에 붙어서 이메일을 쏟아낸다. 내부 영업은 엄격하게 정의된 과정이 특징이다. 내부 영업 사원들은 하루에 얼마나 많은 전화를 했는지, 얼마나 많은 이메일을 보냈는지, 얼마나 많은 시연회를 했는지, 즉 어떤 방식이든 영업에 적합한 고객 활동을 측정함으로써 평가된다.

최근에 내 회사 중 한 곳에 방문했을 때 이런 말을 자랑스럽게 하는 것을 들었다. "우리는 이 새로운 자동 다이얼 전화 기술을 설치했다. 직원들이 전화에 매달려 있기가 너무 어려워, 외부 회사가 모든 전화를 걸도록 했다. 상대방이 전화를 받자마자, 우리 영업 사원의 헤드셋에 불이 켜지고 연결된다. 우리 영업 사원들은 전화를 걸고 메시지를 남기는 데 시간을 낭비할 필요가 없다. 그것은 자동으로 일어난다. 실제 사람이 전화를 받자마자. 꽝, 시작되는 것이다. 영업 사원의 시간을 더 효율적으로 만든 작품이다."

내부 영업은 종종 직장에 처음 발을 들여놓는 직책에 어울리는 것으로 여겨진다. 이 역할을 하는 영업 사원들은 일반적으로 현장 영업 직원보다 더 젊고 보수는 더 적다. 가끔 그들은 대학을 갓 졸업했거나 몇 년 전에 졸업했을 수도 있다. 때때로 내부 영업은 그들의 첫 번째 직업이기도 하다.

보스턴에 있는 기업인 론치소스LaunchSource는 내부 영업 사원이 되려는 최근 대졸자들을 위하여 스타트업에 대한 연수와 일자리 소개를 제공한다. 대학을 졸업하자마자 여러분은 한 달 동안 훈련을 받고, 그러고 나서 론치소스는 빠르게 성장하고 흥미진진한 회사에 여러분을 소개할 것이다. 이 회사들은 칸막이에서 전화기 앞에 일렬로 앉아 이메일을 내보내고 영업 방법을 배우는 내부 영업 사원을 수십 명 때로는 수백 명 고용한다. BDR 혹은 SDR 역할은 이런 회사들의 수입 창출 프로세스의 중심에 있다. 그런 영업 담당자는 때때로 아웃바운드 담당(즉, 외부로 전화를 하거나 잠재 고객에게 이메일을 보낸다)이거나 인바운드 담당(즉, 내부로 걸려온 문의나 관심 표현에 반응한다)이기도 하다.

예를 들어, 마케팅팀이 제 역할을 한다면, 강력한 콘텐츠를 백서 형태로 내놓을 수도 있다. 백서는 회사의 사회적 채널을 이용하여 홍보한다. 유망 고객인 샐리가 백서를 클릭하고 양식을 채우고 다운로드했다고 하자. 그 일이 일어나자마자, 인바운드 영업 담당자는 이메일 경보를 받고 다음과 같이 신속하게 대응할 수 있다.

안녕하세요, 샐리. 당신이 우리의 음성 협업 소프트웨어에 대한 백서를 내려받은 사실을 알았어요. 그것에 대해 더 많은 내용을 알려드리고 싶어요. 시연 프로그램을 설치해 드릴까요? 다음 주에 개최하는 웹 세미나에 저희 설립자가 출연하는데, 초대를 해도 될까요? 당신이 계신 도시에서 개최하는 행사에 참석하시겠습니까? 저희 제품을 사용해 어떻게 더 효율적으로 되었는지, 저희 고객 중 한 분과 이야기를 나누어 보시겠습니까?

이런 모든 전술은 잠재 고객을 끌어들이고 그들을 고려, 약속, 의도, 그리고 (바라건대) 구매라는 깔때기 아랫부분으로 이동시키기 위한 것이다.

일부 영업 조직은 내부 영업 사원의 업무가 엄격히 외부 영업 사원에게 만남을 주선해 주는 것으로 조직되어 있다. 여러분이 해야 할 일은 조사와 네트워킹을 통해 잠재적 구매자를 찾아내, 연락하고, 더 많은 것을 배우는 데 관심을 두도록 만든 다음, 외부 영업 사원과 면담 계획을 잡도록 이렇게 설득하는 것이다. 제 동료 중 마시Marcie가 월요일에 내슈빌Nashville에 갈 예정입니다. 그녀는 당신과 대화를 좀 더 나누고 저희 제품에 대해 더 많은 것을 배울 기회를 드리려고 당신을 방문하고 싶어 합니다.

그러면 마시는 허둥지둥 일정을 조정하여 내슈빌로 이동하고 그곳에서 그 잠재 고객이 있는 곳으로 방문한다.

그것이 바로 내부 영업 업무이다.

나이가 들고, 경험이 많고, 성공함에 따라 내부 영업 사원들은 때때로 차츰 내부 영업을 떠나 현장 영업 사원이나 회계 관리자가 된다. 다른 사람들은 내부 영업으로 성공하여 내부 영업 관리자가 된다. 그들은 조직 사슬을 타고 올라가 관리자, 어쩌면 이사 지위, 또 어쩌면 내부 영업 부사장으로 승진한다. 시간이 더 흐르면, 일부는 영업 부사장, 최고 수입 책임자, 결국에는 CEO까지도 될 수 있다.

일부는 제품이나 마케팅으로 자리를 옮긴다. 여러 해 동안 영업을 담당하면서 여러분은 시장 정보와 통찰력을 많이 얻었을 것이므로,

제품팀의 리더가 여러분을 찾아와 이렇게 말할 것이다. 이봐, 이제 제품을 너무 잘 아니까, 나는 당신이 제품 관리자로 오길 바랍니다. 당신은 가치 제안을 알고 우리 고객에 대해서도 배웠잖아요. 이제 우리 팀에 합류해 고객들에게 더 잘 들어맞는 제품을 만들 수 있도록 도와주길 바랍니다.

비즈니스 모델이 너무 다양하므로, 스타트업에 종사하는 영업 사원들은 전통적인 서류 가방을 들고, 청색 셔츠에 붉은색 넥타이를 한 영업 사원이 될 필요는 없다. 어떤 사람들은 영업에서 성공하기 위해서 번지르르한 자동차 영업 사원이나 기쁨 전도사가 되어야 하는지 궁금해한다. 답은 '아니다'이다. 여러분은 두뇌적이고, 전략적이고, 사려 깊고, 내성적인 사람일 수 있고, 기상천외한 영업 사원일 수도 있다. 여러분은 단지 그런 자질이 도움이 되는 비즈니스 모델 유형을 고르기만 하면 된다.

아마도 여러분은 화면 뒤에 있고 싶어 할지도 모르고, 또 어쩌면 여러분은 사람을 직접 만나는 것보다 이메일과 채팅을 통해 사람과 대화하는 것을 더 좋아할지도 모른다. 오늘날 많은 영업 도구는 채팅 기반이다. 여러분이 한 전자상거래 웹사이트에 접속하고, 만약 여러분이 그 사이트에 계속 서성거리고 있다면 어떻게 되는가? "실시간 채팅" 상자가 튀어나오고 영업 사원 혹은 고객 서비스 담당자가 대화 상대자로 등장해서 이렇게 말한다.

오늘 어떻게 당신을 도와 들릴 수 있을까요? 저희가 어떻게 도와드릴까요? 이봐요 로버트, 바지를 둘러보는 것을 봤어요. 좋아하는 어떤 특별한 스타일이 있어요? 찾는 걸 도와 드릴까요? 바지에 어울리는 허리띠를 원하세요?

내부 영업 사원들은 고객들을 무료 서비스에서 유료 서비스로 전환하는 데 제품 디자인을 사용할 방법을 찾아내기 위해 제품 관리팀과 협력한다. 그들은 사용자당 평균 수입을 극대화하는 방법을 생각한다.

예를 들어, 정보 소프트웨어 회사인 매터마크Mattermark를 생각해보자. 우선, 여러분은 무료 소식지를 구독하고 받은 편지함에서 스타트업과 금융에 대한 통찰력 넘치는 정보를 수신한다. 그런 다음, 민간 기업에 대한 더 자세한 정보에 접근하고 그 정보를 엑셀로 가져온다. 여러분은 14일간의 무료 사용 서비스를 신청할 수 있다. 여러분이 온라인 신청서를 작성하고 나면 즉시 매터마크의 풍부한 정보 데이터베이스와 정보 통합 플랫폼에 접근할 수 있다. 무료 사용이 13일째가 되면 여러분의 받은 편지함에 이메일이 한 통 들어와 있다. 여보세요. 제프, 당신의 무료 사용이 곧 끝납니다. 월 200달러짜리 개인 플랜에 가입하시겠습니까? 아니면 당신이 제품을 사용한 내용을 고려할 때 월 500달러의 전문가 플랜의 기능의 특징들이 더 적절하지 않을까요? 15일째 되는 날, 여러분이 처음 받은 이메일에 답장하지 않았다면, 여러분의 전화벨이 울린다. 그것은 바로 내부 영업 사원이다.

앞에서 언급한 바와 같이, 중소기업에서는 제품, 마케팅과 영업이 일반적으로 직접 자주 접촉한다. 다시 한번 이것은 대기업과 중소기업의 커다란 차이점이다. 중소기업에서는 관료주의가 제거된다. 직원들은 항상 서로 이야기한다. 열린 공간 구조Open Floor Plan에서 여러분은 서로 이야기하지 않을 수 없다. 그래서 제품팀이 이렇게 말한다. 어제 펩시와 이야기했을 때 무슨 일이 있었습니까? 그 시연은 어떻게 됐어요? 오, 정말이요? 그들이 그런 기능을 요구했어요? 우리 경쟁사 중 한 군데가 다른 방식으로 반응했으며 가격이 우리의 가격 체계와 다르다는 사실을 들었어요? 정말 흥미로워요. 내가 그것을 다시 가져와 생각해보겠어요.

그런 일은 항상 일어나기 마련이다.

영업이란 고객의 아픈 곳을 파악하여, 그 아픈 곳을 해결하는 가치 제안을 명확히 하며 사람들에게 행동과 전환을 요청하고, 궁극적으로는 수입을 창출하려는 것이다. 여러분이 잠재 고객을 직접 만나기 위해 전 세계를 날아다니든지, 전화를 걸든지 간에 여러분은 이런 일을 하려는 것이다.

영업 엔지니어

영업 엔지니어SE는 영업 사원의 날개 역할을 하는 사람이다. 그들은 엔지니어링 조직과 영업 조직 사이에 위치하며 일반 영업 사원이 제공할 수 있는 것보다 더 기술적이며 더 구체적인 지원이 필요한 고객과 접촉하고 더 많은 기술적 전문 지식을 제공한다. 그들은 종종 고객을 위해 시연을 하고, 시연에 사용될 프로토타입을 설정하기도 한다.

현장 영업 담당자 2~4명당 영업 엔지니어가 1명, 내부 영업 담당자 4~6명당 영업 엔지니어가 1명인 경우가 많다. 영업 사원들은 당연히 해야 할 일이지만, 영업 엔지니어에게 영업 상담에 참여해달라고 요청하기 전에 관계를 발전시키고, 필요와 기회를 확고히 하고, 한두 번 초기 회의를 열 것이다. 영업 사원의 후속 조치 회의에는 고객 회사의 IT 이사 또는 수석 디자이너 또는 CTO가 참가할 수도 있다. 그 사람들은 제품에 대한 기술적 질문을 엄청나게 많이 할 것이다. 영업 엔지니어는 그런 질문에 대한 답변을 도와줄 수 있다.

여러분이 추측할 수 있듯이, 영업 엔지니어는 보통 기술적 배경을 갖고 있거나 기술적 고객을 정면으로 상대할 수 있을 정도로 충분히 기술적으로 지식이 많은 사람이다. 그러나 영업 엔지니어의 지식 기반은 단순히 제품 구성 요소나 심지어 전체 제품에 관한 것보다 더 많은 내용을 말할 수 있어야 한다는 점에서 제품 관리자의 지식 기반과는 다르다. 영업 엔지니어들은 전체 제품군과 제품이 고객의 환경에 어떻게 적합한지에 대해 설명할 수 있다. 이는 고객들이 제품을 사용하는 방법과 제품 혹은 제품군을 고객들의 환경에 통합하는 방법에 대한 전문가임을 의미한다. 영업 엔지니어가 알아야 할 것과 제품 관리자가 알아야 할 것의 차이는 미묘하지만, 그것은 중요한 구별이다.

많은 영업 엔지니어들이 나이가 더 들면, 직업의 기술과 제품 측면을 더 즐기는지, 아니면 영업과 대인관계를 더 즐기는지에 따라, 결국 제품팀이나 직접 영업팀(외부 영업팀)에 들어가게 된다. 영업 엔지니어 역할은 기술적 사고방식을 가진 사람이나 컴퓨터 과학, 물리학 또는 공학에 학위를 가진 사람에게는 처음 사회 생활하기에 멋진 자리이다. 만약 여러분이 해킹과 기술을 갖고 노는 것을 좋아하거나 코딩을 즐기기는 해도 반드시 소프트웨어 개발자가 되는 것에 관심이 있는 것이 아니고, 사람과 더 많이 교류하고 여행하는 것을 좋아한다면, 영업 엔지니어 역할이 딱 어울리는 자리이다.

영업 엔지니어는 기술적인 내용을 명확하게 설명하는 데 정말 능숙하다. 만약 여러분이 이 설명을 확인하고 그것이 너무 쉽게 들린다고 생각한다면, 그렇게 예외적으로 설명을 잘하는 사람은 별로 없다는 사실을 알아야만 한다(예를 들어, 엔지니어들은 항상 그렇게 뛰어나지 않다). 이 기술을 갖추면 여러분은 영업팀의 귀중한 자원이 될 수 있다. 개념과 코드를 증명하는 것 외에도, 여러분은 제품의 가치 제안과 기술적 특징과 기능성을 명확하게 설명하도록 끊임없는 도전을 받는다. 여러분은 마치 영업 사원의 성격에 소프트웨어 개발자의 제품과 기술지식을 더한 것 같다.

영업 엔지니어들은 또한 종종 산업 분석가가 된다. 나는 나중에 포레스터Forrester와 가트너Gartner 같은 회사에 들어간 영업 엔지니어들과 함께 일했다. 한 산업 내에서 한동안 고객 환경에 들어가 그 산업에 대한 글을 쓰고 발표하다 보면, 한가지 제품을 판매하면서 한 회사를 위하여 일하는 것보다 전체 산업 분야를 분석하고 싶은 것은 자연스러운 진화이다.

성격적으로 보면 영업 엔지니어들은 괴짜다. 그들은 새로운 것을 좋아한다. 그들은 프로토타입 제작과 실험하는 것을 좋아한다. 그들은 얼리 어답터들이다. 그들은 의사소통을 잘 하고 훌륭하게 발표하면, 거칠고 때로는 적대적이기까지 한 질문으로 집중 공격받는 영업 상황에서도 잘 대처한다. 기술 전문가에게 판매하는 것은 도전적일 수 있으며, 영업 엔지니어는 그 과정을 품위 있고 참을성 있게 다룰 필요가 있다.

예를 들어, 여러분이 시연회를 하려고 어느 고객사를 방문했을 때, 고객이 "이것은 우리 시스템과 완전히 호환될 수 없으므로 이런 환경에서는 절대 작동하지 않을 것입니다"라고 말했다고 하면, 여러분은 "사실 이 제품이 완전히 호환될 수 있습니다"라고 말할 수 있어야 한다. 그리고 나서 방법을 설명한다. 고객은 여러분에게 제품을 잘 사용하는 회사의 예가 있는지 없는지를 물어볼 수 있다. 여러분은 그런 예를 보여줄 수 있어야 한다. 고객이 그 사례들은 다른 산업에 해당하는 것이며, 그들의 시스템이 자신들의 시스템보다 훨씬 덜 복잡하다고 주장할 때, 여러분은 고객들의 우려에 답을 주고, (여러분의 제품이 고객이 필요로 하는 것을 실제로 제공한다고 추정하면서) 고객들이 신뢰감을 가질 수 있는 정보를 제공할 수 있어야 한다.

이런 자극적인 도전은 영업 엔지니어들에게 항상 일어난다. 인내심을 갖고, 비난 공격을 받고도 품위를 유지하며, 제품을 좋은 것으로 만드는 것이 무엇인지, 어떻게 고객의 문제를 해결할 수 있는지, 왜 그들이 제품을 구매해야만 하는지를 설명하는 대화로 다시 돌릴 수 있는 능력이 중요하다.

나는 성공적인 영업 엔지니어는 훌륭한 전문적 기술이나 대인관계 기술, 또는 그 두 가지 모두에 크게 의지하는 것을 자주 본다.

기술 맥락에서 보자면, 그것은 공통 경계선이다. 여러분은 사람들과 잘 어울리거나 아니면 기술을 잘 다룬다. 두 가지는 보통 섞이지 않는다. 영업 엔지니어로 성공하기 위해서는 두 가지 모두를 잘 갖추는 것이 중요하다. 내 경험으로 볼 때, 그런 자질은 찾아보기 힘들고, 매우 소중하다.

이 역할은 말하자면 외부 영업 사원보다는 허풍, 허세, 카리스마가 덜 필요하다. 더 사실에 기반을 둔다. 하지만 이 역할은 여전히 영업에 더 많이 관련된 일이며, 대부분 엔지니어가 자연스럽게 할 수 없는 일이다. 때때로 엔지니어들은 너무 솔직하다. 난 가끔 엔지니어들이 진실을 말하기 때문에 고객과 한 방에 있으면 안 된다고 농담하곤 한다. 엔지니어는 "우리의 소프트웨어는 무척 구식이에요"라고 말할 것이다. 하지만 영업 엔지니어는 "이 제품은 얼리 어답터들에게 매우 잘 어울려요"라고 말할 것이다. 그 차이점은 구성하기 나름이다.

그렉 크리스트Greg Christ

영업 엔지니어, 에스피에스에스SPSS

거의 30년 가까운 경력 동안, 나는 중소기업 규모의 회사(직원 100명에서 1500명 정도)에서 10년을 보냈다. 그런 뒤, 벤처 캐피털이 출자한 아주 작은 회사에서 10년 동안 일했다. 또 지난 10년 동안은 IBM이 인수한 스타트업에서 일했다.

아이디어만 갖고 회사를 세우는 데 필요한 과정과 작업에 대한 나의 호기심 때문에, 나는 스타트업 환경에 주로 마음이 끌렸다.

나는 우선 사업의 모든 면에 대해 배우고 싶은 욕망 때문에 스타트업에 이끌렸다. 사업을 만들어가는 첫 단계부터 배우고 경험하고 싶었다. 원점에서부터 무언가를 만드는 기회, 제품과 서비스, 회사의 모양을 만들어가는 가능성이야말로 내가 한 부분이 되고 싶었던 것이었다. 유일한 한계라면 우리의 상상력뿐인 환경에서 일하고, 사업 목표를 달성하기 위한 팀을 만들 기회 역시 나를 강력하게 끌어들이는 것이었다.

둘째, 나는 일을 어떻게 수행할지를 선택할 자유를 갖고 싶었고, 내가 일한 실제 결과에 따라 평가받고 싶었다. 나는 절대 자기선전을 잘하는 사람이 아니다. 그래서 내 생각에 자기 자신의 기여를 구걸하거나 광고하지 않아도 그것에 따라 평가받고 싶어 하는 사람들에게 스타트업은 일하기 좋은 곳이다. 나는 사람들이 "스타트업에는 숨을 곳이 없다. 당신은 이바지하든가 떠나든가 해야 한다"라고 하는 말을 많이 들었다.

스타트업 세계에서 여러분은 자신의 역할, 책임, 직함을 얼마든지 자유롭게 정의할 수 있다. 여러분은 회사 내에서 코드를 작성하는 직원이든 건강 혜택을 담당하는 인사 담당자든 다른 직원 누구와도 직접 대화할 수 있다. 여러분은 독립적으로 일하며, 대기업에서보다 훨씬 더 자율적으로 자신의 우선순위를 관리한다. 스타트업 환경에서는 직원 수가 더 적으며, 여러분의 선택에 의문을 제기하거나, 여러분의 우선순위를 정해주려는 윗선 직원도 더 적다.

부정적인 측면에서는, 대개 여러분은 시장에 확립되지 않은 제품과 해결책을 판매하고 있으며, 회사의 이름이 알려지지 않았기 때문에, 사람들에게 해결책의 가치를 확신시켜주는 것이 과제가 될 수 있다. 스타트업에 발을 들여놓는 것만으로도 도전이 될 수 있다. 하루 시간보다 해야 할 일이 항상 더 많다. 만약 여러분이 충분한 자료 없이 우선순위를 정하고 신속하게 의사결정을 내리는 데 익숙하지 않다면, 여러분은 성공하지 못할 것이다. 여러분은 유능하게 일을 처리해야만 한다. 그렇지 않으면 바로 옆으로 밀어나거나 퇴출당할 것이다.

대기업에서는 회사 안에서 인맥을 쌓고 소통하느라 대부분 시간 (내가 생각하기에 필요 이상의 시간)을 보낸다. 대기업에서 성공하려면,

여러분은 자신을 위한 브랜드를 만들어야 하고 여러분의 성공을 더 많은 팀에게 전달해야 한다.

스타트업에서는 대부분 시간을 회사 밖에서 사람들과 인맥을 쌓고 교류하는 데 써야만 한다. 여러분은 좀 더 독립적으로 일하고 여러분의 회사와 제품을 전파하고 시장에서 얻은 것을 배우고 조정할 필요가 있다. 게다가. 여러분은 사람들이 여러분의 전화나 이메일에 답신하도록 만들어 줄 IBM과 같은 브랜드 정체성(아이덴티티)을 갖고 있지 않다.

스타트업에 있는 사람은 누구나 스스로 동기부여를 해야 하고 최소한의 지침으로도 편하게 일해야 한다. 그들은 자립심이 강해야 하고 필요한 곳이라면 어디든 기꺼이 이바지해야 한다. 그것은 운용팀이 새로운 서비스를 출시했을 때 그들을 데리고 나가 저녁을 사주는 일처럼 간단할 수 있다. 그것은 새로운 시장이나 새로운 사업 문제에 대한 제품을 차별화하는 것일 수도 있다.

여러분은 그 비전을 품고 아무런 도움이나 사전 경험 없이 이야깃거리와 판매 자료를 만들어 내야만 한다.

영업 운용

한번은 어느 행사에서 연설하던 중, 스타트업의 세계로 자리를 옮길 생각을 하던 대기업 기술 회사의 젊은 여성을 만났다. 그녀는 자신의 기술이 작은 회사에서 가치가 있을지 알고 싶어 했다. 나는 그녀에게 지금 어떤 역할을 하는지 물었다. 그녀는 "영업 운용"이라고 대답했다.

"두말할 것도 없어요!"라고 나는 자신 있게 말했다. "당신은 성장 단계에 있는 회사가 고용할 수 있는 사람 중에 가장 가치 있는 사람이 될 겁니다." 우리 주변에 있던 몇몇 사람들은 영문을 모르는 것 같았다. 나는 영업 운용이 규모를 확장하는 스타트업의 비밀 무기라는 것을 모든 사람이 인정하지는 않는다는 사실을 깨달았다.

급속도로 팽창하는 시기에 가장 크게 갈등을 일으키는 분야 중 하나는 영업 인력이다. 예를 들어, 베터클라우드BetterCloud, 클라우드플레어Cloudflare, 드롭박스Dropbox, 몽고디비MongoDB와 같이 프리미엄 모델의 성공적인 구현을 통해, 마찰 없이 수입 증가를 가능케 한 비즈니스 모델을 보유한 기업은 거의 없으며, 심지어 그런 회사들조차도 거래 규모 사다리를 올라가고 상향 판매, 교차 판매와 갱신율을 개선하기 위하여 결국 영업팀을 고용한다. 스타트업이 영업 인력 규모를 늘리기 시작하면 반드시 영업 운용 기능을 만들 필요가 있다. 이유는 다음과 같다.

- 회사는 많은 신규 영업 사원을 고용하고, 교육하며, 생산성 있게 만들어야 한다. 빠르게 해야 한다. 영업 이사와 부사장이 내·외부 채용 담당자와 함께 업무 설명서를 작성하고, 지원자를 선별하며, 신규 영업 채용자에 대한 체계적인 훈련과 평가와 지도 프로그램을 개발하기 위하여 시간을 내는 것은 어려울 것이다. 생산적인 영업 사원을 3개월 안에 만드느냐 6개월 안에 만드냐의 차이는 규모를 확장하는 스타트업에게는 죽느냐 사느냐 하는 문제일 수 있다. 그것은 영업 운용의 역할이다.

- 영업 부사장은 훌륭한 지도자일 수 있지만 훌륭한 운용자가 아닐 수 있다. 대부분의 영업 부사장은 직원, 채용 담당자, 그리고 개인 영업 성적우수자들을 이끄는 유능한 지도자이지만, 일반적으로 스프레드시트를 들여다보고, 지표를 분석하며, 성과보수를 전략과 일치시키는 최적의 보상 시스템을 마련하는 일 따위를 좋아하지 않는다. 그것은 영업 운용의 역할이다.

- 영업과 마케팅을 조화롭게 하는 것은 중요하지만 영업 일선에서 일하면서 실행하기란 어렵다. 영업 이사들과 부사장들은 거래를 쫓아다니고 현장 영업 사원들을 지도하느라 너무 바빠 본사에 돌아와 마케팅에 경쟁사의 최신 정보를 하나하나씩 차례대로 전해 줄 수 없다. 현장 영업 사원은 인내심을 갖고 잠재 고객 생성을 개선하기 위해 특정 잠재 고객 집단에 어떤 일이 일어났는지 추적할 뿐만 아니라 어떤 영업 도구가 부족한지를 식별하고

설명하려고 고군분투한다. 게다가 최근의 가격과 포장 계획에 대한 논쟁은 절대 즐겁지 않다. 그리고 확실히 회사는 그런 일들로 영업팀이 산만해지는 것을 원하지 않을 것이다. 그것은 영업 운용의 역할이다.

- 영업 고객 관계 관리^{CRM} 시스템에서 얻은 통찰력은 전략적이지만 번거롭다. 스타트업에는 세일즈포스닷컴^{Salesforce.com}, 사과르 CRM^{SaguarCRM}, 넷스위트^{NetSuite}와 같이 다양한 영업 시스템에 대한 사내 전문가가 있어야 한다. 그는 복잡한 영업 단계별 보고서를 개발하고, 한 주간 사용할 영업 전화 목록을 준비하며, 모든 지역과 모든 영업 팀에서 어떤 일이 일어나고 있는지에 대한 사진 같은 보고서를 임원진과 이사회에 주별, 월별, 분기별로 보고해야 한다. 그것은 영업 운용의 역할이다.

- 영업을 효율적으로 하기 위해, 스타트업은 기술 구축 기간에 영업 속도를 줄이지 않고 효율성을 촉진하는 기술에 투자할 필요가 있다. 영업 조직은 CRM, 자동 다이얼 장치, 이메일 플랫폼, 분석 도구 등과 같이 숙달해야 할 기술로 가득 차 있다. 그러므로 영업 담당자 각자에게 각 도구에 대한 숙련도를 향상하고 최적으로 구성하는 방법에 대한 피드백을 IT 팀에게 제공하도록 요청하는 것은 영업 조직을 산만하게 만든다. 그것은 영업 운용의 역할이다.

최고의 영업 지도자는 영업팀이 영업에 시간을 더 많이 사용하고, 보고, 부서 간 조정, 운영 관리에 대한 걱정에 시간을 덜 쓰도록 만든다. 영업 운용 담당자의 역할은 최고 수입 책임자의 수석 보좌관 역할과 비슷하며 모든 회사가 매출 규모를 빠르게 확장하는 데 필요한 절대적인 비밀 무기다.

일반적으로 영업 운용팀은 일단 회사의 영업 사원이 10명에서 15명 정도가 되면 설치된다. 그때가 한 개인이 모든 영업 사원을 효과적으로 관리할 수 있는 시점을 지나고 관리 계층이 필요할 때이다. 그런 관리 계층과 함께 운용 지원이 필요하다. 이쯤 되면 기업은 일부 확립된 절차를 갖고 있을지도 모르지만, 이제는 그런 절차를 성숙시키는 데 투자할 때가 되었다.

영업 운용에서 중요한 점은 여러분이 판매하지 않는다는 사실이다. 여러분은 자동차 판매원이 될 필요는 없다. 여행할 필요도 없다. 그 역할을 맡는데 반드시 영업 경력이 필요한 것은 아니다. 여러 면에서 영업 운용은 영업 조직 내의 제품 관리자다. 제품 관리자 출신으로서, 그 점이 바로 내가 그 자리에 관심이 끌렸던 이유 중 하나일 것이다. 영업 운용이 중심이며 가장 중요하다.

예를 들어, 나는 포트폴리오 회사 중 한 곳의 이사회에 참가할 때마다, 주가, 즉 내 지분의 가치가 상승할지 하락할지 알고 싶었다. 회사가 수입 목표 달성 계획을 따라가고 있는지 아니면 계획에서 벗어난 것인지, 벗어났다면 그 이유를 알고 싶었다. 성장 궤도와 내년에 회사가 어떤 모습일지도 알고 싶다.

이 모든 것은 CEO의 몫이다. CEO는 영업 부사장을 의지하고, 부사장은(흔히 배후에서) 영업 운용 이사에게 시선을 돌려 이렇게 질문한다. 내년에 우리가 무엇을 할 수 있습니까? 이번 분기 실적은 어떤가요? 목표를 달성할 수 있을까요? 없을까요? 느낌은 어떤데요? 그런다음 이 정보는 거슬러 올라가 시장 기대치를 결정하는 CEO와 이사회까지 보고된다.

따라서 영업 운용 이사는 영업 담당자로부터 정확하게 정보를 수집하고 예측이 정확한지 확실히 확인해야 한다. 작은 실수를 해도 파급효과가 크다. 스타트업에서, 목표를 달성하지 못했기 때문에, 현금이 바닥나거나 그다음 해에 자금을 조달하지 못할 수도 있다. 여러분은 회사를 위한 수입 창출 기계의 중심에 있다. 여러분의 행동은 수입 창출에 엄청난 효과와 영향을 미친다. 그래서 지분은 매우 높고, 여러분의 영향력은 매우 크다.

영업 운용 지도자로서 조직이 중요하며, 정밀해야 한다는 필요성 또한 중요하다. 결국, 여러분이 팀을 더 효율적이고 더 효과적으로 만드는 데 집중해야 할 바로 그 사람이다. 여러분은 회사를 판매 강국으로 만들기 위해 여러분이 가진 모든 분석적 기술들을 동원할 것이다. 여러분은 훌륭한 관리자가 되어야 하며 또한 목표와 보상 공식(영업 사원에게 가장 중요한 사항)을 계산하는 경우가 많으므로 매우 분석적이어야 한다.

마지막으로, 여러분은 항상 영업 사원과 협상을 해야 하므로, 좋은 의사 전달자이자 협상가가 되는 것이 중요하다. 영업 사원들은 영업 운용팀에 보고하지 않지만, 영업 운용팀은 영업 사원을 감독할 필요가 있다. 여러분은 영업 사원과 보상 계획을 협상하고, 예측을 협상하며, 그들에게 적절하게 지시한다. 여러분은 영업 사원들을 더 강하게 밀어붙일 것인지 아니면 쉽게 가도록 할 것인지, 그들에게 채찍질할 것인지 아니면 당근을 달아맬 것인지를 결정해야 한다. 이것은 물론 영업 부사장의 일이긴 하지만 영업 운용 이사도 자주 관여한다. 여러분은 효율성 극대화를 좋아해야만 한다. 여러분은 그런 역동성을 좋아해야만 한다. 만약 여러분이 일이 더 효율적으로 작동하는 것을 보면서, 사람들을 지도하면서, 조직 모형을 만들면서 가슴이 출렁하는 에너지를 얻는다면, 영업 운용은 여러분에게 대단히 적합한 자리이다.

　　극장에 비유하면, 영업 운용자는 조명, 음향 시스템, 세트 디자인, 예행연습 일정 등을 지시하는 무대 관리자다. 여러분이 무대 위에 있는 게 아니다. 여러분은 무대 위에 선 사람을 지원하고 있다. 여러분은 모든 게 잘되도록 돕고 있다.

　　사업에 엄청난 영향을 미치는 모든 환상적이고, 카리스마 넘치고, 재미있는 사람이 되는 것에 대한 부담 없이, 그들과 함께 일하기 때문에 영업 운용은 흥미진진한 역할이다.

고객 관리

날이 가면 갈수록, 고객 관리자는 특히 사스^{SaaS} 기반 비즈니스 모델의 인기 추세에 따라, 모든 스타트업 영업팀의 중요한 부분이 되고 있다. SaaS는 "서비스로서의 소프트웨어^{software as a service}"를 의미하며, 서비스 갱신에 크게 의존한다.

전체 경제적 모델은 다음과 같다. 스타트업이 고객에게 서비스로서의 소프트웨어를 제공한다면, 고객이 6개월 후 취소하는 게 아니라 향후 6년 동안 계속 그 서비스를 이용하길 바란다. 새로운 고객을 유치하는 것은 비용이 많이 든다. 반면에, 해마다 서비스를 갱신하는 장기 고객들은 수익성이 매우 좋다. 따라서 스타트업의 생명줄은 고객 유지다.

영업 사원이 하는 일은 일단 판매를 하고 나면, 다음 고객으로 넘어가는 것이다. 고객 관리자의 역할은 획득한 고객의 일을 처리하는 것이다. 즉 고객 지원, 서비스 구축 관리, 고객이 가진 모든 질문에 대한 답변 혹은 현재 또는 미래에 발생하는 문제에 대한 해결, 그리고 가장 중요한 것은 서비스 갱신을 확실히 하고 고객 이탈을 방지하는 것이다. 그것은 고객을 행복하게 하고 갱신율을 유지하는 데 결정적인 역할을 한다.

보통, 영업 사원과 매우 친하고 영업 책임자 또는 최고 수입 책임자^{CRO}에게 보고하는 고객 관리팀 혹은 고객 관리자 두어 명이 있다.

사냥꾼과 채집인의 이야기를 생각해보라. 영업 사원들은 사냥꾼이다. 그들은 사냥하고, 사냥감을 잡아 캠프로 가져온다. 한편 채집인들은 껍질을 벗겨 고기를 요리하며, 식사를 마무리하기 위하여 수확한 과일을 모은다. 이 사람이 고객 관리자다. 이 역할에서, 이미 계약을 체결한 영업 사원의 성공을 활용하며 성공적 고객 유지를 확실히 하는 데 초점을 맞춘다. 기업 B2B 상황의 스타트업이 고객 회사를 열 개에서 스무 개 정도 확보하는 순간, 고객 관리팀을 설치할 때다.

영업 사원들은 사냥만 하면 돈을 받는다. 고객의 장기적인 성공에 초점을 맞추지 않는다. 만약 그들이 고객 유지에 모든 시간을 사용한다면, 다음 분기 목표를 달성하기 위해 후속 영업을 하려고 외부로 나갈 시간이 없을 것이다. 영업 사원들은 경계를 넘어, 전진하며, 새로운 고객을 확보해야 한다. 고객 관리팀은 사무실에서 기존 고객들을 보살피고, 지원하고, 그들이 성공하도록 도와주며, 그런 뒤 재계약과 거래 확장까지도 확실히 보장한다.

이 중 어느 것도 고객 관리 업무에 멋진 순간들이 없다고 말하는 것은 아니다. 나는 고객 관리자가 결정적 순간에 고객을 다루면서 스타트업을 성공하게 하거나 실패하게 하는 위치에 있는 상황을 보아왔다. 내가 아는 한 회사는 항공사와 은행 그리고 다른 기업 고객들을 에게 증강 서비스를 제공했다. 한때, 그 은행은 수입 측면에서 스타트업의 가장 중요한 고객이었지만 은행은 불만이었다. 금융위기

이후 은행은 많은 규제 조사를 받아왔고, 사람들은 은행을 통해 움직이는 자금과 신용 그리고 그 모든 것에 대한 보고의 정확성에 매우 민감했다. 하지만 은행은 이 스타트업이 충분히 정확하지 않다고 생각했다. 당시 창업한 지 얼마 안 되던 스타트업은 사실 준비는 되어 있었지만, 은행이 필요로 하는 만큼 준비가 되어 있지는 않았다. 그래서 은행이 불쾌감을 표명하고 관계를 취소하겠다고 으름장을 놓았을 때, 스타트업은 일을 바로잡기 위해 허둥대야만 했다. 그 시점에 아마도 은행은 스타트업 수입의 25~30%를 차지했으므로, 고객으로서 은행을 잃어버리면 회사는 망했을 것이다. 스타트업은 자금이 바닥났을 것이고, 더는 자금을 조달할 수 없었을 것이다. 그래서 스타트업은 은행의 요구를 충족하고 은행의 모든 준법 문제 해결을 확실히 하기 위해 재빨리 움직였다.

이 모든 것은 스타트업에 수입이나 사업 기회를 더는 가져다주지 않았기 때문에 실망스러웠다. 하지만 은행에는 준법 문제가 있었고, 그것은 너무나 분명했다. 은행은 자신을 귀찮게 하는 감독 당국을 대해야 했으며 직원들은 고위 경영진으로부터 압박을 많이 받고 있었다. 직원들은 문제를 안고 있었으며, 스타트업이 바로 그 문제를 해결해야만 했다. 그것이 고객 관리 직원들이 해야 하는 일이다.

그래서 나는 그 점이 고객 관리 분야에서 일하는 것이 크게 인기 있는 이유라고 생각한다. 여러분은 문제를 풀 수 있다. 여러분은 사람들을 도울 수 있다. 고객 관리는 회사에 정말 중요한 기능이고, 비즈니스를 가능하게 한다. 고객 관리 기능이 없다면 사업은 실패할 수 있다.

실용적 견지에서 보면, 고객들과 가깝게 지내는 것이 매우 중요하기 때문에 그렇게 하려면 때로는 정기적으로 그들을 방문하여 그 관계를 구축하기도 하지만, 고객 관리는 다른 영업직보다 출장 여행을 덜 가도 되므로, 부침이 적은 더 안정된 직업이다. 만약 여러분이 그런 환경에 더 어울린다면, 고객 관리가 여러분에게 꼭 들어맞는 직업일 것이다.

프로필

트레이시 크론룬드Tracy Cronlund

글로벌 고객 영업담당 부사장, 트랙스Tracx

우리 영업팀은 비즈니스 개발과 잠재 고객 창출(내부 영업), 중간 시장(신규 영업), 기업(신규 영업), 임원 고객(우리 팀, 고객 영업) 등 네 개의 그룹으로 나뉜다. 비즈니스 개발팀은 잠재 고객을 찾아내려고 노력하며, 새로운 고객(중간 시장과 기업팀)을 유치하려는 영업팀을 위하여 면담을 주선한다. 일단 고객이 연간 계약에 서명하면, 우리 팀이 담당한다. 우리는 특정 고객에게 그들의 계약 기간 동안 전담 기업 고객 관리자를 배정한다. 이 조치의 주된 목적은 고객들이 일 년 내내 가치를 경험하고 이익을 볼 수 있도록 도와줌으로써, 그들이 궁극적으로 계약을 갱신하고 더 많은 제품을 구매하도록 하는 데 있다. 우리 팀이 "트레이너"는 아니지만, 고객들이 시스템을 편안하게 생각하고, 사용 방법과 기술적 사항에 대한 질문에 적시에 답변하기 위하여 우리는 서비스 지원팀과 긴밀하게 협력한다.

오늘날, 나는 4명으로 구성된 팀을 운영하고 부서도 담당한다. 이는 내가 이 영업 그룹과 회사의 장래에 영향을 미치는 의사결정 과정에 관여한다는 의미이다. 이전 대기업에서 비슷한 위치에 있을 때, 나는 12명의 고객 영업 사원으로 구성된 팀을 운영했지만, 회사 내에서 어떤 더 큰 의사결정 과정에도 관여하지 않았다. 그 역할에는 아래에 내용처럼 많은 차이가 있다.

나의 구체적인 책임은 다음과 같다.

- 거래 준비, 기술적 제품 해결책, 예측, 협상 전술, 추가 요구, 시연 준비 작업과 기타 지도/학습/문제 해결 기회에 대하여 팀원들과 개별적으로 협력한다.
- 현장에서 고객을 만나기 위한 출장. 일부 고객을 직접 만나 우리와의 거래 상태, 계약 갱신과 신제품 기회, 제품 개선 요청 사항 등을 파악하기 위하여, 종종 전국을 다니거나 가끔 해외로 출장 간다.
- 고객 행동 추적. 매우 체계적으로 갱신 금액, 가입 제품, 계약 만

기일 등을 포함한 현재 고객 기반 정보를 수집하고 있다.

- 더 크고 복잡한 계약 갱신에 주력. 팀과 고객 기반이 소규모이므로, 더 큰 팀에서 일할 때보다 몇몇 중요한 판매 경로에는 더 직접 관여한다.

- 회사 내 다른 부서와의 협력과 회의. 제품 로드맵 항목, 기술적 요청 사항, 고객으로부터의 모범 사례 요청에 대해 협의하기 위해 제품팀 또는 서비스 리더십 팀과의 회의에 자주 참석한다. 고객의 요구가 오늘 충족되고 앞으로도 계속 충족되는지 확실히 하기 위해 내부 회의에서 고객의 목소리를 대변한다.

- 고객 영업부의 설치를 도와주기 위한 고위 경영진과의 협력과 회의. 우리는 아직 신생 기업이기 때문에, 내게 많은 의사결정권을 줬다. 나는 종종 내 팀뿐만 아니라 미래의 팀원들, 그리고 우리가 회사로 성장함에 따라 등장할 결국 훗날 다른 팀과 관리자들의 모습을 구체화할 결정에 자주 참여하였다. 예를 들어, 우리는 보상 계획, 팀의 목표, 예약 정책, 내부 체제 준비 그리고 영업사원들이 일상적으로 처리해야 할 다양한 매일의 업무처리 과정들에 대해 작업해야만 했다. 나는 작은 스타트업의 일원이 됨으로써, 이런 기초적인 과정을 도와줄 기회를 얻었다. 반면, 이전에 근무했던 더 크고 더 체계가 잡힌 조직의 역할에서 볼 때, 이런 일들은 내가 그곳에 들어가기 훨씬 전에 이미 결정되었고, 조직 변화가 있을 때, 나와 정확히 같은 역할을 하는 다른 관리자

들이 너무 많았기 때문에, 내 목소리는 자주 묻혀버리거나 오늘날처럼 영향력이 크지 않았다.

나는 작은 회사와 스타트업에 매력을 느끼고 그들과 일하는 것을 더 좋아한다. 이것에 대한 이유 중 몇 가지는 위에서 설명했다. 하지만 나는 또한 "우리가 성공할 것인가?"라는 질문과 함께 따라오는 미지/불확실성/흥분도 좋아한다. 나는 항상 경쟁적이었고, 스타트업에서 일하는 것은 약간 그런 느낌이 들었다. 물론 (다른 회사와도 마찬가지로) 일상 업무도 있지만, 그 이면에는 (보통 분기 말마다 생각나는 것처럼) "우리는 어떻게 하고 있지?" 그리고 "이것이 잘 될까?"라는 느낌이 있어 나의 전반적인 직장 생활을 더욱 만족스럽고 흥미롭게 만든다. 당연히 나 또한 대부분의 스타트업 직원에게 상당한 스톡옵션으로 통상 제시되는 재정적 유인책을 좋아한다. 나는 지금 감정적으로뿐만 아니라 금전적으로도 몰입하고 있다. 그래서 "우리가 성공할 것인가?"와 "얼마나 크게 될 것인가?"의 가능성이 그만큼 더 흥미진진하다.

고객 서비스

　가끔 명칭의 구별이 흐릿하다. 즉, 고객 관리와 고객 서비스 사이에 차이가 없는 경우가 많다. 어떤 때에는 고객 관리가 더 영업 지향적이고, 고객 서비스는 더 서비스 지향적이다. 달리 말하자면, 고객 서비스 기능은 어느 순간에 고객 요구를 도와주는 것을 포함한다. 고객 서비스 팀은 종종 고객이 제품을 사용할 때 발생하는 불만이나 문제에 반응하다. 예를 들어, 이런 문제점에 대응해야 할 수도 있다. 고쳐야 할 몇 가지 버그를 찾아냈다. 시스템 구축과 통합에 어려움을 겪고 있다. 당신이 보내준 가장 최신 버전이 내 데이터와 호환되지 않는다.

　영업 사원들이 사냥꾼이라면, 고객 관리와 고객 서비스는 둘 다 채집인을 닮았다. 그들은 장기 고객 유지에 집중한다.

　고객 서비스는 선한 사마리아인(성경에서 강도에게 거의 죽게 된 행인에게 자비를 베푼 사마리아 사람)처럼 자선 기능을 한다. 그들은 다른 사람들에게 문제가 발생할 때 공감하고 반응하는 반면, 고객 관리는 좀 더 사전 예방적이고 잠재적인 문제들을 예측하는 데 있어 좀 더 전략적인 경향이 있다.

　그렇지만 때로는 최고의 고객 서비스나 고객 서비스 조직이 실제로 효과적인 영업 조직일 수도 있다. 여러분은 아마 서비스 제공자와 전화 통화할 때 이런 경험을 했을 것이다. 다른 건 도와드릴 게 없나요? 그런데, 고객님 계좌를 살펴보니 매달 약정한 데이터를 다 쓰고 계시네요. 저희는 고객님이 원하시면 돈을 절약할 수 있는 데이터 계획을 업그레이드하는 특별한 프로그램이 있어요. 이것이 고객 서비스담당자들이 하는 일이다.

기본적으로, 그들이 기술 지원을 하는 것처럼 들리거나 행동할 수 있지만, 사실은 영업하는 것이다. 가장 잘 훈련된 고객 서비스 조직은 판매, 상향 판매와 교차 판매에 효과적이다.

상향 판매는 고객들이 같은 것을 더 많이 사도록 권장하는 것이다. 드롭박스를 다시 한번 예로 들면, 상향 판매를 할 때 기가바이트의 저장 공간을 더 많이 구매할 것을 제안할 수 있다. 즉, 같은 제품을 더 많이 사용함으로써 연간 수수료가 더 많아지고 회사는 수입이 더 많아지게 된다. 반면, 교차 판매는 '지금 이것을 사용하고 계시는데 저것도 사고 싶지 않으세요?'라며 제안하는 것을 의미한다. 고전적인 교차 판매는 "바지를 사셨네요. 바지와 어울리는 허리띠는 필요 없으세요? 양말은 어때요?"라며 묻는 것과 비슷하다.

고객 서비스를 담당하면 여러분은 서비스 사업을 하는 것이다. 매일 자리에서 일어나 이렇게 말한다. "어떻게 도와드릴까요? 어떻게 하면 당신의 삶을 쉽게 만들 수 있을까요? 어떻게 하면 당신이 목표를 달성하도록 도와 드릴 수 있을까요?"

여러분은 또한 회사의 목표를 생각하는 데 있어서 조직적이고 전략적일 필요가 있다. 여러분은 항상 회사가 달성하려고 하는 것이 무엇인지, 어떻게 하면 지금 당장 그리고 시간 경과에 따라 이익을 더 많이 얻을 수 있을지를 생각한다. 보람 있는 부분은 여러분이 이것을 긍정적인 방법으로 다시 말해 고객에게 유익하고 진실한 방식으로 하고 있다는 사실이다.

공감에 더하여 직관은 이 역할에 도움이 되는 자질이다. 고객들은 스스로 나타나 자신이 필요로 하는 것을 말하지 않을 수도 있다. 여러분이 마주칠 수 있는 최악의 상황은 고객이 거래를 취소했는데 여러분이 그 이유를 모를 때이다. 더 나쁜 상황은, 여러분이 소스라치게 놀랐을 경우다. 고객이 취소하고, 여러분은 "뭐라고? 취소했다고? 왜 취소한 거지? 나는 모르겠는데. 충격받았어. 난 그들이 만족해한다고 생각했어"라고 말할지 모른다. 하지만, 아마 여러분은 그들이 만족하고 있는지 그렇지 않은지 진정으로 알지 못했을 것이다.

고객 서비스 담당자는 알아야 한다. 고객들에게 어떤 일이 벌어지고 있는지를 아는 것이다. 즉, 고객들이 제품을 사용하고 있는지, 제품이 고객의 요구를 만족시키고 있는지, 고객들이 제품에 행복해하는지, 회사의 다른 부서로부터 지원을 받고 있는지 등을 알아야 한다. 이런 것들이 고객 만족의 핵심 구성 요소이다. 그러므로 여러분은 고객의 소리를 잘 듣는 사람이 되어야 하며 고객들과 연락하고 그들을 동반자처럼 대우하고 그들의 요구를 진정으로 이해해야 한다.

스타트업의 고객 서비스 기능에 자주 붙어 다니는 꼬리표는 고객 성공이다. 몇몇 스타트업은 고객 서비스 책임자에게 보고하고, 조직

내에서 고객의 대변자 역할을 하도록 권한을 받은 개별 고객 성공 책임자 즉 고객 성공 관리자를 고용한다. 어떤 경우에는 그 기능이 격상될 수도 있다. 하지만 그 역할이 어떻게 정의되든지 간에 기능은 유사하다. 고객들을 행복하고 성공하게 하며 유지하기 위하여 조직에 자극을 준다.

전문 서비스

한동안, 나는 내 스타트업인 오픈마켓에서 전문 서비스를 담당했다. 우리는 전자상거래 소프트웨어를 판매하고 있었고, 기업들이 온라인상에서 제품과 서비스를 안전하게 판매할 수 있도록 도왔다. 이 시기는 1990년대 중반으로 인터넷 1세대였다. 우리가 함께 일하던 회사들이 온라인에 접속한 것이 대개 최초였다. 우리는 쇼핑 카트, 안전한 결제, 콘텐츠 관리와 상품 안내서로 그들을 도왔다.

우리는 1년 만에 아무것도 없는 데서 믿을 수 없을 정도로 복잡한 시스템을 구축하는 데까지 이르렀다. 그것은 결코 작은 성과가 아니었지만, 우리의 영업과 가치 제안은 우리와 시장이 성숙함에 따라 빠르게 진화했다.

처음에 우리는 이렇게 말했다. 안전하지만 다소 세련되지 않은 결제 플랫폼이 있습니다. 이제 가서 알아보기로 해요. 그러면 고객은 즉시 우리의 제품을 자신의 환경에 통합하는 방법을 알고 싶어 했다. 웹사이트를 어떻게 만들 것인가, 콘텐츠와 상품 안내서는 어떻게 만들 것인가, 우리의 제품을 자신들의 결제 기간 구조에 어떻게 맞출 것인가에 대해 궁금해했다. 우리는 목수들에게 망치를 팔고 있었는데(은유적으로 말하면), 목수들은 기꺼이 우리가 제공하는 도구를 갖고 그것을 어떻게 사용할지 알아내려고 했다.

하지만 목수들은, 여러분이 추측하듯이, 말하자면 다른 도구들이 27가지나 필요했다. 망치만으로는 충분하지 않다. 우리는 솔루션을 제공하려고 더 움직여야 했고, 그것을 통해 오로지 그들만을 위해 디자인된 완전한 "목수용 도구 세트"를 제공할 수 있었다.

그것이 우리가 했던 방식이다. 우리는 이렇게 말하는 쪽으로 방향을 바꾸었다. 우리는 여러분의 카탈로그를 만들고 여러분에게 더 좋은 전자상거래 사이트를 구축하는 방법을 가르쳐 주겠다. 우리는 그것을 여러분의 ERP 시스템과 통합할 것이다. 우리는 그것을 여러분의 결제 시스템과 통합할 것이다. 우리가 이 모든 것을 하겠다. 그리고 아, 그래요, 우리 제품 두세 개가 필요하고 여러분이 그 대금을 치르겠지만, 또한 전체 솔루션을 통합하고 제공하는 비용도 지급해야 한다. 이것은 전문 서비스가 하는 일이다.

B2B 스타트업 초기(사용자별 맞춤형 제품이 만들어질 수 없는 B2C 상황에서는 적용되지 않음)에, 스타트업의 홍보 내용은 다음과 같다. 이것이 우리 제품이 하는 일이고, 특징이며, 기능성이고, 이점이다, 그

러므로 이것이 바로 여러분이 우리 제품을 사야만 하는 이유다. 즉, 제품이 고객의 문제를 어떻게 해결하는지 알아내는 것은 고객 회사의 몫이다.

시장이 성숙하고, 스타트업도 성장함에 따라, 스타트업은 솔루션 판매로 전환한다. 이는 고객을 위하여 문제를 해결하는 것을 의미한다. 제품은 이제 일종의 도구라 할 수 있다. 판매되는 것은 이제 개별 제품이라기보다는 문제에 대한 해결책, 즉 솔루션이다.

기업들이 성숙함에 따라, 그들은 더 확립된 시장에서 고객들이 요구하는 더 광범위한 판매 프로세스와 판매-전달 역량을 제공한다. 전문 서비스 조직은 제품을 설치한 다음, 고객의 문제를 더 완전한 방법으로 해결하기 위하여 제품과 그 주변의 다른 것들을 고객의 환경에 꼭 들어맞도록 맞춘다. 그것은 자기 자신의 옷을 사기 위하여 상점에 가는 것과 전담 쇼핑 상담자의 힘을 빌리는 것의 차이와 비슷하다. 혼자서 스스로 해야 하면 여러분은 자신의 패션 요구를 해결하기 위해 상점의 옷들을 어떻게 조합해야 하는지 알아내야 한다. 전담 쇼핑 상담자가 있으면, 누군가가 몇 벌의 옷을 맞추어 보는 일을 하고 여러분을 위해 그 문제를 해결한다.

회사 내의 전문 서비스 팀들은 제품을 중심으로 둘러싼 소규모 자문회사들과 같다. 비교해보자면, 액센츄어Accenture와 **IBM** 서비스는 대형 컨설팅 회사의 사례이다. 지난 10년 동안, IBM은 소프트웨어 제품 회사에서 서비스 및 솔루션 회사로 전환했다. 그들은 대형 소매

사업자에게 가서 이렇게 말한다. 우리는 여러분을 전자상거래의 거물로 만들 것이다. 여러분은 우리 제품 서너 개와 파트너 제품 두 개를 여러분의 솔루션 일부로 사용할 것이며, 우리는 그것들을 모두 함께 연결하여 여러분의 환경에 통합하고 여러분에게 꼭 들어맞도록 맞춤화할 것이다.

때때로 전문 서비스는 고객의 다른 제품과 통합할 수 있는 제품을 맞춤형으로 만들어 제공하는 맞춤형 개발을 포함한다. 우리가 처음 오픈마켓에서 제품을 출하하기 시작했을 때, 많은 고객은 조금씩 다르게 작동하는 이 기능 혹은 저 기능이 필요하다고 말했다. 고객이 그런 내용을 요청할 때, 스타트업에는 두 가지 선택권이 있다. 한 가지 선택권은 엔지니어링팀에게 가서 이렇게 말하는 것이다. 모든 것을 중단하세요. 제품 로드맵, 신제품 출시 안내에서 설명한 것처럼 저는 여러분이 훌륭한 차세대 기능을 개발 중이라는 사실을 알고 있습니다. 하지만 저는 여러분에게 이 고객의 문제를 해결하고 그 기능이 다르게 작동하도록 만들어 달라고 부탁드립니다.

그것은 명백하게 나쁜 접근 방식이다. 하지만 만약 그 고객이 여러분 사업의 큰 부분을 차지한다면, 가끔 어쩔 수 없을 때도 있다. 여러분은 제품 로드맵을 보류하고, 고객의 문제를 해결하기 위해 회사의 자원을 다른 방향으로 투입한다.

두 번째 선택권은 내가 더 자주 경험하는 것이고, 여러분이 해낼 수 있다면, 스타트업에 더없이 좋다. 여러분은 고객에게 이렇게 말하면 된다. 전문 서비스 직원을 이 자리로 데려올게요. 그 사람은 우리 제품을 속속들이 잘 알고 있어요. 환경 설정에 맞게 일하는 방법을 알고, API를 어떻게 작성해야 하는지도 잘 알고 있습니다. 그 사람한테 요구하시는 기능을 맞춤형으로 만들어 달라고 부탁하시지요. 만약 여러분이 이 선택을 따른다면, 내가 학생들과 또 스타트업들과 똑같이 공유했던 가장 중요한 법칙은 바로 이것이다. 코드를 결코, 절대 나누지 마라. (제품을 여러 버전으로 나누어 각각 약간씩 다른 기능을 수행함으로써 각각 고유한 보수 유지와 개발이 필요하다). 이 접근 방식을 따르면 제품 일부를 떼어내 API를 통해 맞춤형으로 제작할 수 있다. 그러면 엔지니어링 조직에 손을 내 내밀거나 제품 로드맵을 방해하지 않고 고객의 문제를 해결할 수 있다.

기업들은 제품팀을 보호함과 동시에 고객 문제를 해결하기 위해 그런 종류의 맞춤형 개발을 전담할 전문 서비스팀을 구성해야만 한다.

예를 들어, 전자상거래 사이트 설정에서, 사용자 인터페이스가 특정 방식으로 보이기를 원하는 고객 혹은 상품 안내서가 기본값과 다르게 표시되기를 원하는 고객이 있을 수 있다. 고객들은 모바일 광고와 검색 광고에 응답하거나 웹사이트에 직접 접근하는 등 그들의 고객이 사이트에 진입하는 방식에 근거한 맞춤형 작업 흐름까지 요구할지도 모른다. 여러분의 고객은 이미 주문 관리 시스템과 재고 시스템, 결제 시스템 등을 갖추고 있으며, 그 모든 것을 전자상거래 시스템에 통합하기를 원할 수도 있다. 이렇게 하려면 맞춤형 통합과 맞춤형 개발이 필요하다.

이런 일을 하면서 유능한 전문 서비스팀은 회사의 자산이 된다. 왜냐하면, 영업팀은 이제 이렇게 말할 수 있기 때문이다. 우리 제품은 이런 모든 환상적인 기능을 제공할 뿐만 아니라, 우리는 그것을 맞춤화하여 여러분의 특수한 환경에 통합할 수 있는 훌륭한 서비스 조직도 갖추고 있다.

이제 주제를 알아차리셨나요? 고객의 환경에서 고객의 요구를 충족하고 고객에게 꼭 들어맞는 고도로 맞춤화한 솔루션을 제공하는 것, 그것이 바로 전문 서비스 팀의 역할이다.

설치 및 교육

여러분의 회사가 영업팀을 더 효율적이고 투명하게 만들기 위하여 세일즈포스닷컴Salesforce.com에서 소프트웨어를 구매하기로 했다고 가정해 보자. 좋다, 아주 좋은 생각이다. 그다음엔 무슨 일이 일어날까? 제품을 실제로 어떻게 사용하는가? 데이터를 어떻게 올리는가?

회사들은 그들이 구매하는 소프트웨어를 효율적으로 사용할 수 있어야 한다. 이는 직원들이 그 소프트웨어에 대해 훈련을 받고 소프트웨어 사용법을 확실히 아는 것을 의미한다. 이 경우 모든 세일즈포스닷컴 영업 사원은 기록 입력, 문제 처리와 기타 모든 내용 등 제품을 어떻게 사용하는지를 알아야 한다. 그러면 세일즈포스닷컴에는 고객 회사에 출근할 교육 담당자들이 있을 것이다. 그런 사람들은 전문 서비스팀 출신일 것이다(때에 따라 영업팀에 보고하는 별도 조직의 일부인 경우도 있다).

스타트업의 고객들이 설치, 통합, 사용법에 대한 직원 교육 등 제품을 사용하는 데 도움이 필요한 경우, 설치와 교육팀은 이런 서비스를 담당하는 사람들이다. 그들은 또한 제품을 가동하고 실행하고 고객의 데이터를 로딩하는 것을 도울 수 있다.

전문 서비스담당자들은 영업 최전선에서 고객과 함께 일을 하므로, 이런 각 기능은 스타트업에 처음 들어오는 사람들에게 훌륭한 진입점이 될 수 있다. 그들은 제품을 알게 된다. 그들은 고객의 요구를 알게 된다. 매우 현장감이 있으며 실용적이다. 환경을 이해하면서 현장에 있다. 이런 이유로 전문 서비스담당자들이 제품과 고객들에게 믿을 수 없을 정도로 친숙하게 되는데, 이런 현상은 다른 역할로 자리를 옮길 수 있는 것으로 해석될 수 있다.

예를 들어, 유능한 전문 서비스담당자들은 때때로 제품 관리자, 영업 엔지니어, 심지어 소프트웨어 개발자가 된다. 이것은 정말 유능한 전문 서비스담당자는 매우 기술적이기 때문이다. 그들은 제품을 고객 환경과 통합하고 연결 코드와 맞춤 스크립트 그리고 그와 같은 성격의 것들을 작성하는 데 도움을 준다. 시간이 지남에 따라, 그들은 소프트웨어 개발자가 되고 제품팀의 일원이 되는 것을 배울 수 있다.

앞서 논의한 바와 같이 스타트업의 세계에서 여러분이 어떤 역할을 맡을지는 훨씬 더 유동적이다. 그 점이 스타트업의 세계에서 경력을 쌓는 것이 매우 훌륭한 이유 중 하나이다. 사일로에 갇혀 있을 필요가 없다. 3년, 4년, 5년, 6년 지나는 동안 한 역할에서 다음 역할로 옮길 수 있다. 그런 종류의 융통성과 이동성은 대기업에서 찾아보기 훨씬 힘들다.

맥락이 영업 조직을 어떤 모습으로 만드는가?

다른 스타트업 기능들과 마찬가지로, 영업 조직은 스타트업이 성숙함에 따라 진화한다. 기업의 발전 단계와 고객 관계의 성격은 이런 변화에 영향을 미친다.

맥락: 발전 단계

다른 장에서, 나는 스타트업 라이프 사이클의 다양한 단계에 관해 설명했다. 단계마다 역할이 다르다. 영업의 경우, 정글 단계에서 여러분은 대부분 탐험가처럼 열정적으로 영업을 한다. 새로운 영역을 개척하고 영업 공식을 풀어내느라 애쓴다. 비포장도로 단계에서는 반복성을 더 찾고, 자신의 습관을 찾아 프로세스를 개발하기 시작한다. 고속도로 단계에서는, 최적화하고 확장하기 시작한다. 이때가 기계를 만들 때이다. 따라서 영업 역할이 어떤 모습을 띨 것인가도 시간이 지남에 따라 변화한다. 초기에는 우연히 제품을 판 제품 관리자에 가깝고, 나중에는 우연히 제품 피드백을 제공한 영업 사원과 더 가깝다. 그것은 매우 다른 동력이다.

만약 여러분이 배우려는 단계를 즐기는 사람이라면, 여러분은 회사 발전의 아주 초기 단계의 영업에 참여하기를 원할 것이다. 만약 여러분이 배우는 게 싫다면, 즉 모든 일이 저절로 설명되고 그저 일만 하고 싶다면, 여러분은 영업 조직의 후기 단계에 참여하고 싶어 할 것이다.

이것은 영업에서 여러분이 스타트업의 어느 단계에 있느냐에 따라, 여러분이 맡은 일이 더 즐겁거나 덜 즐겁게 된다고 말하는 게 아니다. 그것은 단지 회사의 확장 과제는 시간이 흐름에 따라 진화하고, 스타트업 진화의 다른 단계마다 더 잘 어울리는 사람이 다르다는 사실을 의미한다.

SaaS 스타트업을 생각해 보자. 처음에는 창업자가 영업한다. 공동 창업자 중 한 명이 직접 영업 활동을 주도한다. 이것은 영업 학습 곡선의 매우 초기 단계다. 그들은 영업을 어떻게 하는지, 심지어 처음에 제품을 어떻게 설명하는지 배우려고 애쓰고 있다. 구매자들에게 무엇이 필요하며 자신들의 환경이 어떻게 보이는지를 배우고 있다. 그들은 설명 단계에 있다.

시간이 지남에 따라, 그들은 영업 사원 몇 명을 고용한다. 보통 처음에는 외부 영업 사원을 고용하지만, 비즈니스 모델과 제품이 얼마나 비싼지에 따라 내부 영업 사원일 수도 있다. 공동 창업자는 자신이 배운 것을 영업 사원에게 전달하려고 노력하고, 그런 뒤 그 첫 영업 사원을 현장에 자유로이 풀어놓아 영업을 얼마나 성사하고 최초 영업 목표를 달성할 수 있는지 없는지를 살핀다.

일단 설립자들이 영업 사원이 성공하고 있다고 느끼면, 다른 영업 사원을 고용할 수도 있다. 그리고 또 한 명, 그리고 또 한 명 고용한다. 만약 매출이 계속 증가한다면, 설립자들은 일반적으로 영업 조직에 대한 직접적인 통제에서 손을 떼고 영업담당 책임자를 고용한다. 시간을 두고 보면, 그들은 처음에 작은 영업 조직을 만들지만, 그다음에는 회사가 성장함에 따라 더 큰 영업 조직을 만들 것이다.

기업들은 추가된 영업 사원이 생산적일 수 있다고 예상하는 시점에 영업 사원을 채용하는 경향이 있다. 영업 사원들은 매우 비싸고, 스타트업이 그들에게 투자한다면 월급은 즉시 주기 시작하지만, 그들이 생산적이 되려면 사전에 3개월에서 6개월 이상 훈련을 받아야 한다. 달리 말하며, 기업들이 신규 영업 사원을 채용할 때마다 현찰 금고에 구멍이 나는 셈이다.

이 초기 비용을 인식한다면, 스타트업은 신규 영업 사원을 고용할 때마다 그에 대한 투자를 정당화할 수 있는지를 평가해야 한다. 그 사람이 6개월 후에 성과를 낼까? 아니면 9개월 후에? 아니면 12개월 후에? 회사가 그렇게 오랫동안 지체되는 것을 감당할 수 있을까?

스타트업이 영업을 증가시키기로 할 때, 고려해야 할 또 다른 차원은 잠재 고객을 얼마나 많이 보유하고 있는 지이다. 때로는 팀 전체에 걸쳐 잠재 고객을 너무 얇게 분산시키는 영업 사원을 고용하는 대신, 기존 영업 팀의 생산성을 높여 영업 기회를 더 많이 창출하기 위하여 마케팅에 더 많은 투자를 하고 싶을 때도 있다.

이 모든 것이 여러분에게 무슨 의미인가?

그것은 여러분이 스타트업에 뛰어들 것을 고려할 때, 여러분은 스타트업이 어떤 단계에 있는지 평가하고 이해하는 데 정통하기를 원한다는 사실을 의미한다. 한 가지 중요한 지표는 스타트업이 얼마나 많은 영업 사원을 보유하고 있으며, 영업 사원 전체가 달성하려는 총 영업 목표는 얼마이며 그리고 영업 조직이 얼마나 빠르게 성장했는가 하는 수치이다. 이것은 모두 회사가 어느 성장 단계에 있으며, 그 단계에서 얼마나 성공적이었는지를 보여주는 좋은 신호들이다. 따라서 여러분이 정글 단계가 좋다면, 영업 사원이 거의 없는 회사를 찾아라. 만약 고속도로 단계가 좋다면, 영업 책임자가 있고 매출과 목표액을 꾸준히 늘어나는 기성팀을 찾아야 한다.

그리고 가서 이렇게 몇 가지 어려운 질문을 하라. 작년 영업 목표 달성도는 얼마였는가? 만약 회사가 영업 인력이 생산적으로 되기도 전에 너무 많은 영업 능력을 너무 빨리 고용했다면, 영업 목표 달성도는 낮은 수치일 것이다. 마마도 60%에서 70% 정도일 것이다. 그것은 형편없는 숫자다. 하지만 만약 스타트업이 신중하게 채용하여, 85%, 90%, 100%의 목표 달성도를 보인다면, 그것은 정말 훌륭한 숫자다. 물론 100%를 넘으면 환상적이다. 그것은 그 회사가 더 많은 영업 사원을 절실히 필요로 하며, 거의 틀림없이 과소 고용하고 있다는 사실을 의미한다.

또 다른 질문은 팀의 승률에 관한 것이다. 여러분은 그 답을 사용해 여러분이 영업 역할로 나가는 것이 어떻게 보일지에 대한 자신만의 판단력을 개발할 수 있다.

거래를 위해 경쟁하는 모든 영업 사원에게는 승률이 있다. 즉, 한 회사가 경쟁에서 이기는 경우와 지는 경우의 비율이다. 승률이 70% 혹은 80%라면 엄청난 수치다. 승률이 20~25%라면 형편없는 숫자다. 그것은 회사가 협상 테이블로 가서 시연회를 하고, 제품 요구서RFP를 작성하고, 질문에 대답하는 데 시간과 에너지를 투자했지만, 그런데도 4가지 상황 중 1가지 상황만 실제 수입 창출 사건으로 전환했음을 의미한다.

영업 조직에 들어오는 한 개인으로서, 여러분은 직원들이 성공했는지를 알고 싶어 한다. 여러분은 영업 사원들이 목표를 달성하고 있는지도 알고 싶어 한다.

맥락 : 고객 유형

영업 기능과 함께 고려해야 할 중요한 맥락의 또 다른 요소는 누가 대상 고객인지, 고객의 평균 계약금액이 얼마인지, 따라서 그 고객을 공략하기 위해 어떤 영업 모델을 구축해야 하는지다. 이 장에서 현장 영업, 내부 영업, 자가 서비스 영업 등 다양한 종류의 영업 모델과 영업 직원에 관해 설명한다. 표 6-1은 소비자와 전문 소비자, 중소기업 SMB 또는 대기업 등 고객 유형별로 서로 다른 영업 모델을 요약한다. 각 고객 유형에 대해, 제품의 전형적인 평균 계약 금액average contract value, ACV이 얼마나 되는지 정리했다. ACV는 영업 모델의 유형에 대한 중요한 척도로서, 낮은 ACV에 해당하는 비즈니스 모델에는 자가 서비스 이외의 어떤 것도 없는 반면, 높은 ACV에 해당하는 비즈니스 모델에는 대규모 현장 영업과 지원팀이 있다.

표 6-1

고객 유형별 영업 모델

고객	평균 계약 금액(ACV)	영업 모델
소비자와 전문 소비자	< $1,000	자가 서비스
중소기업	$1,000~$10,000	내부 영업
중간 시장	$10,000~$100,000	현장 영업+내부 영업
대기업	> $100,000	현장 영업

영업 사원의 특성

홀륭한 영업 사원의 자질은 그 사람이 취급하는 영업의 유형에 달려 있다. 나는 각각의 다른 역할을 논의하면서 그런 자질들에 대해 언급해 왔지만, 몇 가지 덧붙이자면, 감정이 풍부하고 사회적 지성을 갖추는 것이 중요하다고 생각한다. 사람들을 이해하고, 공감하며, 상황을 처리하는 능력, 이것들은 모두 효과적인 영업 사원의 엄청나게 긍정적인 필요조건이며 특성이다.

이 장 앞부분에서 소개한 고객 관리 부사장인 트레이시 크론룬드 Tracy Cronlund는 다음과 같은 몇 가지 추가 속성을 제시한다.

독립성과 스스로 생각하는 능력. 보통 소규모 기업에는 자원이 적기 때문에, 항상 방향을 요청하거나 누군가가 무엇을 하라고 지시하기를 바라기보다는, 여러분은 스스로 일을 하고 어느 정도 독립하는 법을 배워야만 한다. 예를 들어, 우리는 아직 신입 사원들을 위한 공식적인 회사 적응 프로그램이 없다. 누군가 일을 시작하면, 그들의 관리자는 그들에게 다른 직원들과 몇 번 함께 일하는 자리를 마련해 준다. 그다음에는 기본적으로 신입 직원 스스로 동료들과 함께 일하고 일에 필요한 자원을 찾는다. 직원은 그 과정을 책임지는데, 이는 어떤 사람에게는 멋질 수도 있지만, 또 다른 사람들에게는 불편할 수도 있다. 내가 한때 속했던 더 큰 조직에서, 나는 매우 신중하게 구성되고 일정이 잡힌 6주간의 훈련 프로그램을 마쳤다. 수업과 시험이 많이 있었고, 모든 시간이 중요했다. 내게는 프로그램에 대한 어떤 통제력도, 그것을 바꾸거나 수정할 능력도 없었다. 하지만 긍정적으로 말하자면 모든 것이 나를 위해 마련되었다는 사실을 알고 나서는 "안전하다"라는 느낌이 들었고, 내가 해야 할 일은 참석해서 주의를 기울이는 것뿐이었다.

경쟁력과 자신감. 나는 여러분이 스타트업에서 일하려면 어느 정도 경쟁심을 가져야 한다고 생각한다. 아마도 그것은 단지 영업 역할 안에서만 해당할 수도 있지만, 여러분의 내부 팀 안에만 국한된 것이 아니라 전체 조직 안에 있는 어느 역할 안에서 해당할 수도 있다.

이제 시작한 작은 회사에서 내 마음속 깊이 항상 자리 잡은 것 같은 "이것이 성공할 것인가?" 그리고 "우리가 경쟁자나 비슷한 회사보다 더 잘할 수 있을까?"라는 의식이 확실히 있다. 나는 여러분이 위험이라는 생각을 마음 편하게 받아들여야만 하고, 자신이 있는 곳과 하는 일이 최고라는 자신감을 꼭 가져야 한다고 생각한다. 그럼으로써 여러분과 회사가 성공할 수 있다.

변화를 두려워하지 않음. 확실히, 작은 회사에서는 프로세스, 제품, 도구, 그리고 심지어 지도력, 사무실 위치, 일상적인 책임에 많은 변화가 있을 것이다. 나는 이 모든 사항에 편안할 뿐만 아니라, 새로운 일을 시도하는 것을 받아들이고 기대하며 매일의 변화와 진화에 매우 개방적이다.

팀의 일원으로 일하고 싶음. 작은 회사에서는 가까운 동료들과 때로는 회사 전체의 모든 사람과 더 가까워진다. 나 자신은 외향적이고 이런 종류의 작업공간에서 잘 지내지만, 다른 사람들이 남과 어울리기를 싫어하고, 자신만의 일을 하고, 월급을 챙기고, 밤에는 집에 가고 싶어 하는지 그 이유를 이해할 수 있다.

일이 삶의 더 큰 일부가 되는 것을 두려워하지 않음. "열심히 일하고, 열심히 놀아라"라는 말은 내가 일했던 몇몇 작은 회사에서 실제로 통한다. 나는 우리 팀과 마찬가지로 일주일 내내 그리고 온종일 일했다. 나는 무언가 더 큰 일에 이바지한 것 같고 일을 즐기는 것처럼 느낀다. 나는 상관없다. 이 일은 9시에 출근하고 5시에 퇴근하는 직업이 아니다. 체계가 덜 잡혀있고, 비공식적인 근무 시간 일정이다. 사람들은 가족과 함께하기 위해 매일 밤 집에 서둘러 가는 사람들을 높게 평가한다. 나는 운 좋게도 고위 간부들이 우리가 아주 오랜 시간 일했기 때문에, 직원들이 더 신축적으로 근무하고 휴가 가는 것을 편하게 허락하는 스타트업에서 일했다.

크론룬드가 관찰한 바와 같이 스타트업 세계의 영업 기능은 분명히 9시에 출근하고 5시에 퇴근하는 직업이 아니다. 달이 가고, 분기가 가고 해가 거듭될수록, 잃는 게 너무 많다, 나의 모든 스타트업들이 가진 재미있는 습관이 하나 있다. 그들은 6개월마다 내게 와서 "이번에 다가오는 6개월은 회사 역사상 가장 중요합니다"라고 말한다. 그들 말이 옳다. 다음 6개월은 언제나 가장 중요하다. 그리고 영업이 그 중심에 있다.

Startup 7

재무

이사회에서 어느 이사가 어떤 위원회를 맡을지를 결정할 때가 되면 이사회실에서 벌어지는 재미있는 의식이 있다. 나는 내가 속했던 거의 모든 이사회에서 똑같은 일이 벌어지는 것을 보았다.

"좋아요"라며 CEO가 머뭇거리며 말을 꺼낸다. "이제 위원회를 구성할 때입니다. 어느 분이 감사위원회를 맡으실까요?" 위원들은 히죽거리며 멀뚱멀뚱 서로를 쳐다본다. 감사위원회가 따분하다는 것은 누구나 다 안다. 특히 혁신적인 제품을 생산하는 황홀감 혹은 영업과 관련하여 솟구치는 아드레날린과 비교해보면, 재무 위원회는 이사회 구성원으로서 시간을 보내기 가장 싫은 위원회로 정평이 나 있다.

적어도 그것은 사회적 통념이다. 효율적이고 강력한 재무 기능이 스타트업의 성공에 중요하다고 여러분에게 하는 내 말을 믿기 바란다.

많은 스타트업들은 마케팅 기능과 마찬가지로 재무 기능에 직원을 너무 늦게 충원한다. 게다가 충원할 때, 종종 너무 적은 인원을 충원한다. 그들은 기장 담당자를 데려오거나 지역 자문회사에 재무 기능을 외주한다, 그러다가 갑자기 재무 기능에 대한 수요를 따라잡기 위해 허둥댄다는 사실을 깨닫는다.

언젠가 내게 그런 일이 벌어졌다. 그 일로 나는 많은 돈을 잃었다. 내 포트폴리오 회사 중 하나는 빠르게 확장했다. 진짜 빠르게 확장했다. 매출이 세 배로 늘었으며 마케팅팀은 우리가 단지 고객 획득에 대한 예산을 더 쓰도록 해 준다면 그보다도 더 빠르게 성장할 수 있다고 보고하고 있었다, 그러한 성장에도 불구하고 우리는 재무와 운용 부서를 서투른 기장 담당자가 담당하는 어색한 위치에 있다는 사실을 알았다. 회사의 CEO는 성장을 추진하느라 정신이 없어서 유능한 재무 부사장을 이사회에 영입하는 것을 꾸물댔다. 마침내 우리가 고용한 임원은 재정과 현금흐름을 재빠르게 파고들더니 첫 이사회에 얼굴이 잿빛이 되어 참석했다. 그녀는 우리가 거래의 상당 부분을 부정확하게 회계 처리했다는 사실을 발견했다. 우리가 수익성이 좋다고 생각한 회사가 사실상 계속해서 손실을 내고 있었다. 우리의 가속화된 고객 획득은 우리 자신에게 더 큰 구멍을 파주고 있었을 뿐이다. 우리는 브레이크를 세게 밟았지만, 이미 너무 늦었다. 엄청난 성공을 가져오리라 생각했던 회사는 결국 우리 돈을 모두 날려 버렸다.

그래서 재무 기능이 스타트업에 매우 중요한 것이고 스타트업 재무 부서에서 일한다는 것은 믿을 수 없을 정도로 도전적이고 흥미진진하며, 충분한 보상을 받을 수 있다는 사실을 믿길 바란다.

스타트업에서 재무 기능은 일반적으로 계획, 모델링, 장부 마감, 감사 진행, 실적 보고, 현금 흐름 관리, 계산서 처리, 매출채권 회수뿐만 아니라 외상채무 처리 등 많은 업무를 책임진다. 종종 재무 기능은 인사. IT, 법률, 투자자 관계 관리, 시설물 관리(즉, 공간 계획, 사무실 관리, 임대계약의 협상과 실행)과 같은 여러 가지 행정적 기능을 담당하고 창업가와 엔지니어들의 짐을 덜어 줄 기본적인 회사 운영업무도 일부 처리한다.

재무 기능이 실제로 잘 작동하면 CEO의 사업 동반자처럼 활동한다. 재무는 사업 성장에 필요한 적절한 투자 원천을 발굴하고, 사업 확장에 필요한 자본을 조달하며, 전략적 제휴 관계를 끌어내고, 회사가 확장할 수 있고 궁극적으로 수익성을 좋게 만들려고 회사 전반에 걸쳐 통합 기능적 효율성을 높이는 데 힘을 보탠다. 재무 기능은 차로 말하자면 윤활유와 같다. 즉 재무 기능은 엔진이 부드럽게 작동하도록 만들며, 모든 기능이 더 효율적으로 작동하게 한다. 그러나 자동차 윤활유와 똑같이 적정 수준을 유지하는 것을 쉽게 잊어버린다. 만약 여러분이 그것을 소홀히 하면, 심각한 문제가 발생할 수 있다.

재무 역할

스타트업의 재무 기능에는 다음 4가지 핵심 분야가 있다.

- 회계 담당자
- 재무 기획과 분석FP&A
- 사업 운영
- 자금 조달과 투자자 관리

대부분 스타트업은 초기 단계(즉, 정글 단계)에서, 직원 한두 명을 고용하여 재무 기능 수행에 필요한 실무적인 일을 맡긴다. 초기 단계에는 외주 회사도 인기가 있다. 그 회사는 실제 일일 업무를 처리하거나, 더 흔한 경우는 시간제로 하위 정규직 직원에 대한 전략적 감독업무를 수행한다. 스타트업이 비포장도로 단계, 즉 직원이 30명에서 40명 정도 되었을 때, 소규모 재무 부서를 감독하기 위하여 재무이사나 재무담당 부사장으로 근무할 고위 임원을 고용할 것이다. 나중에 직원이 200명에서 300명 정도가 되면, 다음에 설명할 4가지 기능의 각각을 수행하는 데 적절한 전문적 기술과 경험을 갖춘 개별 이사들이나 부사장들을 지휘하기 위하여 최고 재무 책임자CFO가 필요할 것이다.

회계 담당자

스타트업의 가장 초기 단계에서, 즉 직원이 10명이 안 될 때, 수입은 없고 보통 급여와 관련해 그리 대단치 않은 비용만 발생한다. 그런 관계로 회계 활동은 일일 거래를 관리하고 청구서를 지급하며 급여가 제대로 처리되었는지를 확인하는 기장 담당자 업무를 외주할 정도로 단순하다.

회사가 성장하고 첫 수입이 생기기 시작하면서 외부 투자자들로부터 자금을 조성할 때가 되면, 모든 회계 활동을 이끌어갈 회계 담당자를 고용하게 된다. 간단히 말해서, 회계 담당자는 회사에서 "콩알을 세는 사람"이다. 출신 배경을 보면, 회계 담당자는 보통 공인회계사CPA들이다. 그들은 직장 생활을 딜로이트Deloitte, PwC, 언스트앤영Earnest & Young, 케이피엠지KPMG와 같은 대형 회계감사 법인에서 시작했다. 유능한 회계 담당자가 되기 위하여 집중해야 할 몇 가지 사항이 있다.

회계 담당자의 사명 : 내부통제를 구축하라. 회계 담당자의 역할은 정확성, 정밀성 그리고 내부통제 구축에 초점을 맞춘다. 회계 담당자는 회사의 회계 계정 과목과 총계정 원장을 디자인하고 실행하는 것을 책임진다. 그녀는 이미 수립된 수익 인식 방침에 따라 수익 거래를 기록하고, 청구서를 지급하며, 외상 매입금과 매출채권을 기록한다. 회계 담당자는 손익계산서, 현금흐름표와 대차대조표를 포함한 회사의 재무제표를 작성한다. 매 월말, 매 분기 말 그리고 연말마다, 회사 장부를 마감하기 위하여 사용되는 절차를 디자인하고 실행한다.

감사는 여러분에게 도움이 된다, 사실이다. 회계 담당자는 또한 회사의 연례 정기 회계감사를 관리할 책임이 있다. 정기 감사는 스타트업이 설립된 후, 보통 첫 몇 해 동안에는 시행되지 않지만 몇 차례 자금 조달이 이루어지고 수익이 잡히기 시작할 즈음인 3, 4년 차에 대개 시행된다. 회계 담당자는 감사과정을 관리하는 업무 중 하나로 회사의 감사받은 재무제표를 준비하기 위하여 외부 회계감사인을 선정하고 작업을 감독한다. 회계 담당자는 외부 감사인과 함께, 고객 및 공급업자와의 계약을 검토하고. 회사의 수익 인식 방침이 적정한지를 평가하고, 적절한 절차와 담당 부서 규정이 수립되고 시행되는지를 검사하며, 그리고 실수 혹은 오류 공시를 수정한다. 연간 정기 감사과정을 통하여 그리고 일반적으로 회계 담당자는 끊임없이 회사의 통제 체계와 과정을 평가하고 감시한다.

투자자로서 감사 기능에 대하여 말하자면 나는 감사와 감사인들의 열렬한 지지자이다. 골수사업가인 누군가로부터 이런 말이 나오는 게 이상하게 들릴 수도 있다는 사실을 나는 안다. 하지만 내가 자신을 학대해 희열을 느끼는 사람이기 때문에 그런 것이 아니라는 사실을 확신해도 된다. 비유로 말하면, 우리 대부분은 일 년에 두 차례 치아 점검을 위해 치과에 가는 것을 좋아하지 않는다. 하지만 부주의로 발생할지도 모를 치아 문제를 피할 수 있다면, 우리는 확실히 행복하다. 이와 마찬가지로 감사 업무는 회사의 재무제표가 정확하고 회사의 내부통제가 건실하다고 확신을 주는 매우 중요하고 가치 있는 기능이다(내 재무담당 직원이 감사를 치과에 가는 것과 비교하느라 나를 힘들게 했지만, 나는 논점을 분명히 하기 위하여 위험을 무릅쓰고 그 비유를 기꺼이 사용하려고 한다).

스타트업에서 회계 담당자는 회사의 최고 운용 책임자 같다, 그들은 재무 부서의 이름 뒤에서 눈에는 안 띄지만, 회사 내 모든 활동과 연결되어 있다. 모든 일이 회계 담당자가 지켜보는 가운데 원만하게 돌아가야 한다. 청구서는 시간에 맞춰 지급해야 하고, 대금(代金)은 반드시 징수하고 해당 고객의 계산서에 제때에 청구해야 하며, 종업원들에게 적절하게 보상하고 세금은 제대로 내야 한다 등등이다.

재무제표의 정확성은 회계 담당자의 절대적인 책임이다. 그들은 수익과 비용이 일반적으로 인정된 회계원칙, 즉 GAAP에 따라 적절하게 인식되었는지를 확실히 하며 그런 보고서를 작성해야만 한다(GAAP는 회사가 어떻게 재무제표를 작성해야 하는지를 지시하는 회계 기준들의 집합이다. 이 원칙에 따르면 어느 회사가, 이를테면 "총이익"이라고 발표할 때, 그 숫자의 의미가 다른 모든 회사에 똑같다). 감사인들이 모든 내용이 제대로 반영되었는지를 검증하려고 연간 단위로 회사의 회계 기록을 검토할 때, 그들이 쉽게 확인할 수 있도록 모든 것은 반드시

적절하고 신중하게 기록되어야만 한다. 기업 회계의 투명성은 경영진이 일상적인 사업 운영을 잘 하고 있다는 사실을 확실하게 보여주는데 필수적일 뿐만 아니라 현재와 장래의 투자자들에게 기본 사업의 건전성에 대한 자신감을 제공하는 것에도 필수적이다.

다른 기능과의 작업

회계 담당자와 회사 내 다른 기능, 특히 영업과는 어느 정도 건전한 긴장 상태가 존재한다. 계약을 검토하고 수익 인정 금액을 결정할 때, 재무 기능(보통 회계 담당자)이 최종 결정을 한다. 그들은 계약서 작성을 도와주거나 외부 법률회사와의 공동 작업을 주선하면서 고객 계약서를 한줄 한줄 꼼꼼하게 검토한다. 고객 계약서와 관련한 성과급을 생각해 보라. 영업 사원들은 계약을 체결하고 수당을 받는 데 관심이 있다. 그들은 계약을 체결하면 다달이 보상받는다. 스타트업은 고객 계약서를 주의하여 검토하고 일관된 계약 조건을 유지하기 위하여 회계 담당자에게 의존한다. 회계 담당자는 보통 영업 부사장, CEO와 함께 계약 규정을 개발한다. 그런 뒤 모든 계약이 계약 규정뿐만 아니라 회사의 가격 정책과 수익 인식 규정도 준수하는지를 확인한다.

하지만 분기 목표 달성이 위태로운 상태에서 전투가 한창인 상황에서, 각 영업 사원은 보통 유망 고객의 요구를 만족시키고 거래를 마무리하는 데에만 주로 초점을 맞춘다. 이 두 가지 목표는 때때로

모순되면서 갈등의 원인이 될 수 있다. 하지만 갈등은 건전할 수 있다. 갈등은 어떤 계약 문제를 해당 고위 임원까지 올라가게 만들어 더 심각한 사업 문제에 대한 통찰력을 제공할 수도 있다. 예를 들어, 가격 결정 구조가 너무 융통성이 없거나 시장과 경쟁자가 발전한 데 비해 너무 구식이거나 아니면 제품이 불완전하므로 영업 사원들이 너무나 많은 기능을 무료로 양보하게 만드는지도 모른다. 어떤 경우든 여러분은 고객 계약 체결과정 내내 영업과 재무 사이에 어느 정도 유익하고 건설적인 토론을 기대할 수 있다.

재무 기획과 분석

대개, 스타트업들은 초창기에 직원으로 단지 선임 재무 직원 한 명만을 둘 형편일 수 있다. 그래서 그 직원은 광범위한 책임을 수행할 것이 기대된다. 정확한 회계의 중요성을 생각한다면, 좀 더 일반적으로 회계 담당자가 첫 번째 선임 재무담당 직원이 되며, 재무 역할의 다른 기능도 담당해 달라고 요청받을 것이다. 하지만 스타트업이 성장하며 분석해야 할 가치 있는 결과와 지표들이 등장하면서, 재무의 다른 기능이 점점 중요해지고, 그것을 별도로 확립하기 위하여 새로운 지도자가 영입된다. 재무 기획과 분석 책임자이다.

재무 기획과 분석 역할에는 몇 가지 주요 요소가 있다. 첫 번째가, 전적으로 명칭 때문에 놀라는 것은 아니지만, 기획이다.

스타트업 기획. 스타트업의 아주 초창기에, 재무 기획 작업은 창업가나 고도의 "스프레드시트" 기술을 갖춘 공동 창업가의 몫이다. 보통 어떻게 작업하는지 여기 소개한다. 우선 스타트업을 설립할 때, 창업가는 사업 자금 조달을 위해 무엇이 필요할 것인지를 결정해야만 한다. 사업은 처음에 자력으로 자금을 조달할 것이다. 즉, 창업가의 자체 자금이나 초기 사업에서 고객 수입으로 번 자금으로 충당한다. 그런 뒤, 창업가는 본격적으로 사업을 시작하려면, 정확히 얼마만큼의 자금이 필요한지를 예측하기 위해 스프레드시트로 가장 기본적인 계획을 작성한다. 하지만 종종 사업 자금을 구하기 위하여 외부 투자자들을 찾아 나선다. 이 경우, 창업가는 투자자들에게 '홍보'를 해야 한다. 그러기 위해서, 통상 기간별 예상 운영 경비(인건비, 임대료, 시스템 비용 그리고 다른 모든 경비)와 예상 수익을 보여주는 스프레드시트인 재무 모델을 만들 것이다. 그 모델은 투자자들에게 그들이 송금하려는 자금으로 회사가 무엇을 하려는지를 보여준다.

벤처 캐피털 투자자인 내게 소개된 수천 개의 재무 모델을 검토한 결과, 나는 기업가들이 작성한 재무 모델에서 두 가지 사항을 확실하게 말할 수 있다. 첫째, 재무 모델은 "보수적"이라는 단어로 특징지을 수 있다. 내가 지금까지 관여한 거의 모든 스타트업에서조차도 기업가들 자신이 스스로 생각한 것보다, 모든 게 완성되는데 시간이 더 오래 걸리고, 비용은 더 많이 들어가고, 이익 창출은 더 늦게 이루어진다. 둘째, 재무 모델은 틀릴 수 있다는 사실이다. 미래를 예측하는 것은 불가능한 일이며, 스타트업처럼 역동적인 세상에서는 특히 불가능하다. 그러므로 재무 모델은 만들어지자마자 틀릴 것이다.

분석. 스타트업이 활동하고 실제 숫자가 알려지기 시작하면 스타트업은 재무 모델을 개선한다. 이때가 재무 기획과 분석 기능이 작동하는 시점이다. 재무 기획과 분석 기능은 기획과 예산에 초점을 맞춘 개인 혹은 집단이 수행하는 중요하고 매우 유동적인 기능이다. 매년, 특히 12월과 1월에 스타트업은 승인을 받기 위하여 연간 예산 계획을 이사회에 제출해야만 한다. 예산서에는 보통 과거에 일어난 일에 대한 자세한 평가 내용과 여러 가지 주요 가정들을 기반으로 다음 해를 위해 개발한 모델이 포함되어 있다. 종종 신기록을 위한 예산이라고 불리는 내년도 예산에 추가하여 앞으로 2년 혹은 3년 예측치도 있으므로, 이를 통해 이사회는 회사가 미래에 어디로 향하는지에 대해 이해할 수 있다. 기억하라. 스타트업은 12개월 혹은 24개월마다 새로운 현금 유입이 필요하다. 그러므로 이러한 예산은 사업성과에 대해 이사회뿐만 아니라 유망 투자자와 소통하기 위해 중요하다.

재무 기획과 분석 기능은 일반적으로 예산을 만드는 기획 과정을 추진한다. 기획 과정에는 회사 전체의 모든 부서로부터 예산 계획을 받고(상향식 접근 방식), 창업가가 실제로 발생해야만 한다고 생각하는 것(하향식 접근 방식)과 조합하는 과정이 포함된다. CEO는 회사 수익을 100% 성장할 필요가 있다고 선언하고 영업팀을 불러 증가한 숫자에 서명하라고 요구할 수 있다. 그러면 영업팀은 더 많은 잠재고객과 제품개선을 요청하기 위하여 마케팅팀과 제품팀에 의지한다. 제품팀은 특징을 전달할 역량을 가진 더 많은 자원을 요청하기 위해 엔지니어링 팀에 의지한다. 그래서 우리는 여기저기 돌아다닌다. 재무 기획과 분석 기능은 그 과정을 추진하고, 조율하며, 임원진 가운데 토론과 대화를 이끌고, 궁극적으로 이 모든 것을 원만하게 만듦으로써 모든 부서가 참여하고 조율한 예산을 만든다. 잘 운영되는 스타트업에서는 그런 과정이 가을에 시작해 몇 달 동안 계속할 것이다.

기획 과정의 마지막으로 가면서 재무 기획과 분석 직원들은 핵심 가정들에 대한 민감도 분석을 한다. 몇 가지 핵심 변수들에 근거한 이러한 "왓이프what if" 시나리오는 경영진에게 어떤 모델 요소가 가장 영향력이 있는지에 대한 통찰력을 가져다준다. 예를 들어, 모델에서 영업팀이 영업 사원 당 150만 달러 목표의 90%를 달성할 것이라고 가정했는데 만약 75%만 달성한다면 어떻게 될까? 우리는 규모의 효율성이 따라올 것으로 예상하여, 총이익률이 75%에서 80%로 개선할 것으로 가정했는데, 예상이 틀려 75%에 머무른다면 어떻게 될까? 미수 채권 회수 일수(즉, 회사가 매출 후 얼마나 빨리 현금 회수를 하는지)가 75일에서 60일로 줄일 수 있다고 가정했지만, 예상이 틀려 75일에 머물러 있다면 어떻게 될까? 이런 것들이 핵심 가정들을 실험하고 어떤 일이 일어날 수 있는지를 다양한 시나리오를 예측하기 위하여, 재무 기획과 분석부가 CEO와 이사회와 함께 살펴보는 민감도 분석의 종류들이다.

나는 기획 과정은 매년 일어난다고 설명했다. 그것은 반만 맞는 말이다. 요기 베라Yogi Berra가 언젠가 말했듯이, "이론상, 이론과 실제는 차이가 없다. 실제로는, 차이가 있다." 사실상, 재무 기획은 대개 한해의 중간쯤에 다시 수정된다. 앞서 언급한 대로 스타트업의 예상이 항상 틀리기 때문이다. 도널드 럼즈펠드Donald Rumsfeld의 말을 그대로 따라 해보면, 단지 모르는 미지의 것이 너무나 많다. 그러므로 6월이 되면, 회사는 예산과 비교해 본 실제 성과가 계획을 벗어났으므로 다시 예측할 필요가 있다는 사실을 깨닫는다. 그러면 이사회는 CEO에게 다음과 같이 어려운 질문을 던진다. 현금 소진이 암시하는 것이 무엇인가? 언제 현금이 바닥날 것인가? 우리의 손익계산서가 암시하는 것은 무엇이며, 외부 투자자나 미래의 인수자들에게 어떻게 비칠 것인가? 영업과 마케팅 효율성이 의미하는 바는 무엇이며, 그 결과 조정할 필요가 있는가? 재무 기획과 분석은 이 모든 질문에 답하는 것을 도와준다. 6월과 8월 사이에, 재무 계획은 종종 재예측, 재조정, 변경 과정을 거쳐, 한해의 남은 기간을 어떻게 영업할 것인가에 대해 좀 더 정확한 견해를 제시하기 위해 이사회에 수정 보고된다. 몇 달 간 숨을 돌린 뒤, 가을에 기획 주기는 다시 시작한다.

예산. 만약 여러분이 회사의 기본적인 사업 계획을 수립했다면, 믿을만하고 성취 가능한 예산을 준비하는 것이 훨씬 더 값어치가 있다.

스타트업의 1차 연도나 2차 연도에는 장기 계획이 종종 창업가의 비전에 요약되어 있다. 이런 비전은 창업자가 시장에서 인식된 문제점을 해결하기 위하여 만들고 싶었던 사업 유형에 관한 매우 고차원적인 개념적 견해이다. 하지만 일단 회사가 세워져 운영되고 외부 투자가가 등장하면, 주요 이해 당사자들이 회사의 장기 전략 계획에 대해 공동의 견해를 확고히 하는 것이 중요해진다. 이 장기 계획은 회사가 영업하는 시장의 규모와 설명, 회사의 강점, 약점, 기회 그리고 위협에 대한 분석(보통 SWOT 분석으로 알려짐), 시장에서 다른 경쟁자에 대응해 구축하려는 주요 차별화 요소, 회사의 장기 재무 목표 그리고 회사의 출구전략을 포함한다. 재무 기획과 분석은 장기 재무 계획을 수립한다(내가 말하는 장기란 3년에서 5년의 기간을 의미하며 이것이 결국 스타트업의 세계이다). 계획은 궁극적으로 예산이라는 형태로 분명해진다. 몇몇 사람은 예산서의 표 안에 있는 숫자들이 따분하다고 생각할지 모르지만, 그 숫자가 회사의 우선순위를 말해준다. 나는 "예산이 전략이다…… 그리고 전략이 예산이다"라고 말하고 싶다. 다른 말로 하면, 여러분이 돈을 쓰는 곳이 여러분의 우선순위를 보여준다.

현금이 왕이다. "현금이 왕이다"라는 말이 스타트업보다 더 들어맞는 곳은 없다. 스타트업의 재무팀이 제공할 수 있는 가장 중요한 모델은 현금 예측이다. 더 자세할수록 더 좋다. 현금사용의 주요 요인과 언제 운전 자본이 가장 많이 사용되는지를 반드시 알아야만 한다.

재무 기획과 분석은 중기(2년에서 3년) 모델을 수립하여 언제 현금이 떨어지고 자금을 더 조달하는가와 같은 핵심 질문에 답해야 한다. 이 모델은 자본 비용에 대한 가정을 포함해야만 한다. 그래야만, 회사가 자본이 필요할 때, 주식 혹은 부채 중 어느 것이 더 좋은 자본의 원천인지에 대한 견해를 가질 수 있다.

특히 현금이 빠듯할 때, 여러분은 주간 아니 심지어 일별 현금 예측 모델을 마련해야만, 현금의 유입과 유출을 엄격하게 통제할 수 있다. 유동성 부족보다 더 빨리 스타트업을 죽이는 것은 없다. 게다가 월급을 받을 수 있을지 없을지 걱정하는 것보다 더 빨리 종업원의 사기를 꺾는 것은 없다.

유능한 재무 기획과 분석 담당자를 만드는 것은 무엇인가. 회계 담당자와 달리 기획과 분석 담당자는 반드시 회계 분야 출신일 필요는 없다. 전직 투자 은행가, 경영 상담가 혹은 분석 기술과 비즈니스 모델을 해부하는 기술이 뛰어난 MBA일 수도 있다. 비록 공인회계사일 필요는 없을지 몰라도, 그들은 일반적으로 재무제표를 정확하게 생성하고 해석할 수 있을 만큼 충분히 GAAP를 이해한다.

수년간의 경험보다도 유능한 재무 기획과 분석 담당자가 갖추어야 할 가장 중요한 자질은 만족할 줄 모르는 호기심이다. 이 역할의 적임자는 산업, 기업, 제품 그리고 회사 내 기능 등 모든 것을 다 알고 싶어 한다. 유능한 재무 기획 및 분석 담당자가 물어볼 수 있는 가장 결정적인 질문은 "왜?"이다. 회사가 연간 예산 혹은 전년도 실적대비 어떻게 성과를 내는지를 이해하는 것은 중요하지만 그런 차이가 (좋든 나쁘든) 발생하는 이유를 아는 것이 훨씬 더 중요하다. 이익이 계획보다 적을 수 있다. 하지만 "왜?" 그런 것인가? 영업팀의 실행력이 떨어진 것인가? 아니면 경쟁이 치열해진 결과 시장이 가격 압박을 주도했기 때문인가? 여러분이 차이점을 객관적으로 분석하고 정확하게 처방하는 방법을 모른다면 스타트업의 문제를 제대로 해결할 수 없다. 그런 것들이 우수한 재무 기획과 분석 담당 임원의 주요 속성이다.

핵심 성과 지표KPI. 현금 흐름을 자세히 관찰하는 것과 더불어, 모든 스타트업은 특정한 기능의 성과에 대한 통찰력을 제공하는 핵심 성과 지표KPI를 기능별로 3개에서 5개 정도 결정해야 한다. 재무 기획과 분석팀은 사업에 가장 큰 영향력을 미칠 KPI들을 결정하기 위해 종종 CEO와 함께 작업한다. 그런 다음 이런 개별 KPI를 운용 KPI 조합으로 한데 모아, 경영진이 회사의 일일 건강 상태를 추적하는 데 사용할 수 있는 대시보드dashboard를 만들 수 있게 한다. 개별 KPI에는 그 지표에 대한 "적합도"의 상한과 하한을 표시하는 일련의 정의된 안전 구간이 있다. 몇몇 스타트업은 대시보드를 천연색 코드로 표시한다. 안전 구간을 살짝 벗어나면 "노란색"으로 표시하고 경계를 상당히 벗어나면 "빨간색"으로 표시한다. "초록색"은 KPI가 적합도의 적절한 경계 안에 있다는 것을 분명하게 의미한다.

정기적으로 (적어도 월간 단위로 혹은 어떤 지표의 경우 주간 단위로) 이런 지표들을 점검하여 그 주 혹은 그달에 무엇에 중점을 두어야 할지를 결정해야만 한다.

안전 구간 밖으로 벗어난 모든 지표에 대해 분명한 담당자와 실행 가능한 수단을 갖춘 행동 계획이 수립되어야만 한다. 주목하라. 나는 수용 가능한 최저 수준 밑으로 떨어진 지표들의 행동 계획에만 국한하지 않았다. 수용 가능한 수준보다 더 좋은 성과를 낸 지표에 대해 경영진이 관심을 집중하는 것도 동일하게 중요하다. 핵심 지표가 무엇 때문에 기대한 것보다 더 좋은 성과를 냈는지를 이해하고 초과 성과의 근본 원인을 분석하는 것이 실적 미달 KPI의 근본 원인을 결정하고 뿌리 뽑는 데도 똑같이 중요하다.

이러한 핵심 성과 징후들을 추적 관찰하기 위하여, 경영팀과 이사회가 검토할 수 있는 계기판, 문자 그대로 대시보드가 있다. 스타트업에서, 그런 대시보드는 앱 다운로드, 월간 활동성 고객MAU 그리고 일간 활동성 고객DAU과 같은 깔때기 지표를 포함할 수 있다. 대시보드는 미결 고객 서비스 딱지 수, 응대 시간 그리고 순 추천지수NPS와 같이 본질상 운용적 성격을 띨 수도 있다. 혹은 버그 발생과 해결 건수 그리고 완성된 개발 임무와 같은 제품 개발 통계를 보여줄 수도 있다.

시장(市長)과 그의 KPI. 나는 여러분에게 다른 모든 부문 가운데 어느 도시의 시장이 (다른 여러 기관처럼) 스타트업의 세계의 실무 내용을 모방하여 효과적으로 만든 공공부문의 대시보드 사례를 소개한다. 크든 작든, 영리 기관이든 비영리 기관이든 간에 많은 조직이 스타트업의 세계에서 개발한 운영 모델로부터 이득을 볼 수 있다는 사실을 보여주었다는 바로 그 이유로 사실상 나는 이 사례를 좋아한다.

2014년 마티 왈시Marty Walsh가 보스턴 시장으로 취임했을 때, 젊은 스타트업 임원이었던 다니엘 코Daniel Koh에게 자신의 수석 보좌관을 맡아 달라고 요청했다. 다른 여러 친구와 마찬가지로 다니엘 코는 일찍이 뉴스 미디어 개척자인 허핑턴 포스트Huffington Post에서 스타트업 생활을 시작했다. 기능적으로 재무 기획과 분석(기획, 분석, 사업 통찰력)과 유사한 역할인 설립자 겸 CEO였던 아리아나 허핑턴Arianna Huffington의 수석 보좌관 임무를 몇 년간 수행한 후에, 그는 공공부문으로부터 제의를 받고 시장의 수석 보좌관으로 영입되었다. 그 역할에서 코는 시장 사무실이 더 효과적으로 운영되도록 만들기 위해 자신의 사업 기술을 활용해 달라고 요청받았다.

시장은 코에게 자신은 보스턴에 있는 모든 스타트업 CEO처럼 화상 대시보드를 원한다고 말했다. 그 말을 듣고 코는 시장 집무실에 대형 평면 스크린 모니터를 설치했다. 그는 시장과 함께 일반적인 예산 지표는 물론 도로에 난 구멍을 메꾸는데 소요되는 평균시간, 인가 승인을 받기 위한 평균시간, 전화 호출 대기 시간 등 도시의 성과에 큰 영향을 미치는 모든 지표를 결정했다. 그런 뒤 시장 집무실에 대시보드를 설치했다.

왈시 시장은 눈에 보이는 것은 관리된다는 생각에서 관찰 경영 혹은 가시성 경영을 시행하려고 대시보드를 사용했다. 시장이 사무실에 들어서고 만약 무언가 빨간 불이 반짝거리면, 그는 바로 그 문제에 뛰어든다. 만약 그가 무언가 경계를 넘어선 것을 발견한다면, 그 문제에 달려든다. 그림 7-1은 시장의 대시보드로부터 가져온 샘플 도표이다.

그림 7-1
샘플 보스턴시 대시보드

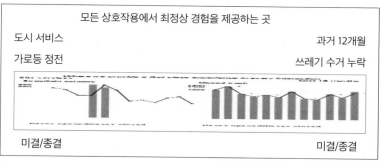

자료 : Source: City of Boston, www.cityofboston.gov/mayorsdashboard/.

다니엘 코 Daniel Koh

보스턴 시장 마티 왈시 Marty Walsh 의 수석 보좌관

보스턴시(市)는 거의 30억 달러의 운영 예산을 사용하는 조직이다. 만약 민간 부문에 있었더라면, 보스턴시는 『포춘』 1000대 기업에 속하며 주로 데이터로 운영되었을 것이다. 하지만, 공공부문에서, 선출직 공무원이 민간 부문과 똑같은 방식으로 자신의 의사결정을 알리는 데 데이터를 사용하는 경우는 매우 드물다. 우리는 바로 그 점을 바꾸고 싶었다. 납세자들이 내는 세금도 주주들의 자금과 마찬가지로 철저하게 검사받아야 하므로, 우리는 시장이 언제든지 즉시 이용할 수 있는 광범위한 데이터를 확실히 보유하게 하고 싶었다. 우리의 목적은 시(市) 행정부 전체가 데이터를 매일의 의사결정에 주요 요소로 생각하도록 만드는 것이었으며, 그 일은 효과를 보았다. 가로등은 더 빨리 수리되었으며, 도로에 난 구멍은 더 효율적으로 메꾸어졌으며, 우리가 예산을 사용한 결정들은 더 잘 고지되었다. 우리는 살인 사건 통계부터 도서관 방문자 수까지 도시의 건강과 관련한 주요 지표라고 생각하는 모든 것의 자료를 수집했다. 지표들만으로는 도시의 성과에 대한 종합적인 기준을 절대 가질 수 없음에도 불구하고, 우리는 타당한 데이터를 더 많이 수집하고 연구하면 할수록, 시민들이 지방 정부를 경험하는 방법과 도시에 대한 완전한 실상을 더

많이 이해할 것으로 생각했다. 현재 우리는 약 30개의 기준을 추적하고 있으며, 대시보드는 보스턴시 웹사이트(boston.gov/cityscore)에서 누구나 공개적으로 이용할 수 있다.

대시보드는 즉각적으로 우리 직원들이 일하는 방식에 믿기 어려울 정도로 긍정적인 결과를 가져왔다. 직원들은 매일 매일 자신들의 성과를 측정하고 추적할 수 있다는 사실에 흥분했다. 우리는 매일 재향 군인들로부터 얼마나 많은 전화가 걸려 오는지를 측정하라고 지시받은 재향 군인회에 근무하는 한 직원의 이야기를 들었다. 그녀는 이 일에 너무 흥분하여 하루 전부터 실적을 "초과 달성"하기 위하여 부서 전체 직원들을 다 불러 모았다.

우리는 "씨티스코어CityScore"라고 불리는 성과 기록 시스템을 디자인했다. 지표마다 목표가 있으며, 우리가 그 지표의 목표보다 얼마나 위에 있는지, 아래에 있는지에 대해 스스로 매일 점수를 매겼다. 만약 목표보다 아래에 있다면, 빨간색 표시가 나타난다. 시장은 매일 빨간색 점수에 모든 관심을 즉시 집중하고, 우리에게 해결해 달라고 요청했다. 지난 몇 달 동안, 시장은 구급차 대응시간이 빨간색인 것을 확인하고. 조사해 보라고 지시했다. 우리는 시 인구가 너무 빠르게 증가하였기 때문에 대응시간이 그만큼 신속하지 못했다는 사실을 발견했다. 그 결과, 그다음 회계연도에 새 구급차 몇 대를 구매했으며, 대응시간이 개선되었음을 확인했다. 우리 생각에 씨티스코어가 사람의 목숨을 구했다고 말하는 것은 과장된 표현이 아니다.

사업 운용

KPI 대시보드의 등장으로 이제 재무 기능은 전통적인 재무 지표부터 사실상 비즈니스의 핵심 운용에 타당한 모든 지표까지 측정 역량을 확대할 수 있다. 스타트업의 세계에서 이런 더 최신의 현상은 일련의 데이터를 추적하고 그로부터 사업 지혜를 찾아내는 사업 운용 기능의 탄생을 가져왔다. 마케팅 운용과 영업 운용(4장과 6장에서 각각 다루었음)처럼, 스타트업들이 여러 가지 내부 시스템으로부터 나오는 풍부한 데이터를 이용하려고 하므로 사업 운용은 상승세를 타고 있다. 이런 데이터는 수집되고 분석되며 이용될 필요가 있다. 여러 스타트업에서는 재무 기획과 분석 기능이 재무 데이터에 대해서 이미 이런 일을 했지만, 몇몇 회사들은 이제 운용 데이터에 대해 그 임무를 수행할 별도의 기능을 만들고 있다. 그러므로 사업 운용은 데이터를 유용한 보고서와 대시보드로 전환하며, 임원들이 이로부터 결론을 끌어내고, 그런 결론들에 근거하여 의사결정을 할 수 있다.

영업 운용은 스타트업의 조직 구조에 따라 크게 다르다. 하지만 모든 경우에 있어, 회사들은 사업 운용이, 사업의 큰 그림을 살피고, KPI를 분석하며, 스타트업의 더 창의적이거나 더 기술적인 직원들이 주주처럼 생각하도록 독려하는 행동의 한가운데 있도록 애쓴다. 기능적으로 조직된 스타트업에서는 사업 운용 직원이 각 기능 분야에 배치될 수도 있다. 부서 단위로 구성할 만큼 큰 스타트업에서는 사업 운용 기능이 각 부서 단위 책임자에게 맡겨질 수 있다. 어떤 경우가 되든 사업 운용은 운용 분석과 잠재적 개선 분야를 찾아내는 데 집중한다. 사업 운용은 때때로 영업 운용과 마케팅 운용과 약간 겹친다. 작은 회사에서는 회사 전반에 걸쳐 운용 프로젝트를 추진하는 수석 보좌관처럼 그러한 역할들이 하나로 통합될 수도 있다. 대기업에서는 각 기능이 자체적으로 전담 사업 운용 자원을 보유하는 것이 일반적이다.

프로필

타마라 자고로프스카야Tamara Zagorovskaya

사업 운용과 전략, 핀터레스트Pinterest

핀터레스트에 들어오기 전, 나는 나 자신의 회사를 시작했었다. 그 일로 나는 기업가로서 성공하는 것이 얼마나 어려우며 직접 만든 제품으로 고객을 기쁘게 하는 것이 얼마나 짜릿한지에 대해 진정으로 높게 평가하게 되었다.

현재 역할에서, 나는 수익 예측과 전략적 통합 기능적 프로젝트를 책임지고 있다. 우리 그룹은 재무 조직에서 일하고 CFO에 보고하며, 기획 수립 과정에서 중요한 역할을 한다. 나는 사모펀드 회사에서 일했다. 그곳에서 많은 산업에 걸쳐 후기 단계 회사들에 대한 고급 수준의 금융 모델을 구축하여, 투자를 평가하며 전략적 대안을 놓고 포트폴리오 회사와 협력했다.

현재 역할에서 궁극적인 결정은 "우리가 이 회사에 투자해야 하는가?"가 아니다. 대신 "우리가 회사를 어떻게 키우느냐?"이다. 사업 운용에서 재무 또는 컨설팅 배경이 중요하다. 그 역할이 광범위한 질문(예를 들어, "다음에는 어느 국제 시장에 출시해야 하는가?")을 하고 그것을 실행 가능한 틀과 상세한 재무 모델에 집어넣어야 하기 때문이다.

스타트업의 비즈니스 모델이 지속해서 진화하고 있으므로, 내가 구축한 운용 모델은 전략적 결정을 평가하는 데 사용된다. 예를 들어, 신제품 출시의 성공을 어떻게 측정하는가?

게다가, 우리는 광범위한 데이터를 이용할 수 있어서, 나는 SQL(데이터베이스와 통신하는 데 사용되는, 구조화된 질문 언어)을 사용하여 대용량 데이터 조합을 추출하는 데 많은 시간을 사용한다. 예산 책정 및 현금 흐름 관리에 영향을 미치는 전략 계획 및 분석을 추진하는 나의 역할에서, 내 모델은 매우 세분되어 있으며, 가정들을 조정하기 위해 조직 전반에 걸쳐 통합 기능적으로 작업해야 한다. 또한, 나는 주요 지표를 확인하고 대시보드를 통해 그것을 추적함으로써 사업 건전성을 끊임없이 파악하고 있다. 장기적 궤도에 대한 전체적인 시각과 결합하여 이렇게 매일 매일의 동인(動因)에 대하여 포괄적으로 이해하는 것은 사업 운용이 경영진에게 제공하는 독특한 관점이다.

스타트업에서, 특히 빠르게 성장하는 기술 회사에서 변화야말로 진정으로 유일한 상수(常數)라는 사실을 알게 되었다. 여전히 사업 궤도에 영향을 미칠 여지가 있으므로, 내 프로젝트는 현재의 사업 요구에 따라 수시로 변화를 예측하며, 그래서 나는 내 시간을 어떻게 사용할지에 대해 끊임없이 우선순위를 다시 정한다. 회사가 성장함에 따라, 조직의 구조가 본질에서 발전하기 때문에, 고정된 조직도는 존재하지 않는다. 그러므로 여러분 스스로 누구와 대화해야 하는지 알아내야만 한다. 내 프로젝트는 영업과 마케팅, 제품과 같이 여러 다른 기능 영역을 자주 다루기 때문에, 사업 운용에서는 조직 내 다른 분야의 사람들을 능동적으로 알려고 하는 것이 특히 중요하다.

나는 사람들이 새로운 것을 배우는 데 도움을 주는 제품이나 서비스를 만드는 사명 중심적인 회사에서 일하고 싶었다. 회사 규모 면에서는, 나는 이미 제품과 시장 적합성을 이룩한 성장 단계의 회사를 찾았다. 그래서 다양한 기능 영역과 기술에 노출되는 동시에 사업 규모 확장을 도와줄 수 있었다. 나는 지금 나의 역할을 즐기고 있다. 전 세계 사람들의 삶에 직접적인 영향을 미치는 조직의 전략에 영향을 줄 수 있기 때문이다. 게다가, 나는 이 회사 제품의 열정적인 사용자다. 그래서 제품과 회사를 더 좋게 만들기 위해 일한다는 사실은 출근하는 것을 매우 재미있게 만든다.

자금 조달과 투자자 관계

당신이 스타트업에서 보게 될 마지막 재무 기능은 자금을 들여오는 것, 즉 자금 조달과 투자자들과의 관계를 잘 유지하는 것, 즉 투자자 관계와 관련이 있다.

스타트업에서 자금 조달 활동은 매년 혹은 2년마다 일어나고, 사업에서 현금은 산소와 비슷하므로, 설립자들은 종종 모금 과정에 집중할 필요가 있다. 회사가 성장함에 따라 재무담당 부사장 또는 CFO가 CEO를 도와 자금 조달 과정에 참여한다. 나는 자금 조달에 대해 많은 글을 썼으며, 이 주제에 대해 『벤처 캐피털 게임 달인 되기』란 제목의 책 전체를 바쳤기 때문에, 여기서는 자세하게 다루지 않을 것이다.

대신에, 단지 아직 경험 있는 금융 책임자가 없는 많은 젊은 기업가들은 기금 모금 과정에서 자신들을 도와줄 좀 더 경력이 짧은 전문가에게 의지할 것이라는 사실에 주목할 가치가 있다. 이러한 노력은 외부인(예를 들어, 전 벤처 캐피털 임원이나 투자은행가)을 위한 특별한 프로젝트이거나, 어쩌면 일정 기간의 상근직 역할일 수도 있다(종종 자금 조달업무를 하면서도 "수석 보좌관" 혹은 "사업 개발 담당 이사"라고 이름 붙여져 있지만, 개발되는 주요 사업은 금융 자본이다).

투자자 관계IR 역할은 일반적으로 주식공개IPO에 대비한 후기 단계의 스타트업에 더 적합하게 된다. IR 담당 이사는 CEO 및 마케팅 커뮤니케이션 부서와 긴밀하게 협력하여 투자자들을 고객으로 대우하기 위하여 고용된다. 그들은 투자자들과 접점을 형성하고, 필요한 모든 소통 수단을 마련함으로써 회사 임원들이 다양한 산업 회의에 참석하고 분기별 재무보고서와 여러 가지 산업 소식에 대한 질문에 답할 수 있는 시간과 장소에 대한 정황을 제대로 파악할 수 있다.

스타트업 재무의 이점

여러분이 본 대로, 스타트업에서 재무팀의 일원이 된다는 것은 여러분에게 자금 조달에서 영업과 성과 분석에 이르기까지 회사의 가장 중요한 여러 가지 과정의 한 부분이 될 기회를 제공한다.

그래서 초기 단계의 재무 전문가들은 다음을 포함한 여러 가지 일을 할 수 있다.

- 재무 시스템 선택 및 구현
- 최초 단계부터 회계 체계 생성
- 사상 최초의 비즈니스 계획 수립
- 회사의 사업 모델 개발과 분석
- 예산 창출 및 유지 관리
- 자본 조달

- 규정과 절차 수립
- 그리고 더 많은 일

비록 신출내기 재무담당자라고 해도, 대기업과 비교하면 스타트업에서 여러분이 겪을 경험의 종류는 커다란 차이가 있다. 대기업에서는 재무 기획과 분석 담당자는 개별 제품 출시나 개별 사업 단위를 검토한다. 스타트업에서는 회사 전체를 모델로 만들 것이다. 여러분은 모든 정보를 한데 모아서 언제 회사가 현금이 바닥나는지, 언제 더 많은 자금을 조달해야 하는지, 사람들이 세계 시장에 대해 어떤 가정을 하고 있는지, 그리고 그러한 가정들에 대한 민감성이 무엇인지 알아내야만 한다.

스타트업에서는, 항상 회사 차원에서 생각하고, 최상위 단계에서 주식 가치 창출에 관해 생각하는 것이 핵심이다. 회사의 재무 상황에 대하여 이사회의 관점과 CEO의 관점으로 판단할 것이기 때문에, 전체적으로 생각할 줄 아는 사람이 되는 것 역시 중요하다.

재무분야뿐만 아니라, 스타트업에서 일할 때는 좁은 시야를 가질 여유가 없다. 당신은 회사의 성공에 큰 영향을 줄 기회를 가진 다재다능한 운동선수, 즉 10종 경기 선수가 되어야 한다.

Startup 8

탐색 과정

제1장에서 언급했듯이, 스타트업 세계는 광활하여 특별한 지식이 없는 사람에게는 압도적이고 뚫고 들어갈 수 없는 곳처럼 여겨질 수 있다. 그리고 그것이 바로 내가 종종 대학을 갓 졸업한 학생들과 마찬가지로 경험 많은 전문가들로부터 스타트업에서 일자리를 구하려면 어떻게 해야 하는지에 대한 질문을 받는 이유이다. 그들은 스타트업의 세계가 이 모든 마법적이고 긍정적인 속성이 있다는 사실을 알고 있지만, 그곳에 어떻게 들어가야 할지를 모르기 때문에 스타트업의 세계를 두려워한다. 그들은 대개 기능을 담당한 경험이 있다. 예를 들어 IBM의 마케팅부, 스테이플스Staples의 제품 관리부 또는 GE의 재무 부서 출신일 수 있다. 하지만, 그들은 그런 기능적 기술을 스타트업 역할에 적용하는 방법을 잘 모른다. 또한, 그들은 자신에게 꼭 맞는 자리를 찾는 방법을 몰라 어려움을 겪을 수도 있다. 나는 그

런 대화를 아주 여러 번 했다.

몇 년 전에, 서로 잘 아는 친구가 이베이에서 일하는 사람을 소개해 주었다. 당시 이베이는 이미 수천 명의 종업원을 거느린 대기업이었다. 이 사람은 이베이의 재무 부서에 있었고 자신의 경험을 살려 스타트업에서 일하기를 열망하고 있었다. 그는 "어떻게 시작해야 할지 모르겠어요. 내가 스타트업의 CFO가 될 준비가 되었는지는 잘 모르겠지만, 어떻게든 효과적으로 도와줄 수 있을 것 같아요. 나는 내가 무엇에 관심이 있는지 정말 모르겠어요"라고 털어놓았다. 그래서 우리는 이런 대화를 나누고, 나의 방법론을 따라 해 보았다. 마침내 그는 자신이 전자상거래에 관심이 있다는 사실을 깨달았고, 개인적인 이유로 보스턴으로 자리를 옮겨, 자신의 재무분야 경험을 계속 활용하고 싶어 했다.

몇 주 동안 목표 의식을 갖고 검색한 결과, 그는 결국 보스턴에 본사를 둔, 초기 단계의 소규모 전자상거래 회사의 재무 부서에서 사업 운용을 함께 담당하면서 근무하기로 했다. 회사가 성장하면서 그는 CFO로 승진했다. 몇 년 후 스타트업 설립자가 해고되자, 그는 현장 승진 기회를 얻어 CEO가 되고 회사의 성장을 가속하는 데 일조했다. 아주 짧은 기간에, 그는 이베이 재무 부서의 중간 관리자에서 흥미진진하고 벤처 캐피털이 지원하는 전자상거래 스타트업의 최고 경영자가 되었다.

다양한 배경을 가진 모든 연령대의 재능 있는 전문가들과 이런 대화를 반복해서 나눈 것이 내 방법론을 구축하는 데 도움이 되었다. 방법론은 복잡하지 않으며 내용은 단순한 다음의 두 가지다.

- 여러분에게 가장 적합한 일자리를 선택하라.
- 자신의 위치를 잘 정하라

이 장에서 두 가지 모두 살펴볼 것이다.

가장 적합한 일자리를 선택하라

만약 여러분이 이 책 전체를 읽고 스타트업의 다양한 역할과 기능에 대해 이해했다면, 아마도 여러분은 이제 어떤 일이 자신에게 가장 적합한지에 대한 견해를 갖게 되었을 것이다. 이제 여러분은 그 일을 추구하기에 적합한 스타트업을 선택해야 한다. 자신에게 꼭 들어맞는 회사를 고르는 데는 다음 네 단계가 있다.

- 직업 분야를 선택하라
- 근무할 도시를 선택하라
- 기업 성장 단계를 선택하라
- 승자를 선택하라

각 단계의 의미와 적용 방법을 살펴보자.

직무 선택

첫째, 여러분이 어떤 분야에 열정이 있는지 알아내라. 이는 여러분이 스스로 많은 질문을 한다는 것을 의미한다. 마치 시력 측정 시험과 같다. 어느 것이 더 좋은가? A 렌즈? 아니면 B?, C? 혹은 D?

먼저 이렇게 질문하라. 내가 다소 B2C 타입인가, 아니면 B2B 타입인가? 대기업의 필요에 부응하는가 아니면 중소기업의 요구에 맞는가?

그런 뒤, 이런 질문을 계속한다. 내 스마트폰에서 좋아하는 앱 세가지가 무엇인가? 내가 좋아하는 제품은? 내가 가장 칭찬하는 상표는? 내가 특별히 좋아하는 온라인 서비스는? 내 마음에 드는 회사는 어떤 회사인가?

이런 질문을 하다 보면 또한 여러분은 매우 명확하게 생각할 수 있게 된다. 예를 들어, 만약 여러분이 가장 좋아하는 앱은 트립어드바이저TripAdviser라고 결정한다면, 아마도 여러분이 여행에 열정이 있다는 사실을 알려주는 것인지도 모른다. 그러므로 어쩌면 여러분은 여행 분야의 스타트업을 찾아야만 할지도 모른다.

거기서부터 시작해 다시 물어보라. 나는 어떤 블로그를 읽는가? 테크크런치TechCrunch에서 내 관심을 사로잡는 기사는 무엇인가?

나는 내가 『월 스트리트 저널』 테스트라고 이름 붙인 무엇인가를 하고 싶다. 그것은 이렇게 간단하게 질문하는 것이다. "여러분은 『월스트리트 저널』(또는 『블룸버그 비즈니스위크』, 『포브스』 혹은 『포춘』)을 읽을 때, 어떤 기사를 건너뛰고, 어떤 기사를 꼼꼼하게 읽는가?" 여러분이 읽는 것이 항상 여러분의 지적 관심사에 대한 매우 강력한 신호다. 만약 여러분이 과거 머리기사, 말하자면 미디어 사업에 관한 머리기사를 건너뛴다면, 아마도 여러분은 새로운 미디어 스타트업에 참여해서는 안 될 것이다. 만약 여러분이 자동차에 관한 기사에 빠져들고, 혹은 모바일 게임에 정말 관심이 있고, 포켓몬 고에 관한 최신 기사에 혼이 나가고, 가상 현실과 증강 현실에 관한 기사에 사로잡힌다면, 그런 분야를 다루는 스타트업들이 여러분이 추구하고 파고들어야 할 회사들이다.

B2C의 세계라면, 여러분은, 국제적이거나 국내적이든 간에, 전자상거래 혹은 온라인 서비스 혹은 미디어 같은 분야에 아마 관심이 더 많을 것이다. 만약 여러분이 국제적인 B2C 전자상거래에 발을 들여놓으면, 여러분은 그 분야에 적합한 종류의 회사들을 고려하기 시작한다.

만약 여러분이 소비재보다는 음식에 훨씬 관심이 있다고 결정한다면, 그 방향에 더욱 집중할 수 있다. 예를 들어, 건강한 생활 습관과 밀레니얼 세대에 초점을 맞춘 식품 브랜드뿐만 아니라, 식품 기술과 배달 분야에서도 엄청난 혁신이 계속되고 있다. 하지만, 기술이 의료 산업을 어떻게 흔들어 놓는지에 대해 정말로 관심이 있다면, 여러분은 그것에 집중해야만 한다. 그런 다음, 여러분이 의료 IT, 의료 서비스, 의료 기기, 진단, 생물 약제학 산업, 또는 유전체학의 어느 분야에 더 매료되었는지에 따라, 더 깊게 범위를 좁혀 내려가라.

이런 질문들에 대답하다 보면, 여러분이 열광하는 일련의 직업 분야로 초점을 좁히는 데 도움이 될 것이다. 한 가지 이상에 발을 들여놓을 수 있지만 세 가지보다 많으면 절대 안 된다. 그렇지 않으면 여러분의 탐색 범위가 너무 광범위해지고 초점이 흐려진다. 여러분이 스타트업의 세계에 뛰어드는 것을 도와주려고 대기하는 친구들을 화나게 하기 쉬운 방법이 하나 있다. "난 관심 있는 게 뭔지 모르겠어"라고 말하면 된다. 스타트업 분야는 너무 광범위해서 이런 접근 방식을 취하는 사람은 도와줄 수가 없다.

도시 선택

다음으로, 여러분이 어디에 살고 싶은지 알아내라.

여러분이 아직 스타트업 허브에 살고 있지 않다면, 나는 그곳으로 이사할 것을 아주 강력히 추천한다. 여러분이 지금 선택하려는 직장뿐만 아니라 다음에 옮길 여러 직장에 적합한 장소에 있을 것이라는 사실을 의미하기 때문이다. 여러분이 어디에서 일하든, 여러분은 다른 사람들을 만날 것이다. 근무하는 회사 혹은 크게 보아 공동체에서든지 간에, 만나는 사람들은 다음 스타트업에서, 또 다음 스타트업에서 그리고 또 다음 스타트업에서 여러분의 미래의 동료가 될 것이다.

모든 스타트업 허브는 고유한 문화를 갖고 있으며, 여러분은 한 직업이 다음 직업으로 이어질 것이라고 가정해야만 한다. 만약 여러분이 특정 도시의 어느 스타트업에 근무하려고 이사한다면, 여러분은 앞으로 여러 해에 걸쳐 여러 회사에서 계속 함께 일하고 싶어 할 사람들의 관계망에 연결될 것이다. 그러므로 가족이 근처에 있거나, 배우자가 그곳에서 직업을 찾았거나, 개인적인 이유로 그 도시에서 사는게 신나기 때문이든지 간에, 여러분은 공동체 그리고 도시의 가치와 생활 방식이 개인적으로 어울리는지의 맥락에서 도시를 현명하게 골라야 한다. 가장 좋은 상황, 그리고 가장 자주 일어나는 상황은 여러분이 어떤 회사에서 일하든, 결국 여러분이 다니는 회사마다 강력한 인맥을 활용하고 구축한다는 사실이다.

스타트업 허브가 아닌 장소에 집중하는 것은 여러분의 기회를 제한할 수 있다. (몇몇 회사와 사람들은 멀리 떨어져 일하며 가끔 여행하고 싶어 하지만, 이것 역시 여러분이 미래에 직업을 찾고 그 도시에서 공동체의 일원이 되는 데 있어, 여러분을 제한할 것이다.) 간단하다. 만약 여러분이 지리적으로 방해받거나 단절된다면, 여러분은 그저 이사하기만 하면 된다. 잘못된 장소는 여러분이 성공할 확률을 정말 낮출 수 있다.

어떤 사람들에게, 세계에서 중요한 스타트업 허브는 실리콘밸리(스타트업 이야기를 할 때, 산호세에서 샌프란시스코와 그 주변 지역까지 80km 구간을 일컫는 지역)가 유일하다는 것이 일반 통념이다. 뮤지컬하면 브로드웨이, 영화 하면 할리우드인 것처럼, 스타트업의 세계 하면 실리콘밸리다.

실리콘 밸리는 세계에서 가장 많은 자본과 가장 재능 있는 스타트업 지도자들을 끌어들이는 단연코 세계 최대의 스타트업 허브임에도 불구하고, 스타트업의 세계에 뛰어들 때, 고려할만한 가치가 있는 또 다른 고급 지역들이 있다. 미국의 다른 일류 스타트업 허브로는 보스턴, 로스앤젤레스, 뉴욕이 있다. 더 작지만, 여전히 생기가 넘치는 스타트업 허브로는 볼더(콜로라도), 시카고, 시애틀이 있다. 국제적으로 보자면, 유럽에서 런던이나 베를린. 아시아에서 텔아비브, 방갈로르 또는 상하이, 남아메리카에서 상파울루 또는 부에노스아이레스를 생각해 볼 수 있다. 여러분이 어떤 지역을 선택하든, 목적이 있고 전략적이어야 한다. 스타트업 생태계는 지역 대학, 지역 내 대형 기술 기업, 유명 벤처 투자자 그리고 성공적인 기업가를 중심으로 뚜렷한 특징을 가진 끈끈한 공동체다.

지역을 선택할 때 고려해야 할 요소들

- 여러분이 좋아하는 분야의 회사들이 집단으로 있는 도시를 골라라. 그와 같이하면, 다니던 스타트업이 실패해도, 적합한 관련 분야의 다른 회사로 옮길 수 있다. 예를 들어, 뉴욕은 패션 기술 회사들의 온상이다. 만약 여러분이 처음 취직한 곳이 잘되지 않

았다면, 여러분의 경력은 다음 회사에서 여전히 높게 평가받을 것이다.

- 만약 배우자가 일해야 한다면, 배우자에게도 기회가 있는 도시를 선택하라. 내가 아는 많은 스타트업 임원들은 배우자가 의료 분야에 종사하기 때문에 보스턴에 자리 잡았다.
- 날씨와 생활 방식이 매력적인 도시를 골라라. 예를 들어, 해변을 좋아한다면, 산타 모니카에 있는 스타트업에 취직하는 것을 능가하기는 어렵다. 스키광이라면, 볼더는 고려할 가치가 있을 것이다. 그리고 눈을 싫어한다면, 보스턴으로 이사하고 싶지 않을 것이다(비록 나는 그곳을 좋아하지만!).

다시 말해, 여러 가지 선택이 있을 수 있지만, 이상적으로 여러분은 좋아하는 도시를 한 군데 혹은 두 군데 골라야 한다. 각 스타트업 공동체에는 고유한 장점과 단점, 기이한 점과 나름대로 분위기가 있다.

여기 올바른 지역을 선택하는 것이 왜 그렇데 중요한지 그 이유가 있다. 대부분 사람이 일단 특정 스타트업 공동체를 선택하면, 거기에 정착해 머무는 경향이 있다. 그것은 자연스러운 현상이다. 그들은 한 번의 기회에서 다른 기회로 이어지는 관계를 시간을 두고 형성한다. 한 스타트업에서 동료로 지내던 사람이 다른 스타트업에서는 공동 설립자가 될 수 있다. 그래서 지역을 고려할 때, 체커(체스보다 단순한 서양식 보드게임)가 아니라 체스를 두는 것처럼 더 현명하게 생각해라. 체스 수를 서너 차례 앞서 내다보고 그런 움직임 내내 그 지역에 머물고 싶은지 아닌지를 생각하라.

기업 성장 단계 선택

스타트업에서 기회를 추구할 방법을 알아내는 다음 단계는 여러분이 어떤 성장 단계의 회사에서 일하고 싶은지를 결정하는 것이다.

제1장에서 나는 내가 즐겨 사용하는 스타트업의 세 단계인 정글 단계, 비포장도로 단계 그리고 고속도로 단계라는 개념의 틀을 여러분과 공유했다. 이 세 단계 중 어느 단계가 여러분에게 적합한지에 대한 결정을 하려면 어느 정도는 위험에 대한 기호, 또 어느 정도는 개인적인 기질과 취향에 기반을 두어야 한다. 만약 여러분이 위험을 좋아하는 사람이고 도전과 롤러코스터 타는 것을 즐긴다면, 정글 단계가 여러분에게 적합하며, 수익 발생 전이고 아직 제품과 시장 적합성을 이루지 못한 상태에서 자기 자금 혹은 시리즈 A 펀드로 자본을 조성한 회사에 틀림없이 마음이 기울어져 있을 것이다. 만약 여러분이 더 보수적이고, 좋은 봉급을 원하며, "확실한" 승자를 선택하는 것을 선호한다면, 제품과 시장 적합성을 달성한 상태에서 IPO 전이나 혹은 최근에 IPO를 마친 고속도로 단계의 회사가 올바른 선택이다.

그것은 여러분이 편안하게 느끼는 불확실성의 정도, 즉 혼돈의 양에 관한 것이다. 정글 단계에서는, 여러분은 답을 찾아내려는 사람이다. 비포장도로의 단계에서는, 답은 어느 정도 파악되었고, 이제 여러분은 그것을 확장하고 체계화하려고 한다. 고속도로 단계에서는 점진적인 개선과 지속적인 운영이 더 중요하다. 여러분은 해답을 찾으려는 사람인가, 아니면 시스템 구축자인가? 많이 역동적인 것을 좋아하는가, 아니면 꾸준하고 안정적이며 지속적인 개선과 운용을 선호하는가?

스타트업의 세계를 모르기 때문에 더 큰 회사에 입사하여 그들 주변에 체계와 후원을 어느 정도 얻음으로써 스타트업의 세계에 친숙해지기를 원하는 전문직 종사자들을 나는 많이 알고 있다. 그런 뒤, 몇 년 동안 근무 환경에 익숙해지고 주변 사람들로부터 배우고 나면, 그들은 더 큰 위험을 감수하고 초기 단계의 회사에 들어갈 수 있다고 생각한다. 작은 회사에 입사하는 다른 사람들은 더 큰 스타트업의 동료들보다 업무를 더 빨리 배운다고 내게 장담한다. 그들은 조직 사일로에 파묻히는 것과는 반대로, 더 많은 책임을 져야만 하고 더 광범위한 역할과 임무를 수행한다. 비록 이번 스타트업이 실패하더라도, 다음 스타트업에서는 유능한 지도자가 될 수 있는 더 좋은 위치에 있다고 생각한다.

또한, 여러분이 선호하는 단계는 또한 여러분의 기능적 초점에 달려 있을 것이다. 예를 들어, 만약 여러분이 제품 관리에 관심이 있다면, 가장 초기 단계가 적합할 것이다. 스타트업이 제품과 시장 적합성을 찾기 전에는 제품 조직이 힘을 많이 갖고 있으며, 회사는 제품과 엔지니어링에 많은 직원을 투입한다. 회사가 제품과 시장 적합성을 갖추었다고 판단하면, 영업과 마케팅팀은 힘이 세지고 직원 수도 늘어나며, 제품 조직은 점진적인 개선에 더 집중하게 된다.

또 다른 고려사항은 금전적 이득의 잠재력이다.

나는 이미 이 책에서 여러 차례 여러분이 스타트업의 세계에서 가질 수 있는 직업 성장과 영향 잠재력에 관해 설명했다. 또 다른 보상은 지분이다. 초기 단계인 정글 단계에서 스타트업에 참여하는 것은 보통 비포장도로 단계에서 참여할 때 얻을 수 있는 것보다 10배나 많은 지분을 준다. 고속도로 단계의 같은 일에 대해서는 비포장도로 단계에서 얻을 수 있는 지분의 10분의 1을 제공할 수 있다. 그것은 엄청난 차이다.

그것은 여러분의 우선순위에 달려 있다. 만약 여러분의 우선순위가 아이를 좋은 학군에서 공부하게 하는 것과 향후 5년 동안 이사를 하지 않는 것이라면, 정글 단계의 회사보다 더 안정된 회사에서 일하는 것이 개인적인 보상이 더 많을 수 있다. 여러분은 그렇게 열심히 일하지 않아도 될 것이다. 안정감을 더 느낄 수 있다. 나중에 여러분의 이력서에 실패한 회사에서 끝났다고 쓸 위험은 더 낮아질 것이다. 하지만 여러분이 정글 단계를 좋아하고 이 역동적 단계의 한가운데 있는 회사의 일원이 되는 위험을 견뎌낼 수 있다면, 그런 선택은 매우 수익성이 좋고 보람 있는 것일 수 있다.

승자 선택

이 조언은 실행하기가 가장 어렵다. 기업 성장 단계 선택, 도시 선택, 직업 분야 선택 등 다른 모든 단계는 매우 객관적인 조치이다. 승자(즉, 시장에서 큰 성공을 거두어 여러분에게 엄청난 성장 기회를 제공할 것으로 예상하는 회사)를 선택하는 것은 주관적인 일이다. 그 일은 실수투성이다. 세계에서 가장 우수하고, 가장 성공적이며, 가장 경험 많은 투자자조차도 절반 이상 틀린다. 게다가 그들은 여러 회사의 포트폴리오를 보유하는 이점이라도 있지만, 여러분은 일하고 싶은 오직 단 한 개의 회사를 고르는 것이다.

취직할 스타트업을 선택할 때, 여러분은 이상적으로 추진력과 잠재력이 크고, 인기 있고 역동적인 회사의 일원이 되기를 원한다.

어느 특정 분야, 시장, 단계에서 누가 승자가 될 수 있는지 외부인이 어떻게 알 수 있겠는가? 한 가지 방법은 몇 안 되는 내부자들에게 물어보는 것이다. 목표 지역 시장에서 벤처 캐피털 회사, 엔젤 투자 회사, 스타트업 변호사와 헤드헌터를 상위 3개씩 찾아라. 그리고 그들에게 여러분이 관심을 가진 직업 분야와 성장 단계에 해당하는 회사 중 가장 인기 있는 회사 3개를 지명해 달라고 요청하라(그리고 덤으로 이런 후속 조치를 하라, 저를 그 회사에 소개해 주시겠습니까?). 추천받은 목록을 만들어라. 스트레스 테스트를 시행하라. 그리고 여러분이 어떤 유형을 발견했는지 확인하라. 성공과 추진력에 대한 근본적인 증거가 가장 확실한 스타트업들이 당연히 목록 맨 위에 오를 것이다.

분명히, 마지막에 가서, 여러분은 회사와 팀에 대한 여러분의 평가를 기초로 스스로 판단해야만 한다. 직접 실사(實査)하라. 그리고 우리만이 아는 현실과는 달리 특정 스타트업에 대해 여러분이 언론에서 듣는 왜곡된 견해에 대해 냉소적으로 생각하는 것을 두려워하지마라. 외부인은 어떻게 내부자처럼 실사하겠는가? 모든 투자자가 사용하는 평가표를 사용하라. 우리 같은 벤처 투자자가 사용하는 평가기준을 똑같이 적용하여 각 회사를 평가하라. 이 평가 기준에는 일반적으로 다음 세 가지 간단한 항목이 있다.

- 팀: 창립팀이 설득력이 있는가? 그들은 여러분과 주변의 다른 사람에게 영감을 불어넣는 비전을 분명하게 설명할 수 있는가? 그들은 청렴도가 높은가? 다음 회사에서 그들과 다시 일하고 싶은가?

- 시장: 이 회사가 활동하는 시장 규모가 대규모(즉, 매출 잠재력이 10억 달러 이상)인가? 시장은 이런 스타트업 같은 새로운 진입자에게 기회를 줄지도 모를 어떤 종류의 혼란을 겪고 있는가? 시장에는 얼마나 많은 참여자가 있는가? 그리고 이 스타트업이 경쟁자들보다 지속 가능한 차별화된 이점을 갖고 있는가?

- 비즈니스 모델: 단위 경제(즉, 각 고객당 혹은 제품당 수익과 비용의 비교)가 매력적인가? 회사는 이미 각 고객의 생애 가치와 획득비용을 명확히 설명하며, 이 두 가지를 비교할 수 있는가? 회사

의 비즈니스 모델은 네트워크 효과를 포함하는가? 즉, 초기 시장 추진력이 더 많은 추진력과 가치를 창출하는 것처럼 사용자 네트워크가 성장함에 따라 사업이 한층 더 가치 있게 될 것인가? 고객이 있다면, 그들은 충성스럽고 시간이 지남에 따라 성장 잠재력이 있는 것으로 보이는가, 아니면 관계를 끊는 것처럼 보이는가(이탈하는가)?

여러분은 스타트업의 경영진에게 이런 질문을 직접 제기할 수 있을 뿐만 아니라 여러분이 볼 수 있는 것을 바탕으로 스스로에게도 해야 한다. 그리고 여러분과 자신들의 관점을 공유할 수 있고, 여러 스타트업에 걸쳐 판단력이 좋다고 믿는 사람들에게도 이런 질문을 하라. 질문하기에 가장 좋은 사람들은 여러분이 찾고 있는 산업에 이미 종사하는 사람들일 것이다. 만약 여러분이 벌써 그 산업에 종사하는 몇몇 사람을 알고 있다면, 그들에게 연락해서 이런 질문을 하라. 이 과정을 거치면 기가 질려 꼼짝 못 할 가능성이 있는 선택의 바다를 훨씬 작은 출발점으로 좁히는 데 도움이 될 것이다. 만약 여러분이 그 산업에서 일하는 사람들을 아직 알지 못한다면, 다음 항목(자기 위치를 잘 정하기)은 여러분이 그런 사람을 찾도록 도와줄 수 있다.

논의했듯이, 승자를 고르는 것은 나 같은 전문 투자자들에게는 힘든 일이다. 따라서 스타트업을 고를 때마다, 차세대 페이스북이나 구글 같은 회사를 고를 것이라고 기대하지 마라. 여러분은 사회적 통념에 대한 최고의 조사에 자신의 판단과 본능을 섞어 승자를 찾고 싶을 것이다. 만약 여러분이 틀렸다 하더라도(최악의 경우, 여러분이 취직한 회사가 문을 닫으면) 다음 면접위원이 "왜 그 회사에 들어갔고 거기서 무엇을 배웠느냐?"라고 물으면 사려 깊은 방법론으로 핑계 댈 수 있을 것이다.

또한, 여러분이 승자를 선택하려고 할 때 고려해야 할 이해 상충관계가 종종 있다는 사실을 주목하라. 특별히 "성공 가능성"이 있다고 반드시 인식될 필요는 없지만 엄청난 추진력을 가진 초기 단계의 회사는 더 성숙한 성장 단계의 회사보다 여러분에게 위험을 지워주고 더욱 많은 책임을 안겨주려고 더욱 안달일 것이다. 초기 단계에서 여러분은 여러 가지 역할을 하고, 빠르게 성장하며, 상급자 일을 할 기회를 얻게 될 것이다. 단점은 좀 더 규모가 큰 스타트업에 비해 여러분이 배울 수 있는 훌륭한 조언자를 만날 가능성이 적다는 점이다. 게다가, 이 초기 단계의 스타트업은 실패하거나 옆길로 샐 가능성이 더 크고, 그러면 여러분은 1, 2년 이내에 다른 직업을 찾아 나서야 할 것이다. 만약 여러분이 더 큰 위험을 감수하고 더 큰 불확실성 속에서 활동하고 싶다면, 초기 단계의 스타트업에서 겪은 경험의 질은 유망하고 더 큰 스타트업에서 작은 톱니바퀴로서 경험한 것보다 더 훌륭할 수 있다.

직업 분야를 선택하고, 도시를 선택하며, 가장 관심 있는 성장 단계를 선택한 후, 그 도시에서 그 분야의 그 성장 단계에 맞는 회사를 선택하는 일련의 단계를 거치고 나면, 일반적으로 매우 짧은 목록을 얻게 된다. 따라서 그 시점에, 여러분은 어느 회사에 집중해야 할지를 결정할 수 있다. 만약 여러분이 샌프란시스코, 뉴욕, 보스턴과 같이 더 큰 스타트업 공동체에 있다면, 여러분은 특별한 단계와 분야에 있는 많은 회사를 접하기 쉽다.

일단 이 발견 과정이 완료되면, 여러분은 자신의 목표 목록을 갖게 된다.

자기 위치를 잘 정하기

일단 목표 목록을 갖게 되면, 다음 과제는 스타트업들이 실제로 여러분을 고용하고 싶어 하도록 자신의 위치를 잘 정하려고 노력하는 것이다. 이 목표를 위해 여러분이 할 수 있는 가장 중요한 두 가지는 다음과 같다.

- 따뜻한 소개로 이어지는 길을 찾아라
- 일단 방에 들어가면, 회사에 대한 의견과 그들에게 도움이 될 수 있는 어떤 일을 할 수 있는지에 관한 견해를 준비하라

따뜻한 소개 받기

목록에 있는 스타트업 중 하나에서, 여러분이 따뜻한 소개(즉, 공동으로 아는 사람을 통한 연결)로 이어지는 길을 찾을 수 없다면, 여러분은 이미 강한 인적 정보망 구축 기술이 부족하다는 사실을 증명하는 셈이다. 그것은 단점이다. 이런 모든 회사는 상당한 소셜 미디어 영향력, 방대한 네트워크, 그리고 매우 뚜렷한 온라인 발자취를 가진 사람들로 가득하다. 심지어 아주 초기에 웹사이트 내용이 부실하거나 아예 존재하지 않는 회사들의 정보도 크런치베이스Crunchbase나 매터마크Mattermark에서 얻을 수 있다. 그곳에는 임원들과 투자자들, 그리고 그들이 얼마나 많이 자금을 조달했는지가 언급되어 있다. 여러분은 그들을 링크드인LinkedIn에서 검색할 수 있고, 초창기 직원들이 누구인지도 볼 수 있다. 여러분은 이런 다양한 네트워크와 데이터베이스를 통해 핵심 인물들을 파악하고, 몇 차례 따뜻한 소개로 이어줄 길을 찾을 수 있어야만 한다. 아마 2단계 정도 떨어져 있겠지만, 여러분은 다음 사람과 연결해줄 수 있는 첫 번째 사람과 연결이 닿도록 노력할 수 있다.

산드라라는 여성이 전 세계에 코드 작성법을 가르치는 뉴욕에 있는 온라인 학교인 코드카데미에서 일한다고 하자. 그리고 여러분은 교육 기술 사업에 들어가기로 했으며, 뉴욕에 살고 있고, 코드카데미가 인기 있는 회사라는 것을 들어봤다고 가정하자.

여러분은 코드카데미의 누군가와 접촉할 방법을 찾아야 한다. 만약 여러분이 예전에 산드라 그리고 코드카데미의 임원이나 직원을 알지 못했다면, 여러분은 산드라를 아는 누군가를 찾아야만 한다. 그녀 자신이 채용 관리자가 아닐 수도 있지만, 여러분은 회사에 대한 통찰력을 줄 수 있고, 채용 관리자에게 접근하는 것을 도와줄 수 있는 누군가에게 접근할 필요가 있다.

그런 점에서 링크드인은 매우 유용한 도구다. 여러분은 이름으로 산드라를 검색할 수도 있고, 코드카데미를 찾을 수도 있다. 검색하면 그곳에서 일하는 사람으로부터 여러분이 어느 정도 분리된 상태인지 즉시 알 수 있다. 만약 여러분이 2단계 떨어져 있다면, 그것은 여러분이 산드라를 아는 누군가를 알고 있다는 사실을 의미한다. 두 사람이 모두 아는 공동의 친구가 있다. 그를 제이슨이라고 하자. 여러분은 그에게 전화를 걸어 이렇게 말할 수 있다. "이봐 제이슨, 나 진짜 교육 기술 사업에 완전히 빠졌어. 코드카데미에서 일하는 것이 평생소원이야. 참, 너 거기서 일하는 산드라와 친구 아니니?" 그러면, 운이 좋다면 제이슨은 "그래, 나 산드라 알아. 우린 같은 대학을 다녔거든. 그 친구 대단해. 너 소개해 주면 좋겠다"라고 대답할 것이다.

꽝! 여러분을 산드라에게 소개해 줄 친구가 생긴 것이다.

하지만 제이슨에게 단지 이메일만 빨리 보내달라고 부탁하면 안 된다. 제이슨이 당신을 소개할 때, 산드라에게 당신은 훌륭한 사람이고, 왜 그가 생각할 때 코드카데미가 당신과 함께 일하는 것이 행운인지를 확실히 말해달라고 요청하라. 기본적으로, 당신은 제이슨에게 약간의 지지를 부탁한 것이다.

이것이 따뜻한 소개다.

제이슨과 산드라가 친밀한 관계라고 가정하면, 그녀는 항상 그런 종류의 요청에 반응할 것이다. 만약 당신이, 즉 낯선 사람이, 산드라에게 사무적인 음성 메시지를 남겼다면, 아무 일도 없을 것이다. 하지만 만약 오래된 친구인 제이슨이 당신을 연결해준다면, 산드라는 낯선 사람으로부터 음성 메시지를 받는 것보다 훨씬 더 진지하게 소개를 받아들일 것이다. 그러면 당신은 산드라를 만날 수 있다(대면이 언제나 최선이다. 그래서 반드시 그렇게 만들 명분을 생각해내라!) 그러면 당신은 그녀에게 코드카데미의 일자리에 관심이 있다고 말할 수 있다.

만약 여러분이 알기만 한다면, 벤처 투자자들과 엔젤 투자자들 역시 좋은 통로다. 그들은 종종 여러분의 이력서와 배경을 자신들의 포트폴리오 회사에 기꺼이 전해 주고 싶어 한다. 어쨌든, 그들의 포트폴리오 회사들은 항상 자격을 갖춘 인재를 필요로 하며, 그들은 회사가 조직의 모든 성장 단계에서 훌륭한 사람들을 고용하도록 돕는 것이 자신들의 일이라고 생각한다.

스타트업과 이야기를 나누기 전에, 자신의 개인적인 이야기를 확실히 해야 한다. 직업훈련 프로그램인 스타트업 인스티튜트Startup Institute는 학생들에게 개인적인 동기, 장점, 기술, 경험을 철저히 생각하고 네트워킹 과정을 집중적으로 주입하는 데 도움이 될만한 경력

이야기를 엮어내라고 조언한다.

소개를 도와줄 공동체의 구성원들에게 여러분 자신을 소개할 때, 여러분의 경력 이야기를 철저히 생각하고 공들여 구성하면 여러분이 왜 그 특정 스타트업과 연결하기를 원하는지 그리고 어떻게 그들을 도울 수 있는지에 대해 적절히 설명하게 되는 것이다. 기억하라, 스타트업의 채용이란 직무 요건에 기술을 비인격적으로 맞추는 과정이 아니다. 스타트업의 관점에서 보면, 그것은 여러분과 잠재력 즉, 여러분이 어떤 모습이 될지와 회사의 성장과 가치에 어떤 영향을 미칠지에 대해 회사의 귀중한 자원을 투자하는 것이다.

여러분이 회사와 연결하려는 논의 가운데 어디에서도, 아직 외부 채용 전문가 즉, 헤드헌터에 대해 언급하지 않았다는 사실을 주목하라. 외부 채용 전문가들은 어느 회사가 채용 중인지를 알고 있어서 훌륭한 정보 원천이 될 수 있지만, 나는 여러분이 스타트업의 세계에 이제 막 발을 들여놓으려는 것이기 때문에 그들에 대해 많은 시간과 에너지를 들여 설명하지 않을 것이다. 외부 채용 전문가들은 중간 관리자보다 임원 채용에 더 집중하는 경우가 많다. 만약 여러분이 CFO나 마케팅 부사장 자리를 찾는 고위 임원이면, 그들이 도와줄 수 있다. 그러나 대부분은, 자기의 위치를 잘 정하고 내부자로부터 따뜻한 소개를 받는 것이 여러분에게 훨씬 더 많은 성공을 가져다줄 수 있다.

일반적으로 스타트업 공동체는 시간에 대해 믿을 수 없을 정도로 관대하며, 여러분이 끈기와 시간을 갖고 거의 모든 사람에게 다가갈 수 있을 정도로 강력한 "미래 보상"이라는 문화를 갖고 있다.

사실, 나는 여러분에게 목표를 높이 하라고 추천한다. 이 장에서 설명한 방법론을 사용하여 검색 범위를 좁힌 다음, 네트워킹을 위해 30분 동안 직접 대면할 수 있는 가장 좋은 선택이 될 10명을 뽑아내라. 그런 다음 그 열 명의 사람들을 여러분이 할 수 있는 모든 방법을 사용하여(물론, 따라 다니며 괴롭히거나 성가시게 하지 않으면서) 쫓아다녀라. 직무 적합성이 맞지 않는다고 판명되더라도, 이와 같은 네트워킹 만남은 여러분이 귀중한 관계를 맺는 데 도움을 줄 것이고 추가적인 흥미로운 만남과 연결로 이어질 것이다.

요컨대 조직적이고 집중하고 끈질겨야 한다. 목표를 높이 하라. 점진적인 네트워킹 만남을 모색하라. 여러분 스스로 미래의 승자를 직접 골라라. 일이 잘 풀리지 않을 수도 있다. 하지만 적어도 여러분은 약간 긍정적이며 뜻밖의 행운을 잡는 위치로 여러분 자신을 가져다 놓고 있다.

회사에 대해 의견을 갖고 이바지하는 방법을 찾아라

이제 내 조언의 두 번째 부분이다. 여러분이 연결하려는 회사를 도울 방법을 명확하게 설명할 준비를 해라.

이것은 여러분이 조사해야 한다는 사실을 의미한다. 산드라와 이야기하기 전에 코드카데미에 대해 여러분 스스로 연구하라. 온라인에서 읽을 수 있는 모든 것을 읽어라. 어쩌면 서비스를 이용하는 회사 고객 중 두어 명이나 몇 명의 친구와도 이야기를 나누어라. 서비스를 직접 사용해 보라. 제품을 개선할 방법에 대한 아이디어를 한 무더기 메모하라. 만약 여러분이 디자이너라면, 여러분은 그 제품을 더 매력적으로 보이게 하기 위한 구체적인 아이디어를 갖고 있을 것이다. 만약 여러분이 마케터라면, 여러분은 새로운 판매 촉진 활동이나 전달 내용에 대한 아이디어가 있을 것이다. 소식지를 구독하고 전자 메일 판매 촉진 활동이 어떤 유형인지를 확인하라. 그러면 여러분이 산드라와 만났을 때, 다가가 이렇게 말할 수 있다. "여러분은 정말 전문가 제품을 강조하고 프리미엄freemium 모델을 잘 실행하고 있는 것처럼 보입니다. 프록터앤드갬블Procter & Gamble에서의 내 경험을 바탕으로 여러분이 제품에 관한 전달 내용을 조정하는 방법에 대해 몇 가지 생각이 떠오릅니다."

여러분의 일을 단순히 홍보하기보다는, 산드라와 그녀의 일에 관해 대화하도록 하라. 내가 장담컨대, 산드라는 전화를 끊거나 커피숍을 나오면서 이렇게 생각할 것이다. 정말 멋진 사람과 엄청난 대화였군!

그렇다, 이 모든 것은, 말하자면, 스타트업 웹사이트의 "경력"난을 흘낏 보고 맹목적으로 지원하는 것보다 일을 훨씬 더 많이 한다는 것을 의미하지만, 그것은 중요한 무언가로 변할 가능성이 훨씬 더 큰, 훨씬 더 강력한 연결이다.

눈에 띄기 위한 것이다. 인사부서의 수신 우편함으로만 지원서를 보냈다면, 눈에 띄지 않았을 것이다. 반면에, 적절한 사람에게 접근하는 길을 연결한다면, 그들을 대화에 참여시키고, 관계를 형성하며, 공동의 친구들로부터 강력한 소개도 받아, 지원자 무리의 맨 위로 뛰어오를 수 있다.

내가 추천하는 또 다른 방법은 내용이 풍부한 대화에 회사의 회장들을 참여시키는 것이다. 여러분은 회의, 회사의 오픈 하우스, 비공식 만남에 참석하고, 회장들이 참석할 것으로 예상하는 다른 산업 행사에 여러분도 참석함으로써 그렇게 할 수 있다. 나는 이런 행동이 스토커 행태와 경계 선상에 있다는 것을 인정하지만, 만약 외교적으로 원만하게 다룰 수 있다면 이 방법은 효과적이다.

거의 모든 스타트업의 CEO와 임원들은 블로그를 하거나 소셜 미디어에 올라와 있다.

그런 채널들을 통해, 예를 들어, 트윗을 리트윗하거나 링크드인 LinkedIn 또는 미디엄Medium 포스트에 댓글을 달면서 그들과 연락하라. 만약 그들이 콘퍼런스에서 연설하는 것을 보았다면 패널이 끝난 후, 대화하기 위해 얼굴을 내밀어라. 그들의 흐름에 여러분 자신을 맡겨라. 그들의 레이더 화면에 잡히도록 하라. 그런 다음, 기회가 되면 그들이 하는 일과 지난 두 달 동안 여러분이 그들의 영역을 어떻게 연구해왔는지, 그리고 여러분이 회사에 들어가 관찰한 내용을 얼마나 교환하고 싶어 했는지도 그들에게 설명하라.

이것이 바로 전략적 소통이자 의도적 소통이다.

마지막으로, 그리고 이것은 소수의 사람만이 잘 하는 일종의 비밀 무기인데 선물 보따리를 가져가라.

대부분 사람은 직업을 구할 때, 자신들이 요구할 것만 갖고 다닌다. 그들은 자신이 원하는 것에 초점을 맞춰 전화 통화를 하거나 회의에 참석한다. 나는 소개 받기를 원한다. 나는 면접을 바란다. 나는 회신 전화를 기다린다. 나는 취업 제의를 희망한다.

만약 여러분이 이런 자신의 요구 사항을 확 뒤집어 그 대신 선물 보따리를 갖고 간다면, 여러분은 완전히 다른 관계를 만들게 될 것이다. 여러분은 조언할 내용을 갖고 간다. 여러분은 연결망을 갖고 간다. 여러분은 이렇게 말할 수 있다. 이봐요 산드라, 내가 어떻게 도와줄까요? 더 필요한 건 없으세요? 무엇을 찾고 계십니까? 뭐가 문제입니까? 오, 디자이너를 고용해야 한다고요? 사실, 나는 지난번 직장에서 훌륭한 디자이너와 함께 일했어요. 멋진 디자이너를 추천할 수 있어요. 선물을 들고 가라. 그러면 갑자기 여러분은 가치를 더하는 사람으로 인식될 것이다.

나는 언젠가 중간 규모의 소프트웨어 회사의 콜센터에서 몇 달 동안 근무하며 직장 생활을 시작한 제품 관리자에 관한 이야기를 들은 적이 있다. 그는 회사에 들어가기 위한 경로로써 입문 수준의 일자리였지만, 콜센터에서 자신의 모든 시간을 쏟아부어 고객과 대화를 나누고, 그들로부터 귀중한 통찰력을 얻고, 그것들을 정리해 아이디어로 만들었다. 어느 날, 그는 이런 엄청난 분량의 아이디어들을 제품 책임자에게 가져가 책상 위에 올려놓고, "나는 이것을 하고 싶습니다"라고 말했다. 그는 일자리를 애원하기는커녕 가치를 전달했다.

어느 누가 그 사람을 고용하지 않겠는가?

그 결과, 그는 단번에 콜센터의 기술 지원 직원으로 일하던 것에서 제품 관리로 자리를 옮겼다.

여러분이 비록 회사 밖에 있더라도 똑같은 일을 할 수 있을 것이다. B2C 제품이나 심지어 B2B 제품이라도 제품을 사용하는 고객을 찾아 대화할 수 있다. 그런 다음, 일단 회사 내부와 연결하면, 아이디어를 갖고 들어갈 수 있다.

만약 여러분이 따뜻한 소개를 확보하고, 설득력 있는 이야기를 하고, 내용이 풍부한 대화를 하고, 선물 보따리를 갖고 간다면, 여러분은 가치를 전달해 줄 것이다. 여러분은 일방적인 요청을 하는 게 아니라, 양방향으로의 가치 교환을 창조한다. 거저 주는 지원금이나 애원하는 사람이 되지 마라.

스타트업 보상

여러분이 자신의 역할을 알아내고, 잘 맞는 스타트업을 선택하고, 마침내 입사하라는 제안을 받고 나면, 내가 받는 일반적인 그다음 질문은 "보수는 얼마나 받을까?"이다. 물론 한가지 답은 없다. 게다가 스타트업 보상은 현금 보상과 전형적으로 스톡옵션의 형태인 주식 보상이 혼합되어 있다는 사실 때문에 질문은 한층 복잡해진다.

스타트업 보상은 과학이라기보다는 오히려 예술이다. 각 회사가 경험이 없고 미숙하므로, 아직 명확한 보상 기준이 확립되어 있지 않을 수 있다. 그리고 각 스타트업이 자본 조달과 사업 성숙도 측면에서 다른 상황이므로, 역할이 같을 때조차도 보상 수준은 스타트업마다 다르다.

그렇긴 하지만, 도움이 될 만한 몇 가지 지침이 있다. 내가 언급했듯이, 스타트업은 정글, 비포장도로, 고속도로의 세 가지 전형적인 발달 단계로 나뉜다. 표 8-1은 여러분이 고용된 역할에 기초하여 각 성장 단계의 스타트업에서 일반적으로 볼 수 있는 현금 보상과 스톡옵션 보상의 범위를 제공한다.

표 8 -1

전형적인 현금 및 스톡옵션 보상 범위

	정글 단계	비포장도로 단계	고속도로 단계
임원진 (C 레벨)			
현금	$150,000-$200,000	$175,000-$225,000	$200,000-$250,000
스톡옵션	1.0-2.0%	0.75-1.50%	0.50-0.75%
부사장			
현금	$125,000-$150,000	$150,000-$200,000	$175,000-$225,000
스톡옵션	0.50-1.0%	0.25-0.75%	0.10-0.50%
이사			
현금	$80,000-$110,000	$100,000-$150,000	$125,000-$175,000
스톡옵션	0.20-0.50%	0.10-0.30%	0.05-0.20%
관리자			
현금	$60,000-$100,000	$75,000-$125,000	$75,000-$125,000
스톡옵션	0.05-0.20%	0.03-0.10%	0.02-0.05%

스타트업 스톡옵션의 가치는 설명하기 어렵다. 스톡옵션은 종업원이 주식을 매입하기로 선택하면(옵션을 행사하면) 특정 가격(행사 가격)에 주식을 매입할 수 있는 권리를 종업원에게 부여하는 회사와 종업원 사이의 계약이다. 따라서 기업이 발행한 주식 수라고 이야기할 때, 일반적으로 설립자가 보유하고 있는 주식 수, 투자자에게 매각한 주식 수, 종업원에게 발행한 주식 수, 미래 종업원을 위하여 남겨놓은 주식 수(주식옵션 풀 또는 옵션이 아직 발행되지 않았기 때문에 미발행

풀이라고 함)를 모두 합한 숫자를 의미한다. 이 합계 숫자는 유통 중인 완전 희석 주식 수로 알려져 있다.

　표 8-1에 표시된 옵션 비율은 여러분에게 발행한 회사의 완전 희석 주식의 비율을 나타낸다. 간단하게 예를 들어 여러분이 스톡옵션 1,000개를 갖고 있고 회사의 완전 희석 주식 수가 10만 주라고 하면 여러분은 1%의 지분을 소유하는 것이다. 혹은 여러분은?

　더 정확히 말하면, 여러분은 회사의 1%를 소유할 만큼 충분한 주식을 살 수 있는 선택권이 있고, 그러한 옵션들에는 매수가격, 즉 행사 가격이 있다. 행사 가격은 주당 1달러이다. 그러고 나서 옵션을 모두 행사하고 회사의 1% 지분을 취득하려면 1,000달러가 든다. 만약 어느 회사가 그 회사를 현금 천만 달러에 인수한다면 주식 당 100달러에 취득하는 것이고, 여러분은 주당 순가치 99달러 즉 총 99,000달러를 받는다. 구매 가격의 1%가 아니지만, 꽤 근접한 금액이다. 회사의 주당 매도가격이 행사 가격에 더 가까우면, 주식을 취득하는 비용이 상대적으로 더 비싸서 여러분의 순이익이 상대적으로 낮아진다.

　회사는 자금을 조달할 때마다 일정한 가격에 주식을 판다. 그런 주식의 가격은 발행된 옵션의 행사 가격에 영향을 미친다. 투자자들은 자신이 매입한 주식으로 다른 권리와 특권(예: 특정 통제 그리고/또는 배당금과 같은 경제적 요소)을 얻기 때문에 옵션은 투자자 주식 가격과 비교하면 할인된 가격으로 발행될 수 있다. 그러므로 만약 어느 회사가 투자자에게 주당 4달러에 주식을 팔고 있다면, 종업원들에게 그것의 절반인 주당 2달러의 행사 가격으로 옵션을 발행할 수 있다.

이런 미묘한 차이는 다른 스타트업의 제안을 평가할 때 중요하다. 스톡옵션을 어떻게 평가할 것인가에 대한 조언을 구하면, 나는 사람들에게 몇 가지 평가 시나리오(예를 들어, 스타트업이 언젠가는 1,000만 달러, 5,000만 달러, 1억 달러에 팔린다고 하면 어떻게 되겠는가?)를 보여주는 간단한 스프레드시트를 구축하고, 스타트업이 수익성이 없어 지금부터 퇴사 사이에 자금을 조달하면 추가적인 희석이 발생한다는 사실을 고려하면서, 행사 가격과 지분율을 근거로 각 시나리오에 따라 주식옵션의 가치를 계산하도록 권한다. 그런 다음, 각 평가 시나리오에 확률을 설정하고 각 시나리오의 값을 확률에 곱하고 그 수치를 합하여 기댓값을 구한다. 회사의 가치(즉, 여러분의 스톡옵션의 가치)가 0이 될 확률을 설정하는 것을 잊지 마라. 보통 그럴 가능성이 크기 때문에, 그 이상은 아니더라도 적어도 50%는 설정하라!

표 8-2는 행사 가격이 5달러에 회사가 주식을 완전히 발행한 후의 1% 지분율인 1,000개의 스톡옵션 패키지를 가정하고 이런 종류의 시나리오 계획의 예를 보여준다.

표 8-2 스톡옵션 가치 평가를 위한 시나리오 계획

회사 가치

	0달러	1천만 달러	5천만 달러	1억 달러
주당 가치	$0	$100	$500	$1,000
1000개 옵션의 순가치	$0	$95,000	$495,000	$995,000
확률	50%	25%	15%	10%
기댓값	$0	$23,750	$74,250	$99,500

기댓값의 합 : $0 + $23,750 + $74,250 + $99,500 = $197,500

확률로 가중한 맥락에서 이 네 가지 기댓값을 합산하면 197,500 달러가 된다. 따라서 여러분의 판단으로는, 회사의 1%를 소유하는 것은 기댓값이 20만 달러에 조금 못 미친다. 이 연습은 여러분이 스톡옵션이 진정으로 얼마만큼의 가치가 있다고 생각하는지(가능한 가치의 범위와 그러한 가치에 도달할 가능성 모두)를 파악하는 데 도움이 될 수 있으며, 한 회사의 제안 가치를 다른 회사와 같은 기준으로 비교하는 데 여러분을 도와준다.

졸업생을 위한 구체적인 조언

매년 졸업식 무렵이면 많은 학생이 스타트업의 세계에서 일자리를 찾고 경력을 쌓는 일에 집중하기 시작한다. 학부나 대학원 졸업생 가운데 스타트업 공동체에 어떻게 접속할지를 아는 학생이 거의 없으므로, 그들은 어디서부터 시작하고, 어떤 기업을 공략해야 할지 고민한다. 여러분도 같은 문제를 갖고 있을 수 있다. 가장 좋은 스타트업은 누구나 아는 이름이 아닐 수도 있고, 어느 회사가 매력적이고 아닌지에 대한 정보를 구하기 어렵다고 여겨질 수도 있다.

여러 해 동안, 나는 존경받고 (은밀하게 혹은 공개적으로) 고용에 적극적이며, 흥미로우며, 성장하는 스타트업들의 최신 목록을 지역별로 구성하여 보관해 왔다. 나는 매년 봄, 탐험할 가치가 있는 수준이 높고 성장이 빠른 회사의 방향으로 지도하기 위하여 내 수업의 학생들과 이 정보를 공유한다.

이것이 불완전한 데이터를 가진 나 자신의 불완전한 관점이지만 (시장 조사 회사인 매터마크Mattermark와 시비인사이트CB Insights의 데이터를 간간이 섞으며 결합하기도 하지만), 어떤 지원자들에게는 도움이 될 수도 있다. 최신 버전은 내 블로그인 www.SeeingBothSides.com.에서 찾을 수 있다. 블로그 게시물의 제목이 "졸업생을 위한 조언: 승리하는 스타트업에 뛰어들라"이므로 단지 "승리"로 검색하면 된다.

벤처 투자자이자 웰스프론트의 공동 창업자인 스탠퍼드대학교의 앤디 라클레프Andy Rachleff 교수는 비록 대부분이 샌프란시스코에 기반을 둔 회사이기는 하지만 (목록에 있는 스타트업의 60% 이상이 배이 에리어Bay Area 지역임), 매년 가을마다 "직업 시작 회사 목록"을 발표한다.

결론

나는 이 책이 여러분에게 스타트업의 삶이 어떤 것인지 그리고 어떻게 그것이 여러분에게 가장 만족스러울 수 있는지에 대한 감각을 주었기를 바란다. 그리고 희망컨대, 어떻게 일자리를 찾고 얻을 수 있는지에 대한 로드맵을 제시했기를 희망한다. 이 모든 것을 넘어서, 이것은 여러분의 일이다. 여러분이 스스로 작업하고, 여러분이 스스로 연구하고, 여러분이 스스로 그 목표를 향해 앞으로 나가야 한다.

여러분에게 경고해야만 한다. 다른 길로 돌아가는 사람은 거의 아무도 없다. 많은 사람이 대기업에서 스타트업으로 가지만, 스타트업이라는 벌레에 물려본 사람은 거의 아무도 대기업으로 돌아가지 않는다. 만약 그들이 그렇게 한다면, 그것은 보통 다시 스타트업의 세계로 돌아가기 위하여, 기술이나 인적 관계망을 재구축하거나 약간의 추가적인 신뢰를 얻기 위해서일 뿐이다.

나는 스타트업에 종사하는 사람들이 그렇지 않은 사람들보다 그들의 직업과 경력에서 확실히 더 행복하다는 것을 안다. 스타트업은 더 많은 자유와 자율성을 제공한다. 사람들이 정말로 즐기는 것처럼 보이는 장인 의식을 약속한다. 그리고 여러분의 행동은 회사의 부침과 직결되기 때문에, 목적의식, 즉 정말 분명한 목적의식이 있다. 대기업에서는, 더 큰 전체에 영향을 미치기 위해 무엇을 어떻게 해야 하는지를 알기란 매우 어렵다. 하지만, 이것들은 행복의 핵심 요소들이다. 그리고 나는 그런 것들이 다른 회사보다 스타트업에 훨씬 더 많이 있다고 생각한다.

또 스타트업의 세계에서는 항상 자신이 열정적으로 일할 수 있는 것을 찾을 수 있다. 저 바깥 어딘가에는 여러분의 열정에 꼭 맞는 스타트업이 항상 있다.

나는 내 경력을 통해서 볼 때 그 모든 것들이 사실이라는 것을 깨달았다. 나는 어린 나이에 엄청나게 큰 임무를 맡았다. 스타트업 경력 동안 담당한 거의 모든 일에 완전히 미쳤고, 내가 예상했던 것보다 빨리 승진했다. 스타트업은 나를 도전하게 했다. 그것은 나를 매년 나의 경주를 한 단계 높이도록 밀어붙였다. 내가 즐겨 부르는 "도그 이어"처럼, "스타트업 시간"의 1년은 성장과 책임, 성숙과 성장 면에서 일반 회사에서의 7년과도 같다.

더구나 스타트업의 세계는 내게 대단한 목적의식을 주었다. 나는 내가 했던 모든 일에 정말 명확한 목적의식, 즉, 내가 하는 일이 회사뿐만 아니라 더 큰 구조에서도 어떻게 들어맞는지를 알려는 목적의식이 있었다고 생각한다. 예를 들어, 오픈마켓에서 우리는 인터넷을 비즈니스에 안전하게 사용할 수 있도록 만들기 위해 일하고 있었다. 따라서 우리는 인터넷의 발전에 작은 역할을 할 수 있었다. 유프로미스에서, 우리는 수백만 명의 사람들이 대학에 가기 위해 돈을 저축하고 그들의 꿈을 추구하도록 도왔다.

조금 더 저축하든 아니면 조금 더 삶을 편하게 만들든지 간에, 어떤 작은 방법으로 사람들을 돕는 것은 엄청나게 큰 성취감을 준다. 내가 한 모든 일은 그러한 소명 즉 더 큰 목적과 밀접하게 연결되어 있었다. 큰 회사라면 내가 그런 똑같은 감각을 지녔을지 모르겠다. 작은 기업에서 혁신과 기술을 발전시키는 데 도움이 되는 그런 모든 역할을 축적하라! 그러면 전 세계에 어마어마한 영향력을 발휘할 수 있다.

이제 나가서 스타트업을 찾아라. 여러분이 축하하려고 내 사무실에 들른다면, 우리, 바로 그 돔 포도주로 건배합시다.

Startup

감사의 글

이 책은 나의 파트너인 데이비드 아로노프David Aronoff, 케이트 캐슬 Kate Castle, 칩 해저드Chip Hazard, 그리고 제시 미들턴Jesse Middleton의 협조와 지도가 없었더라면 빛을 보지 못했을 것이다. 나는 그들에게 평생 빚을 졌다. 그들은 내가 스타트업의 세계가 간직한 비밀을 파헤치는 과정에 끊임없이 정보를 알려주고 영감을 불어넣어 주었다. 하버드 경영대학원에서 맡았던 강의 덕분에, 나는 스타트업의 세계에 참가하기를 희망하는 수백 명의 학생들과 접촉할 수 있었다. 학생들이 내게서 배웠을 것만큼이나 많이, 나도 그들로부터 엄청나게 많은 것을 배웠다. 하버드에서의 생활은 기업가정신 전공에서 함께하는 내 동료들의 지혜로 언제나 풍요로웠다. 하지만, 특히 린다 애플게이트Lynda Applegate는 내가 벤처 기업가의 정규직 자리를 포기해야 하지만, 나를 교수단에 합류하라고 어떻게든 설득했으며, 톰 아이젠만Tom

Eisenmann과 제프리 레이포트Jeffrey Rayport는 나와 함께 개설한 〈론칭 테크놀로지 벤처스Launching Technology Ventures〉를 가르치면서 즐거움을 같이 했다.

책을 쓰는 것은 힘든 일이다. 많은 사람이 상당한 자료를 주며 내가 시작하는 것을 도와주었다. 그중에는 제품 관리에 톰 아이젠만Tom Eisenmann과 롭 고Rob Go, 성장에 나다브 벤바락Nadav Benbarak, 비즈니스 개발에 사라 딜라드Sarah Dillard, 캐서린 네빈스Katharine Nevins, 푸자 라마니Puja Ramani 그리고 톰 아이젠만Tom Eisenmann, 또한 책 전체 주제에 관해 로버트 호크먼Robert Hoekman이 있다. 로버트는 오랜 시간 나와 대화하고 날카로운 질문을 던짐으로써, 내가 생각을 분명하고 간결하게 정리하는 데 도움을 준 공로로 특별 가점을 받을 만하다.

내가 신세를 진 또 다른 사람들은 하버드 비즈니스 리뷰 출판사의 환상적인 팀이다. 편집장 팀 설리번Tim Sullivan으로부터 조직 전체로 이어져 그룹 발행인인 조시 마흐트Josh Macht, 줄리 데볼Julie Devoll, 스테파니 핑크스Stephani Finks, 젠 워링Jen Waring, 그리고 켄지 트래버스Kenzie Travers를 포함한다. 그들은 책이 나오기까지 모든 단계마다 엄청나게 효율적이고 전문적이었으며 협조적이었다.

나는 인터뷰를 허락하고 자신들의 이야기와 프로필을 싣게 해준 모든 분께도 똑같이 은혜를 입었다. 이 책의 저술에 있어, 프로필 인물들이 모두 접근할 수 있고 연결 가능한 사람이라는 사실이 중요하다고 생각한다. 게다가 마음을 열고 자신들이 가는 전문가의 길을 그렇게 솔직하고 겸손하게 이야기해준 그들 모두에게 감사한다.

나의 파트너들과 다른 플라이브릿지 팀원(제시카 버스Jessica Buss, 맷 기니Matt Guiney, 브루스 레브진Bruce Revzin, 그리고 켄달 셔먼Kendall Sherman) 들뿐만 아니라, 많은 서평가들로부터 굉장히 통찰력 있는 피드백을 받았다. 그들 중에는 스파르시 아가왈Sparsh Agarwal, 사산카 아타파투Sasanka Atapattu, 아드리아 브라운Adria Brown, 프랭크 세스페데스Frank Cespedes, 엘렌 치사Ellen Chisa, 엘렌 다실바Ellen DaSilva, 톰 닥터오프Tom Doctoroff, 톰 아이젠만Tom Eisenmann, 스테파니 패리스Stephanie Farris, 브래드 펠드Brad Feld, 벤 포스터Ben Foster, 조디 거넌Jodi Gernon, 메건 길Meghan Gill, 올리버 제이Oliver Jay, 앨릭스 라츠Alex Laats, 미치 와이스Mitch Weiss, 그리고 앤드류 윌킨슨Andrew Wilkinson이 있다. 이 분들의 시간과 헌신에 모두에게 감사한다. 매우 협조적이고 편집자 자질을 갖춘 두 분 부모님을 가진 게 축복이다. 그들은 한 장 한 장 공들여 검토하고, 우리만의 은어를 줄이는 데 도움을 주었다.

마지막으로, 인생의 동반자인 내 아내, 린다 닥터로프 버스강Lynda Doctoroff Bussgang에게 크게 감사해야만 한다. 그녀는 내가 균형을 유지하고 안정된 생활을 하도록 도와준다. 어쨌든 지금까지 거의 30년 동안 내가 그녀에게 도움을 바랄 때면 언제나, "여보, 나 아이디어가 떠올랐는데……"라며 나를 달래준다. 1학년 첫날, 바로 그날 그녀를 만난 것이 나에게는 엄청난 축복이었다.

하버드 스타트업 바이블

하버드 비즈니스 스쿨 출신들은 어떻게 창업하는가

초판 발행 2020년 1월 6일 | **개정 1쇄** 2022년 3월 18일
발행처 유엑스리뷰 | **발행인** 현호영 | **지은이** 제프리 버스강 | **옮긴이** 신현승
주소 서울시 마포구 월드컵로 1길 14, 딜라이트스퀘어 114호 | **팩스** 070.8224.4322
등록번호 제333-2015-000017호 | **이메일** uxreviewkorea@gmail.com

ISBN 979-11-92143-18-7

Entering StartUpLand
An Essential Guide to Finding the Right Job
by Jeffrey Bussgang